Début d'une série de documents
en couleur

ALFĀRĀBĪ'S
ILOSOPHISCHE ABHANDLUNGEN.

AUS DEM ARABISCHEN ÜBERSETZT

VON

D^R. FR. DIETERICI,
PROFESSOR A. D. UNIV. BERLIN.

LEIDEN. — E. J. BRILL.
1892.

Publications de E. J. Brill à Leide.

Abdo-'l-Wâhid al-Marrékoshí, The history of the Almohades, preceded by a sketch of the history of Spain, from the times of the conquest till the reign of Yúsof Ibn-Téshufin, and of the history of the Almoravides; now first edited from a Ms. of the University-library of Leyden, by R. P. A. Dozy. 8°. 2d Ed. revis. a. corr. 1881 . . . . f 4.75.

Abou Alí al-Hisam b. Abdallah b. Sînâ ou J'Avicenne, Traités mystiques. Texte arabe publié d'après les Manuscrits du British Museum, de Leyde et de la Bibliothèque Bodléyenne avec l'explication en Français par M. A. F. Mehren. 1er Fascicule. l'Allégorie mystique Hay bēn Yaqẓân. 1889 fol. . . . . f 1.75.

Abu Bekr ibno-'l-Anbari, Kitâbo-'l-adhâd sive liber de vocabulis arabicis quae plures habent significationes inter se oppositas. Edid. atque indicibus instr. M. Th. Houtsma. 1881. 8°. . . . f 4.20.

Abu Ishâk As-Shîrâzî, At-Tanbîh (Jus Shafiiticum) quem e codice Leidensi et codice Oxoniensi edidit A. W. T. Juynboll. 1879. 8°. . . . . f 5.25.

Ad-Dhahabî (Schamso'd-Dîn Abu Abdallah Mohammed ibn Ahmed), Al-Moschtabih. E codd. Mss. edid. P. de Jong. 1881. 8°. . . . f 9.—.

Alfarâbi's philosophische Abhandlungen aus Londoner, Leidener und Berliner Handschriften. Herausgeg. von Fr. Dieterici. Texte Arabe. 8°. . . . . f 3.—.

Al-Belâdsorí (Imámo Ahmed ibn Jahja ibn Djábir,) Liber expugnationis regionum, e codd. Leid. et musei Brit. ed. M. J. de Goeje. 1866. 4°. f 17.—.

Al-Hamdâni's Geographie der Arabischen Halbinsel nach den Handschriften von Berlin, Constantinopel, London, Paris und Strassburg zum ersten Male herausg. von D. H. Müller. pr. cplt. in 2 Bde. f 14.—.

Al-Makkari, Analectes sur l'hist. et la littérature des Arabes d'Espagne, publiés par R. Dozy, G. Dugat, L. Krehl et W. Wright 1855—61. 2 Vol. 4°. . . . . f 56.25.

Anecdota Syriaca. Collegit, edidit et explicuit J. P. N. Land. 1862—75. 4 vol. 4°. . . . . f 34.50.

Annales auctore Abu-Djafar Mohammed Ibn Djarir At-Tabari quos ediderunt J. Barth, Th. Nöldeke, P. de Jong, E. Prym, H. Thorbecke, S Fraenkel, J. Guidi, D. H. Müller, M. Th. Houtsma, Stanislas Guyard, V. Rosen et M. J. de Goeje 1879—89. Serie I 1—4, II 1—3, III 1—3 Tom. I pars VI & VII, Tom. III pars VII & VIII . . . . f 105.75.

Bâsim le forgeron et Hârîm Er-Rachîd. Texte Arabe en dialecte d'Egypte et de Syrie. Publié d'après les Mss. de Leide, de Gotha et du Caire et accompagné d'une traduction et d'un glossaire par le comte Carlo de Landberg. I: Texte traduction et proverbes. 1888. 8°. f 3.—.

Bibliotheca geographorum arabicorum ed. M. J. de Goeje. Cum indic., glossario et add. 1870—89. 6 vol. 8°. f 53.75.

Brünnow, R. E., Die Charidschiten unter den ersten Omayyaden. Ein Beitrag zur Geschichte des ersten islamischen Jahrhunderts. 8°. . . . . f 1.75.

Catalogus codicum Arabicorum Bibliothecae Academiae Lugduno-Batavae. Editio 2a Auctt. M. J. de Goeje et M. Th. Houtsma 1888. vol. I. 8°. . . . . f 9.—.

Catalogue de Manuscrits arabes provenant d'une bibliothèque privée à El-Medina et appartenant à la maison E. J. Brill. Rédigé par Carlo Landberg. 1883. 8°. f 3.—.

Diwan, Poëtae Abu-'l-Walîd Moslim ibno'l-Walîd al-Ançárí cognomine Carîo-'l-ghawání, quem e codice Leidensi edidit, multis additamentis auxit et glossario instruxit M. J. de Goeje. 1875. 4°. . . . . f 11.70.

Dozy, R. P. A., Notices sur quelques manuscrits arabes, avec un fac-similé de l'écriture d'Al-Makrízí. 1351. 8°. f 3.50.

—— Recherches sur l'histoire et la littérature de l'Espagne pendant le moyen-âge; 3me édition augmentée et entièrement refondue. 1881. 2 vol. 8°. . . . . f 9.50.

—— Le Cid d'après de nouveaux documents. Nouvelle édition. 1860. 8°. . . . f 3.50.

—— Lettre à Mr. Fleischer contenant des remarques critiques et explicatives sur le texte d'Al-Makkari. 1871. 8°. . f 2.75.

—— Le calendrier de Cordoue de l'année 961. Texte Arabe et ancienne traduction Latine. 1873. 8°. . . . . f 2.—.

—— Die Israëliten zu Mekka, von Davids Zeit bis in's fünfte Jahrhundert unsrer Zeitrechnung. Aus dem Holländ. übersetzt. 1864. 8°. . . . . f 1.75.

—— Essai sur l'histoire de l'Islamisme Trad. du Hollandais par V. Chauvin. 1879. 8°. . . . . f 3.75.

—— Supplément aux dictionnaires Arabes. 1880. 2 vol. reliés 4°. . f 75.—.

—— Corrections sur les textes du Bayáno 'l-Mogrib d'Ibn-Adhárí (de Maroc), de fragments de la chronique d'Aríb (des Cordoue) et du Hollato 's-siyará d'Ibno-'l-Abbár. 1883. 8°. . . . . f 1.80.

Publications de E. J. Brill à Leide. — *Suite.*

Dozy, R. P. A. et **W. H. Engelmann**, Glossaire des mots espagnols et portugais dérivés de l'Arabe. 2e édition revue et très-considérablement augmentée. 1868. 8°. . . . . f 5.75

Edrîsî, Description de l'Afrique et de l'Espagne, texte arabe publié pour la première fois des Mss. de Paris et d'Oxford, avec une traduction, des notes et un glossaire, par R. P. A. Dozy et M. J. de Goeje. 1866. roy. 8°. . . . . . . f 8.75

Firdusii liber regum qui inscribitur Schahname editionem Parisiensem diligenter recognitam et emendatum lectionibus variis et additamentis editionis Calcuttensis auxit notis maximam partem criticis illustravit J. A. Vullers Vol. I—III. gr. 8°. f 35.25

Fraenkel, S., Die Aramäischen Fremdwörter im Arabischen. gr. 8°. f 5.25

Goeje, M. J. de, Das alte Bett des Oxus Amû-Darja. 1875. M. e. K. 8°. f 1.50

Goeje, M. J. de, Mémoires d'Histoire et de Géographie Orientales N°. 1. Mémoire sur les Carmathes du Bahraïn et les Fatimides 8°. . . . . f 3.—

Ibn' Abd El-Kerûm' ali rizâ von Šîrâz. Das Tarikh-i Zendîje. Herausg. von Ernst Beer. 1888. . . . . f 1.75

Ibn-Adhârî (de Maroc), Histoire de l'Afrique et de l'Espagne intitulée Al-Bayáno 'l-Mogrib, et fragments de la chronique d'Arîb (de Cordoue); le tout publié pour la première fois, précédé d'une introduction et accompagné de notes et d'un glossaire, par R. P. A. Dozy. 1848—1851 2 vol. 8°. . . . . f 16.—

Ibn al Anbârî's Asrâr al ʿArabîya, herausgegeben von Dr. C. F. Seybold. gr. 8°. . . . . f 3.—

Ibn-Badroun, Commentaire historique sur le poème d'Ibn-Abdoun publié pour la première fois, précédé d'une introduction et accompagné de notes, d'un glossaire et d'un index de noms propres, par R. P. A. Dozy. 1848. 8°. . . . f 10.—

Ibno 'l-Kaïsárani (Abu'l-Fadhl Mohammed ibn Tâhir al-Makdisi) vulgo dictus. Homonyma inter nomina relativa, quae cum appendice *Abû Musae Ispahanensis* e codd. Leyd. et Berolin edidit P. de Jong. 8°. . . . . f 2.50

Ibn-Wâdhih qui dicitur Al-Jaʿqubî historiae. Edid. indicesque adjecit M. Th. Houtsma. 1883 Vol I: Historia anteislamica. Vol. II: Historia islamica 8°. f 15.—

Imâd ed-dîn el-Kâtib, الفتح القسي في الفتح القدسي , ou *Conquête de la Syrie et de la Palestine* par Salâh ed-dîn, publié par le Comte Carlo de Landberg. Vol. I. 8°. 1888. . . . . . . f 9.—

Kitâb al-Masâlik Wa'l-Mamâlik (Liber viarum et regnorum) auctore Abu'l-Kâsim Obaidal'ah ibn Abdallah ibn Khordâdhbeh et excerpta e Kitâb al-Kharâdj auctore Kodâma ibn Djaʿfar quae cum versione gallica edidit, indicibus et glossario instruxit M. J. de Goeje. . . . f 9.50

Landberg, C., Proverbes et dictons du peuple Arabe. Matériaux pour servir à la connaissance des dialectes vulgaires recueillis, traduits et annotés. Vol. I. Province de Syrie. Sect. de Sayda. 1883. 8°. f 7.—

Lexicon geographicum, cui titulus est, مراصد الاطلاع على اسماء الامكنة والبقاع , e duobus codd. mss. nunc primum arabice edidit T. G. J. Juynboll. 1850—64. 6 vol. 8°. . . . . f 18.—

Livre des merveilles de l'Inde. Texte arabe publié d'après le MS. de M. Schefer, collationné sur le Ms. de Constantinople par P. A. v. d. Lith Trad. franç. par L. Marcel Devic Av. 4 pl. color. tirées du MS arabe de Harîri de la collection de M. Schefer. 1883. gr. in-4°. . . . . f 12.—

Nöldeke, Th., Geschichte der Perser und Araber zur Zeit der Sasaniden. Aus der Arabischen Chronik des Tabari übers. u. mit ausführl. Erläuter. u. Ergänz. versehn. 1889. 8°. . . . . f 7.—

Primeurs Arabes présentées par le Comte de Landberg. Fascicule I. 8°. f 1.20. Fascicule II . . . . f 3.—

Recueil de Textes relatifs à l'histoire des Seldjoucides. (*Texte persan*). Publ. par Th. Houtsma.
Vol. I: Histoire des Seldjoucides du Kermân, par Muhammed Ibrahim 1886. f 3.50.
Vol. II: Histoire des Seldjoucides de l'Irâq par al-Bondari d'après Imâd ad-din al-Katib al-Isfahâm. 1889. . . . f 5.25

Saʿadja b. Jôsuf al-Fajjûmi, Kitâb al-Amânât wa'l-Iʿtiqâdât. Herausgegeben von S. Landauer. 1880. 8°. . . . f 4.75

Scriptorum arabum loci de Abbadidis nunc primum editi a R. P. A. Dozy. 1846—1863. 3 vol. 4°. . . . . f 14.—

Spitta-Bey, G., Contes arabes modernes recueillis et traduits. 1883. 8°. f 3.75

Veth, P. J., Liber as-Sojutii de nominibus relativis, inscriptus لب اللباب , Arabice editus e tribus codicibus ms., cum annotatione critica et supplementis. 3 tom. in 2 vol. 1840—1851. 4°. . . f 6.—

Wright, W., Opuscula arabica, collected and edited from Mss. in the university library of Leyden. 1859. 8°. f 2.—

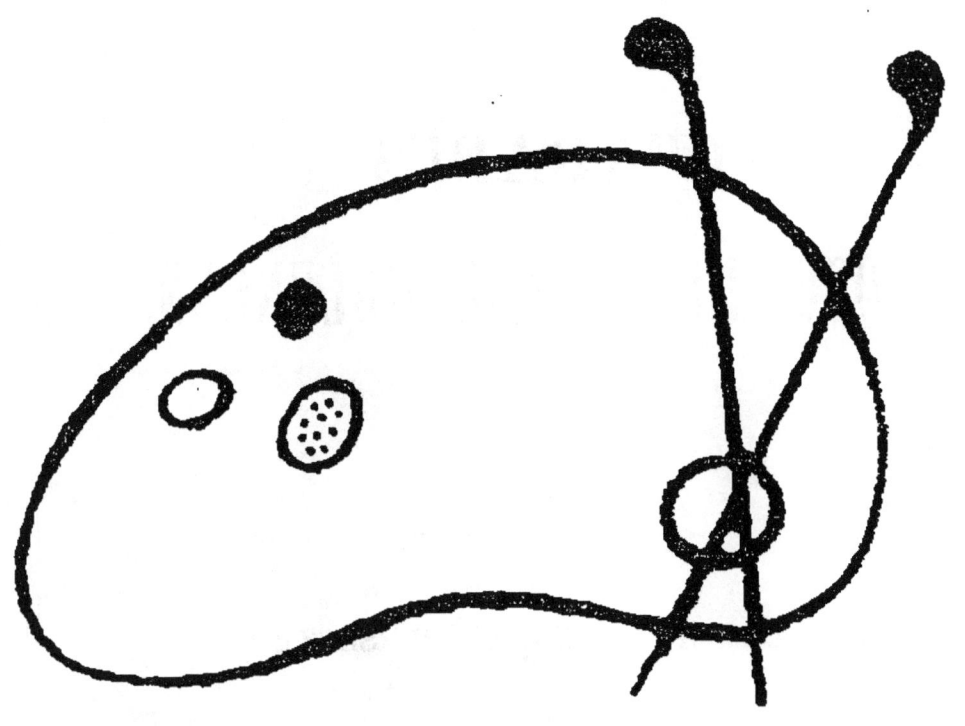

Fin d'une série de documents en couleur

ALFĀRĀBĪ'S
PHILOSOPHISCHE ABHANDLUNGEN.

AUS DEM ARABISCHEN ÜBERSETZT

VON

DR. FR. DIETERICI,
PROFESSOR A. D. UNIV. BERLIN.

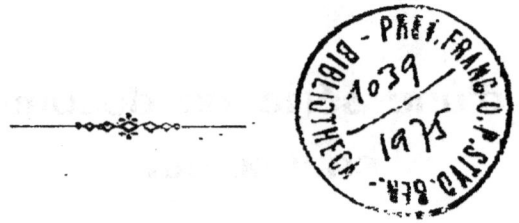

LEIDEN. — E. J. BRILL.
1892.

DRUCK VON E. J. BRILL, IN LEIDEN.

INHALTSANGABE.

	Seite.
Einleitung.	V—XLVI.
I. Harmonie zwischen Plato und Aristoteles. . . .	1—53.
II. Tendenz der aristotelischen Metaphysik	54—60.
III. Der Intellect.	61—81.
IV. Die Vorstudien zur Philosophie	82—91.
V. Die Hauptfragen	92—107.
VI. Die Petschafte der Weisheitslehre	108—138.
VII. Die Antworten auf vorgelegte Fragen.	139—169.
VIII. Wert der Astrologie.	170—180.
IX. Alfārābī's Schriften von Al-ḳifti.	181—192.
Anmerkungen	193—223.

VORWORT.

Die folgenden Blätter enthalten die deutsche Uebersetzung der von mir im Jahr 1890 im arabischen Originaltext veröffentlichen philosophischen Abhandlungen Alfārābī's [Alfārābī's philosophische Abhandlungen, herausgegeben von Dr. FRIEDRICH DIETERICI, Leiden E. J. Brill 1890]. Bei der immermehr hervortretenden Wichtigkeit der muslimischen Philosophie für die Culturgeschichte des Mittelalters hoffe ich mit dieser Uebertragung dem Quellenstudium der mittelalterlichen Philosophie einen nicht unwesentlichen Dienst geleistet zu haben.

Der arabischen Ausgabe Alfārābī's habe ich eine Einleitung über die Bedeutung dieses Philosophen und seine Stelle in der Reihe der muslimischen Philosophen im Orient [Alkindī † um 850, Alfārābī † 950, die Iḥwān eṣ-Ṣafā um 975, Ibn Sīnā (Avicenna) † 1037 und Alġazzālī † 1111] beigegeben, mich auch zugleich über die einzelnen Abhandlungen geäussert. In der hier folgenden Einleitung habe ich eine Parallele zwischen der muslimischen u. christlichen Philosophie des Mittelalters in ihren Hauptrichtungen des Nominalismus u. Realismus, Scholasticismus u. Mysticismus zu ziehen gesucht u. eine kurze Skizze der Philosophie Alfārābī's entworfen.

Die Uebertragung arabischer philosophischer Schriften in's Deutsche hat grosse Schwierigkeiten. Einmal sind die Ausführungen der philosophischen Probleme schon an sich schwer verständlich, dazu ist die philosophische Diction der arabischen Philologie noch wenig exact bearbeitet, endlich sind die Missverständnisse, Lücken und Undeutlichkeiten grade in dieser Gattung von Manuscripten, die meist von unkundigen Schreibern herrühren, sehr bedeutend. Liegt doch oft ein ganzer Passus vor dem Interpreten wie eine Gebirgslandschaft beim Morgengrauen vor den Augen des Wandrers. Nur durch ein immer von Neuem begonnenes Studium klären sich dann einige Puncte im helleren Licht auf, bis man dann immer wieder von Neuem beginnend die einzelnen Züge genauer erkennt.

So ist es alsob der Arabist sich bei dieser Arbeit mit mehreren Feinden zugleich herumschlagen müsste und ist es diesen gehäuften Schwierigkeiten wohl zuzuschreiben, dass auf dem weiten Gebiete der arabischen Philologie grade dieses Feld am wenigsten bearbeitet ist, obwohl dasselbe für die Culturgeschichte insofern am wichtigsten ist, als in ihm sich die beiden Strömungen, die der orientalischen und die der occidentalischen Wissenschaft, vereinen.

Vor mehr denn fünfzig Jahren veröffentlichte Schmölders in seinen Documenta Philosophiae Arabum Bonnae 1836 zwei Abhandlungen Alfārābī's und bin ich jetzt erst im Stande die Studien des verdienstvollen Vorgängers zu ergänzen und auszuführen.

Ich werde zu diesem Zwecke in rascher Folge eine arabische Ausgabe vom Musterstaat Alfārābī's (d. h. die Ansichten der Bewohner der Vorzugsstadt) geben und derselben die Uebersetzung auf dem Fusse folgen lassen, da das philosophische System Alfārābī's in klaren Zügen in diesem Werk niedergelegt ist.

Ich kann dieses Vorwort nicht schliessen ohne meinen öffentlichen Dank auszusprechen, einmal Herrn Director Dr. Döring, Docent a. d. Univ. Berlin, welcher die Güte hatte, dieses Buch in den Aushängebogen zu lesen und einige mit seinem Namen unterzeichnete Anmerkungen zur Erklärung hinzuzufügen, und dann meinem lieben Schüler und Freund dem Lic. Theol. und Dr. ph. G. Beer, der bei der Correctur des Buchs und den Zusammenstellungen mir behilflich war.

Dr. FR. DIETERICI.

Charlottenburg, November 1891.

EINLEITUNG.

A. DIE MUSLIMISCHE UND CHRISTLICHE PHILOSOPHIE DES MITTELALTERS.

Wer die Geschichte der mittelalterlichen Philosophie mit aufmerksamen Blicken betrachtet, steht vor der merkwürdigen Erscheinung, dass die Richtungen, welche die christliche Philosophie einschlug, ihre Vorbilder in der muslimischen Philosophie finden, sei es, dass sie von derselben thatsächlich beeinflusst wurden, oder beide unter relativ gleichen Umständen sich selbständig ähnlich entfalteten.

Obwohl der Islām mehr als 600 Jahre später als das Christentum in die Welt trat, so ist doch sein Entwicklungsgang, der Frühreife alles Lebens im Orient entsprechend, ein viel rapiderer gewesen. Auch hier war derselbe durch die Vermischung des semitischen Geistes mit der griechischen Bildung, und durch das Verhältnis einer positiven Religion zur Philosophie wesentlich bestimmt. Die Reibungen und Kämpfe, welche dadurch hervorgerufen wurden, stehen den gleichen Streitigkeiten auf christlichem Boden an Schärfe und Erbitterung nicht nach. Während es aber dem Islām gelingt, die eingedrungenen philosophischen Elemente wieder auszuscheiden, so dass seit der Neige des 12. Jahrhunderts der Orient in jenes Stadium der Lethargie und des Stillstandes tritt, aus dem er sich bis jetzt noch nicht emporgerafft hat, so geht im Westen das Christentum eine um so innigere Vermählung mit der griechischen Philosophie ein, welche die Grundlagen für moderne Cultur und Wissenschaft bildet. Erst in der Neuzeit bleibt es einer gewissen Richtung der christlichen Theologie vorbehalten, durch die Ausscheidung der Philosophie aus der Entwicklung und dem Wesen des Christentums die Rückkehr zu jenem Standpunct der Selbstvernichtung zu predigen, zu welchem der Islām bereits vor mehr als 600 Jahren gelangte.

Wie im Christentum im Streit über die Lehren der Bibel, so bildete sich auch im Islām im Streit über die Lehren des Korān eine Orthodoxie aus, die mit den Waffen der Spitzfindigkeit und der Unvernunft die Ehre Allah's und seines im Korān niedergelegten, heiligen und unantastbaren Wortes verteidigen will. Ihr steht gegenüber eine rationalistische Richtung, welche durch einen Kompromis zwischen Philosophie und Glauben eine freiere Betrachtung des Korān und eine humanistische Bildung anstrebt, ohne doch die Kraft zu besitzen, sich über die Autorität der geoffenbarten Religion principiell zu erheben. Zwischen beiden steht die Mystik. Einem lauteren religiösen Triebe entsprungen, wäre sie vielleicht am ehesten im Stande gewesen, eine Fortbildung des Islām zu bewirken, wenn nicht auch hier unter den aller Vernunfterkenntnis sich entfremdenden Ueberschwenglichkeiten des im Gottesgenusse schwelgenden Ich's, der krasseste Unglaube oder sein Gegenspiel die stärkste Orthodoxie sich verborgen hätte.

Innerhalb dieser drei theologischen Grundströmungen nun sehen wir im Verlaufe der Zeit in rascher Entwicklung unter dem fortwährenden Einflusse der griechischen Philosophie sich die Richtungen des Nominalismus und Realismus, des Scholasticismus und Mysticismus herausbilden, welche interessante Parallelen für die gleichen Richtungen auf christlichem Boden liefern.

I. Nominalismus und Realismus.

In der christlichen Welt ist im 11. Jahrhundert Roscellin der einflussreichste Vertreter des Nominalismus. Im Anschluss an die aristotelische Lehre, dass nur das Einzelding Substanz im vollen Sinne des Wortes sei, kommt er zu der Ansicht, dass es nur Individuen gebe, mithin die genera und species keine objective Existenz hätten, vielmehr nur blosse subjective Zusammenfassungen der gleichnamigen Individuen seien, (universalia post rem). Der Realismus hingegen, welcher sich mit einem gewissen Recht auf Aristoteles, mit weit grösserem aber auf Plato stützt, schreibt den Universalien objective Existenz zu und zwar entweder vor den Einzelwesen (universalia ante rem), oder in denselben (universalia in re). [1] Der Streit zwischen Nominalismus und Realismus wäre nun freilich nicht so heiss entbrannt, wenn nicht die Lehre des Centraldogmas von der Trinität mit in den Kampf der Geister gezogen worden wäre. Denn wenn es nur Individuen giebt, dann weisen die drei Namen Vater, Sohn und Geist auf drei Substanzen hin, somit wurde die Einheit der göttlichen Substanz gefährdet und ein Tritheismus begründet, dem im Jahre 1092 die Kirche auf der Synode zu Soissons das Verdammungsurteil sprach.

Zu diesem Jahrhunderte hindurch währenden Streit in der christlichen Kirche sind die Schlagschatten bereits vorauf geworfen in der Geschichte des Islām.

Kaum war ein Jahrhundert nach der Hidschra verflossen, als dem orthodoxen Ḥasan von Basra gegenüber sein

Schüler Wâṣil ibn ʿAṭa mit seiner neuen Lehre die Orthodoxie bis in's innerste Mark erschütterte. Seine Heterodoxie bestand zunächst in einer anthropologischen und einer theoretischen Frage.

Der Islâm drängt in seiner Lehre von Gott die absolute Allmacht in den Vordergrund, und zwar so sehr, dass Gott allein das einzige bestimmende Princip in der sinnlichen und geistigen Welt ist. Nur sein tyrannischer Wille gilt überall, der Mensch ist nur das willenlose Werkzeug in der Hand seines launischen Herrn. Der Sünder, obwohl von Gott selbst zur Sünde vorherbestimmt, muss doch im Feuer der Hölle die ihm als persönliche Schuld angerechnete Sünde abbüssen. Gegen diese die Heiligkeit Gottes vernichtende Lehre musste sich, sobald der Islâm in die gebildete Welt des Orients, d. h. nach Syrien und Persien gelangte, der redliche Sinn eines jeden Denkers auflehnen. Von dieser Einsicht war Wâṣil geleitet, wenn er alles, was Gott als den Tyrannen und den Menschen als seinen Sklaven darstellte, aus seiner Lehre entfernte und so die freie Selbstbestimmung des Menschen wieder zur Anerkennung bringen wollte. Die Sage leitet den Namen seiner Anhängerschaft der Muʿtazila (die sich trennende, d. h. die Sekte) von jenem Worte ab (anâ muʿtazilun minkum „ich sage mich von Euch los"), welches er seinem orthodoxen Lehrer entgegenschleuderte.

Die zweite Frage war dagegen eine speculative. In den oft wild fantastischen, der momentanen Erregung entsprungenen Reden und Aussprüchen des Propheten werden von Gott vielfache Eigenschaften prädiciert. Man fasst sie zusammen in den „100 schönen Namen Gottes" und betet dieselben auch jetzt noch am Rosenkranz ab. Nun erhob aber die Muʿtazila Zweifel gegen die Vielheit dieser Eigenschaften in dem Einen göttlichen Wesen. Entsprechen dieselben einer wirklichen Realität, so bringen sie die Verschiedenheit, mithin auch die Teilbarkeit und Vergänglichkeit in Gottes Wesen, hinein. Von diesem philosophischen Bedenken aus verwarfen die Muʿtaziliten die Vielheit der Namen Gottes und bezeichneten sie als leeren Schall.

Diese Frage wäre nur eine theoretische geblieben, wenn nicht der Korān, um welchen sich doch das Hauptinteresse drehte, als eine Rede Gottes (Kalāmu-l-lāhi) zu den Eigenschaften Gottes zählte. Als eine solche ist dieses Buch aber mit allen seinen, zumeist aus christlichen und jüdischen Apocryphen entnommenen, oft recht faden Legenden, seinen gradezu häufig tollen Anachronismen und Missverständnissen, seinen bis beinahe an's Lächerliche streifenden Absurditäten, gleich Gott, uranfänglich, durchaus göttlich, ewig und ungeschaffen. Die Orthodoxie, unterstützt von dem naïven Glaubensbewusstsein der grossen Masse, welche in dem Korān das greifbare Unterpfand des göttlichen Willens und Wortes erblickte, huldigte somit dem Realismus, die Muʿtazila hingegen dem Nominalismus. Denn ist die „Rede Gottes" nur ein Schall, nur ein Hauch, so ist der Korān wie alles Andere auf Erden zeitlich geschaffen, und das heilig angebetete Buch vergänglich, ja selbst dem Irrtum und der Kritik unterworfen.

Ein dritter Streitpunct betraf die Sünde. Denn dass der Sünder sich bekehren und gläubig sterben könne, ist bei den Muʿtaziliten eine notwendige Consequenz aus der ersten Frage.

Mehr denn ein Jahrhundert stritten die bedeutendsten Denker des Ostens über jene Dogmen. Ja es gab sogar für die Wissenschaft Frühlingstage frohen Schaffens, als im Jahre 826 n. Chr. der dem Rationalismus ergebene Almamūn [2]), der grosse Sohn und Nachfolger Harūn ar-Rašīd's, der Maecen der Wissenschaften, den Schaichen gebot, von den herab Kanzeln das Dogma von der zeitlichen Erschaffung des Korans zu verkünden. Freilich währte nur kurze Zeit dieser Sonnenblick von oben, doch lange genug um die Liebe zur Wissenschaft zu entzünden und die als heiliges Erbe von den Griechen überkommene Wissenschaft zu einer encyclopädischen Gesammtwissenschaft zu erweitern, welche dem gebildeten Rationalisten immerhin eine Stütze und Waffe gegen die Orthodoxie in die Hand gab.

Dieser Streit wäre aber überhaupt nicht möglich gewesen, wenn nicht der Islām in Länder hoher Cultur wie Syrien und Persien gedrungen wäre, wo die Entwicklung der christlichen Lehre im Kampf gegen den Monophysitismus weit gediehen war und die Schule eines Theodorus von Mopsveste die Attribute Christi scharf, als der menschlichen oder der göttlichen Natur zugehörend, unterschied. Dass der geistige Kampf trotz der guten Schule ein trauriges Ende nahm, war im Christentum mehr als blosser Zufall. Wie es nach der Orthodoxie im Islām ein Todesverbrechen war, an die Erschaffung des Koran zu glauben selbst in der Form, dass man ihn mit der Erschaffung der Welt gleichzeitig entstehen liess, so galt es bei den orthodoxen Christen schon als Frevel Christum mit Arius als ein Geschöpf Gottes zu verehren. Wie im Abendlande so erreichte auch im Morgenlande der Kampf zwischen Nominalismus und Realismus seinen Höhepunct, als die principiellen Unterschiede der beiden Denkweisen auf die Attribute Gottes angewendet wurden.

II. Der Scholasticismus.

Die Scholastik ist der Name für die Wissenschaft des Mittelalters. Ihr Grundsatz ist die Unterordnung der Philosophie unter die bestehende Kirchenlehre, die Philosophie wird zur Magd und Schleppenträgerin der Theologie. Dem Denken kommt nur die Aufgabe zu die von der Kirche anerkannten Dogmen zu erläutern und zu formulieren, aber die Wahrheit selbst zu finden und zu begründen steht ihr nicht zu.

Dass die Theologie diese Ansprüche an die Philosophie stellte, ist nicht wunderbar — der Kirche musste ja alles dienen — aber dass man sich zu diesem Zweck der aristotelischen Philosophie bedienen wollte, ist freilich erstaunlich.

Von den beiden Heroen des classischen Altertums nennt man Aristoteles mit Recht den Realisten, Plato den Idealisten. In dem System Plato's bildet die Ideeenlehre eine Art Verbindung zwischen Gott und Welt, während Aristoteles durch seine Bestreitung dieser Lehre die von Plato allerdings nur scheinbar überbrückte Kluft wieder herstellt. Da es dem Christentum wegen seiner Lehre von der Versöhnung um eine einheitliche Weltanschauung zu tun sein musste, so konnte ihm von den vorhandenen Systemen keins willkommener sein als das neuplatonische, welches in gewissem Sinn eine Vermittlung zwischen Plato und Aristoteles herstellt. Da im Christentum alles Sein und Erkennen von Gott als letztem Princip seinen Ursprung nimmt, so war das theosophische System des Neuplatonismus, welches die Welt mittelst einer Emanation aus der Ueberfülle der transcendenten Gottheit ableitet, die geeignetste Form um den Inhalt der christlichen Lehre zum adäquaten wissenschaftlichen Ausdruck zu bringen. Das Werk des Origines $\pi\epsilon\rho\grave{\iota}\ \dot{\alpha}\rho\chi\tilde{\omega}\nu$, die erste christliche Dogmatik, welches viele Jahrhunderte hindurch die Entwicklung des Christentums beherrschte, ist im Grunde neuplatonisch. Ja es war gradezu der Kirche unmöglich sich auch in den folgenden Zeiten des Neuplatonismus zu entschlagen; wenn wir auch anderen Namen für dieselbe Sache begegnen, immer wieder kam sie darauf zurück. Den besten Beweis liefern die das ganze Mittelalter stark beeinflussenden, dem Areopagiten Dionysius zugeschriebenen, neuplatonischen Schriften. Mochte man anfangs und auch später vielfach mit aristotelischen Kategorieen operieren, so dass der Schein einer aristotelischen Schulwissenschaft im Dienst der Kirche entstehen konnte, und wenn auch die Erkenntnislehre bei den Streitigkeiten um die Trinität, denn das war der Kernpunct, aristotelisch war, die der Theologie dienende eigentliche philosophische Gesamtanschauung des Mittelalters von der sinnlichen und geistigen Welt, war und blieb doch neuplatonisch, oder besser gesagt, die plotinische Emanationslehre.

Zu der Thatsache, dass vor dem Auftreten eines reineren Platonismus und Aristotelismus ein mit aristotelischen Elementen versetzter Neuplatonismus der scholastischen Theologie des Christentums die Magddienste leistete, bietet wiederum die Geschichte der muslimischen Philosophie das Analogon.

Als nämlich Al-Māmūn die griechische Wissenschaft im Orient bei den Arabern einbürgerte und dazu griechische Werke in's Arabische übertragen liess, fiel dem gelehrten Alkindi ein Büchlein unter dem Namen „die Theologie des Aristoteles" in die Hände, welches aber in Wirklichkeit nichts als Stücke aus der 4.—6. Enneade des Plotin über den Nūs und die Psyche enthält. Hierdurch wurde die Emanationslehre, d. h. die Construction der Welt von oben nach unten, von Gott als dem Urwesen durch die Intelligibilia: Vernunft, Seele, ideellen Urstoff zu den wirklichen Dingen herab, als aristotelischen Ursprungs hingestellt. 3) Diese im Grunde genommen plotinische Philosophie wurde dann noch durch neupythagoräische Elemente erweitert, indem jener Urstoff durch die Annahme von Länge, Breite und Tiefe zum wirklichen Stoff, also zur zweiten Materie wurde und sich zur vollendeten Form d. h. zur Rundform in der Sphärenwelt entwickelt. Erst unter dem Monde beginnt die Natur als schaffende Kraft, die zunächst die 4 Elemente und durch diese die Producte: Stein, Pflanze und Tier hervorruft. Dies sind die Stufen der Emanation, welche in der Neun also der Zahl der Einer verläuft. Ihr entspricht eine Remanation oder Rückentwicklung durch Stein, Pflanze, Tier, Mensch, Prophet und Philosoph zum Engel und so zu Gott zurück. Der so geschlossene Kreis gab viele Jahrhunderte hindurch bis zur Zertrümmerung des Sphärensystems der Menschheit des Ostens und Westens geistige Befriedigung und Ruhe und bot sie das Schema alle Zweige der Wissenschaft als ein harmonisches Ganze darzustellen. 4)

Ob und in welchem Maasse dieses Pseudonym, welches in vieler Beziehung den Schriften des Areopagiten ähnelt, unmittelbar oder mittelbar Einfluss auf das Herrschend werden des Neuplatonismus 5) im Mittelalter unter den christlichen Theologen übte, lässt sich noch nicht sicher feststellen. Dass es auch im Abendlande gekannt und viel gelesen wurde, beweisst der Umstand, dass eine lateinische Uebersetzung schon 1519 in Rom gedruckt wurde.

III. Der Mysticismus.

Dass der Standpunct der Scholastik innerlich unhaltbar war, zeigte bald der Verlauf ihrer Geschichte. Der Widerspruch war zu deutlich. Die Dogmen der Kirche sollten Gegenstand des Denkens, aber nie des Zweifels sein. Unter der Autorität des Kirchenglaubens martert sich der Verstand in den spitzfindigsten Untersuchungen und haarspaltendsten Definitionen ab, ohne die Grenze des von den Kirchenvätern früherer Zeiten bereits gewonnenen Lehrgehaltes zu überschreiten, eine Fortentwicklung des religiösen Lebens und wissenschaftlichen Erkennens immer mehr unmöglich machend.

Notwendigerweise trat daher alsbald eine Opposition gegen die Scholastik auf, die teils aus der Nichtbefriedigung des Gemütes, teils aus der des Verstandes floss. Aus jener ersteren Quelle, mit der wir es hier nur zu tun haben, ging die Mystik hervor, deren Vollender Meister Eckart (1260—1328) ist.

Die mystische Spekulation reifte aus jener Opposition zur Frucht, welche das practische religiöse Bedürfnis das ganze Mittelalter hindurch erhoben hatte. Dieser spontane Widerspruch fand seine reichlichste Nahrung besonders in den Schriften des Areopagiten und den in den Werken der Scholastiker daraus verstreut sich findenden mystischen Stellen. Der Mystik ist es um eine unmittelbare, nicht durch discursives Denken vermittelte Erkenntnis Gottes zu tun. Durch eine beschauliche Versenkung der Seele in die Tiefen der Gottheit will der Mystiker das Göttliche schauen und geniessen. Als Vorbedingung dazu gilt Reinheit des Herzens und Entäusserung alles irdischen Sinnes. Das so Erlebte und Geschaute wird dann Gegenstand wissenschaftlicher Darstellung, indem durch das hinzukommende speculative Denken oft die Vorahnungen späterer philosophischer Systeme hindurchblicken. Aber meist ist die in dem schattigen Halbdunkel der engen Klosterzelle erblühende Mystik ein Feind des wirklichen Lebens und unfähig die Grundpfeiler des Mönchtums, den Dünkel selbstauferlegter Heiligkeit und die höhere Sittlichkeit der Weltflucht zu zerstören. Obwohl ihr das leere Formelwesen der Scholastik verhasst ist, vermag sie an ihre Stelle selbst oft nur eine unverständliche allegorische Bildersprache zu setzen, mit welcher sie mehr durch Augenblickserfolge das Volk blendet, als wirkliches neues religiöses Leben erzeugt.

Unter den gleichen Verhältnissen wie die christliche Mystik entwickelte sich die muslimische.

In der blutigen Geschichte der ersten Jahrhunderte des Islām ist eine der traurigsten Episoden ʿAlī's Tod und die Ermordung seines Geschlechtes durch die Ommajaden. Nur Muhammed, Ali und dessen Nachkommen sind die wahren Chalifen, darum Fluch allen anderen, wie Abu Bekr, Omar u. Otman, die dem Ali das traurige Geschick bereiteten; das ist der Hauptgrundsatz der Schīa (Spaltung von dem griech. σχία abgel.). Nun waren aber die dieser Lehre ergebenen Perser eine hochbegabte Nation, von Haus aus Arier und in Asien nah benachbart dem uralten Culturland Indien, der Heimat aller mystischen und theosophischen Schwärmerei. Daher ist leicht begreiflich, dass mit dem von den Persern stets nur oberflächlich angenommenen, innerlich unsympathischen Islām, sich die pantheistisch buddhistischen Lehren von der Fleischwerdung des Weltgeistes und der Rückkehr der Einzelseelen zur Weltseele vermischen, ja allmählich das Uebergewicht erlangen, und eine Mystik entsteht, welche durch den Duft einer echten lyrischen Sprache dem Pantheismus begeistert ergebene Anhänger schafft. Die noch geschlossene Rosenknospe wird zum Sinnbild der noch nicht zum Selbstbewusstsein gelangten Ursubstanz, die aufbrechende Knospe der Beginn der Selbsterkenntnis, und die volle Blume spiegelt im bunten Farbenspiel ihrer Strahlen die vielen Eigenschaften Gottes wieder, die doch alle nur eins sind, während in dem allmählichen Verwelken und Hinsterben der Blüthe die Heimkehr der Seelen zum Nichts, das Wieduntertauchen in das unendliche Meer der Ursubstanz in poetischer Verklärung zur Anschauung gebracht wird.

Wie die christliche nahm auch die muslimische Mystik von der griechischen Bildung her ihre Nahrungsstoffe. Hier bot jene Vision oder Versenkung in die Idealwelt, 6) welche der Neuplatonismus dem Plotin zuweist und welche als die wissenschaftliche Form mit dem practischen Ziel der Philosophie, der Erhebung zu Gott und der Verähnlichung mit ihm, sich deckt, den fruchtbaren Boden für das Erblühen einer wissenschaftlichen Mystik im Osten. Diese Vision wird nun in der Pseudo-Theologie des Aristoteles nicht dem Plotin, dessen Stern vor der Sonne des Aristoteles am geistigen Horizont des Mittelalters erbleicht, sondern dem Aristoteles zugeschrieben, ein wissenschaftlicher Irrtum, der sowohl von Alfārābī, als den lauteren Brüdern und jüdischen Philosophen wie Ibn Esra mit Emphase verteidigt wird. So ist nun die Wandlung vollzogen und der klare Denker Aristoteles erscheint nun in dem Fes des sufischen Heiligen. Aristoteles ist es nun, der sich in die göttliche Welt erhebt, nachdem er sich seines Leibes entkleidete und dort die Schönheit jener idealen Formenwelt erschaute, die er doch selbst verwarf! Dies giebt uns zugleich die Erklärung, wie es kam, dass sonst so nüchterne Philosophen wie Al-Fārābī, Avicenna und Averroes der mystischen contemplativen Elemente in ihren Systemen sich nicht entschlagen können. Sie wollten Jünger des Aristoteles sein, darum mussten sie auch seinen vermeintlichen Mysticismus mit in den Kauf nehmen.

B. DIE VERÖFFENTLICHTEN ABHANDLUNGEN AL-FĀRĀBĪ'S.

Wie alle gelehrten Orientalen zeigt sich auch Al-Fārābī als ein sehr fruchtbarer Schriftsteller. Leider aber sind von der grossen Zahl seiner Abhandlungen nur wenige auf europäischen Bibliotheken zu finden oder uns zugänglich. Doch genügt die Auswahl der von uns veröffentlichten Schriften Alfārābī's um sein System und seine Bedeutung für die mittelalterliche Philosophie würdigen zu können.

Von seinen eigentlichen Kommentaren zu den Werken des Aristoteles, welche uns am ersten zeigen würden, wieweit unser Philosoph imstande war, die Lehre des grossen Griechen zu begreifen, ist bedauerlicherweise uns nichts erhalten geblieben. Jedoch können wir dem Urteil seiner Zeitgenossen Glauben schenken, wenn sie ihm wegen seiner hervorragenden, alle bisherigen derartigen Versuche auf muslimischen Boden verdunkelnden Thätigkeit als Erklärer des Aristoteles, sowie wegen seiner reineren Erfassung und Darstellung der aristot. Philosophie den ehrenden Beinamen eines zweiten Meisters gaben (al-muʿallim attani). Die von uns sub II veröffentlichte Abhandlung von Al-Fārābī über die Tendenzen der aristotel. Metaphysik kann aber in's Bereich dieser Schriften gezogen werden, insofern sie eine summarische Behandlung und Inhaltsangabe jenes Werkes des Arist. enthält und uns die Fähigkeit von Alf. zeigt, im kurzen Umriss den schwierigen Stoff im Grossen und Ganzen richtig zu behandeln. Wie aus der Einleitung zur arab. Edition XVI zu ersehen, wurde diese Abh. von Ibn Sina wegen ihrer klaren Schilderung der so schwer verständlichen aristotelischen Metaphysik sehr geschätzt. In der IV^{ten} Abhandlung über die Vorstudien zur

Philosophie macht Alf. im Anschluss an griechische Aristoteliker den Versuch eine Propädeutik zur aristotel. Philosophie zu entwerfen, wobei er zugleich in einer für seine Zeit beachtenswerten Weise, von unserem Standpunkt freilich über die primitiven Anfänge nicht hinauskommend, einen kurzen Abriss über die Geschichte der griech. Philosophie giebt.

Der allgemeine Charakter und Standpunkt der Philosophie Alfārābī's ist am deutlichsten in Abh. I, seiner Harmonie zwischen Plato u. Aristoteles gekennzeichnet. Hier bemüht sich Alf. nach dem Vorgang griechischer Neuplatoniker einen Ausgleich zwischen den Lehrdifferenzen in den Systemen der beiden Philosophen herzustellen, denn es stand ja wie ein Dogma den Neoplatonikern fest, dass Plato u. Aristoteles ein und dasselbe gelehrt hätten. Die Harmonie zwischen beiden darzustellen war ein Hauptziel der Meister, vgl. Einleitung z. arab. Text XIII ff.

Wenn wir nun auch urteilen müssen, dass Alf. nicht immer beiden ihr volles Recht widerfahren lässt, indem er den Aristoteles häufig zu Gunsten Plato's vergewaltigt, und für die angebliche Emanationslehre des Aristoteles sich auf das plotinische Pseudonym die Theologie des Arist. beruft, so können wir doch unserm Philosophen die Anerkennung nicht versagen, dass er systematisch und erschöpfend seinen Gegenstand zu behandeln weiss und für die Hauptunterschiede der beiden Systeme ein richtiges Verständnis zeigt. Vor allem aber giebt uns diese Abh. ein Bild davon, wie weit man in das Verständnis der griechischen Philosophie damals eingedrungen war und die Lehren der beiden grossen Meister erfasste.

Von grösstem Interesse ist die Abh. III über den Intellekt und das Intelligible. Ausgehend von einem sechsfachen

Gebrauch des Wortes 'akl (νοῦς) unterscheidet Alf. teilweise mit Alexander-Afrodisias bei der fünften Bedeutung des Wortes einen vierfältigen Intellekt, den potentiellen, den aktuellen, den erworbenen und den schaffenden, indem der letztere den potentiellen Intellect zum aktuellen macht, der selbst, insofern er das Intelligible als solches denkt, der erworbene Intellekt heisst.

Encyclopädischen Charakter tragen die V. VI. u. VII. Abhandlung, in welchen Alf. in losem Zusammenhang einzelne Probleme aus den Gebieten der Logik, Metaphysik, Physik, Mathematik, Anthropologie, Ethik, Dogmatik und Theologie oft sich wiederholend in Frage und Antwort bespricht. Wir machen hier besonders in Betreff der VI und VII Abh. die „Petschafte der Weisheitslehre" und VIII „Vorgelegte Fragen" darauf aufmerksam, dass hier Alf. in echt scholastischer Weise mit Unterscheidung von quidditas etc. an die Lösung der Probleme geht und die Philosophie dazu anwendet Ausdrücke aus dem Koran zu erklären. Wenn man von den muslimischen Philosophen des Ostens Alġazzālī mit Thomas Aquino, den Ibn Sīna mit Albertus Magnus vergleichen kann, so kann man Alfārābī als Begründer der muslimischen Scholastik mit Anselm von Canterbury in Parallele stellen.

Die Ethik hat Alf. am ausführlichsten in der von uns demnächst zu veröffentlichenden Abhandlung über den Musterstaat dargestellt, die wir hier schon der Vollständigkeit wegen für die Charakteristik der Philosophie von Alf. verwerten wollen. Doch dürfte die dem Schriftchen voraufgestellte Inhaltsangabe nicht von der Hand Alf. sondern eines seiner Schüler oder Leser herrühren.

In der VIII. Abhandlung, welche durch die Bitte eines gewissen Abū Isḥâk ibn ʿAbdullah angeregt wurde und von diesem in unserer Handschrift mit einer Einleitung versehen worden ist, „über den Wert der Astrologie" verwirft Alf. in einer des Philosophen würdigen, hoch über dem Wahn seiner Zeit und seiner Glaubensgenossen stehenden freimütigen Weise den Glauben, aus dem Lauf und der Konjunktion der Gestirne das Schicksal der Menschen zu bestimmen.

Die IX Abh. Die Darstellung von Al-Fārābī's Werken aus Alḳifti dient zur Vervollständigung unserer Schilderung von Alfārābī's Bedeutung für die Entwickelung der muslimischen Philosophie.

C. DAS PHILOSOPHISCHE SYSTEM ALFĀRĀBĪ'S.

1. ALLGEMEINES.

Alfārābī hat sich über sämtliche Wissensgebiete seiner Zeit encyclopädisch verbreitet, über den Rahmen des von den Griechen gebotenen Stoffes selten hinausgehend, im ganzen wenig originell, im Einzelnen eklektisch die Lehren seiner Vorgänger systematisch bearbeitend und verknüpfend. Verhält er sich so seinen griechischen Vorbildern gegenüber rezeptiv, so bewundern wir doch seine freie Stellung, die er zu der positiven Religion einnahm. Nirgends begegnen wir einem blinden Gehorsam gegen das Dogma des Koran's. Vereinzelt werden Aussprüche desselben angeführt, aber mehr als Bestätigungen von Vernunfterkenntnissen, als als Grundlagen für philosophische Schlussfolgerungen. Als Ausgang alles Denkens und Kriterium alles Erkennens gilt ihm überall die Vernunft (Nus ʿaḳl), die an keine anderen Schranken als an die ihr immanenten Gesetze gebunden ist. Nach seiner eigenen Aussage (p. 54) will Alfārābī einen reinen Aristotelismus wieder zur Anerkennung bringen gegenüber einer ihn verdunkelnden, oder missverstehenden philosophischen Zeitrichtung. Mit dem System des grossen Stagiriten scheint ihm aber das des „göttlichen" Plato nicht im Widerpruch zu stehen, vielmehr versucht er, in diesem Bestreben mit den griechischen Neuplatonikern zusammentreffend, die vermeintlichen Differenzen innerhalb der beiden Lehrweisen auszugleichen; doch passiert ihm hierbei öfters, was besonders aus der I. Abhandl. erhellt, dass er den Aristoteles platonisiert, indem er sich für aristotel. Lehren auf das neuplaton. Pseudonym: die Theologie des Aristoteles beruft.

Unter den zum Studium der Philosophie notwendigen Dingen zählt er (p. 82 ff.) neun auf, nämlich: 1) die Namen der philosoph. Schulen, deren er mit Ammonius, Philoponus u. David (cf. Schmölders Docum. Philos. Arabum p. 62) 7 nennt; 2) die Tendenzen der aristotel. Schriften, welche er hier in particulare, universale u. mittlere teilt; 3) welche Wissenschaft als Einleitung zum philos. Studium diene, die Mathematik (nach Plato), die Ethik (nach Theophrast), die Logik, (nach Andronikus), während Alf. selbst (p. 88) der Ethik als Vorbereitungswissenschaft den Vorzug zu geben scheint; 4) das Endziel der Philosophie, welches er in die Erkenntnis Gottes u. die Verähnlichung mit ihm setzt; 5) die philos. Methode, welche bei ihm in der Verwirklichung des Wissens u. der Ausübung desselben im praktischen Leben besteht; 6) die dunkele Redeweise in den aristotel. Schriften; 7) die Ursachen ihres Gebrauches; 8) der Zustand, in welchem sich der die Philosophie Lehrende und Lernende befinden müsse; 9) was zum Studium der aristotel. Philos. nötig sei, wobei Alf. sich wiederholend einzelnes aus den übrigen Nummern zusammenfasst.

Die Aufgabe der Philosophie besteht ihm mit Plato u. Aristoteles in der Erkenntnis des Vorhandenen als solchen, p. 2,

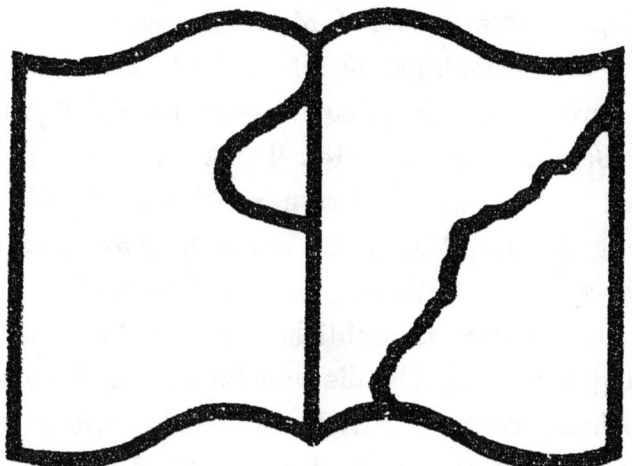

Texte détérioré — reliure défectueuse
NF Z 43-120-11

2. Die Logik.

In der Lehre von der Begriffsbildung, den Schlüssen und dem Beweis schliesst Alf. sich zumeist an Aristot. an, doch ist er im Irrthum, wenn er meint, dass Arist. auch die hypothetischen Schlüsse behandelt habe. Um für jedes zu behandelnde wissenschaftliche Problem die nötigen Vordersätze zu gewinnen, seien 7 Dinge nötig (die Gattung des Dings, seine unterscheidenden Merkmale, seine Eigenheit, Accidens, Definition, Umschreibung u. Washeit (ǵins γένος, faṣl διαφορά, ḫaṣṣa ἴδιον, ʿarḍ συμβεβηκός, ḥadd ὅρος, rasm ὑπογραφή, māhijja τὸ τί) p. 147, deren Zahl Alf. durch Vermischung der quinque voces des Porphyrius mit den vier Begriffen der aristotel. Topik gewonnen zu haben scheint cf. p. 220. Alles Wissen zerfalle in: 1) allgemeine Vorstellung (Sonne, Mond); 2) Vorstellung mit Bestätigung cf. p. 92, z. B. des Urtheils, dass die Welt zeitlich entstanden sei. Zu den dem menschlichen Verstande angeborenen Vorstellungen rechnet Alf. die vom Sein, dem Notwendigen u. Möglichen, sowie unmittelbare Urteile, wie z. B. dass das Ganze grösser als der Teil sei. p. 93. In der VII Abh. bespricht er öfter die 10 Aristotel. Kategorien, von denen er besonders die Kategorie der Relation u. der Qualität einer eingehenderen Kritik unterwirft p. 151.

3. Die Metaphysik.

Alf. teilt die Wissenschaften in partikulare u. universelle. Unter erstere rechnet er diejenigen, welche nur einiges Vorhandene behandeln (z. B. Arithmetik u. s. w.) p. 55, während die allgemeine (universelle) Wissenschaft das allem Vorhandenen Gemeinsame (z. B. Sein, Aktualität, Potentialität u. s. w.) betrachtet. Giebt es also viele partikuläre Wissenschaften, so ist die universelle doch nur eine, nämlich die Metaphysik, die insofern sie den allen Dingen gemeinsamen Anfang, nämlich Gott, zum Gegenstand hat, auch die theologische Wissenschaft heissen kann p. 59.

Die Universalien existieren nur infolge der Einzeldinge, daher ist die Existenz der Universalien nur accidentell p. 144. Die Individuen bedürfen zu ihrem Sein nichts ausser sich selbst. Daher verdienen sie zumeist den Namen »Substanz" und nenne sie schon Aristoteles die ersten Substanzen p. 11. Da aber die allgemeinen Begriffe der Substanzen bleibend und ewig sind, wogegen die Individuen vergehen, so sind die Universalien in anderer Hinsicht würdiger des Namens Substanzen, als die Individuen p. 146—47. Wenngleich Alf. die platonische Ideenlehre verwirft, so gestattet er ihr doch Einfluss auf sein eignes System durch die Annahme, dass für alles Vorhandene im Wesen Gottes Formen existieren, die, weil sein Wesen ewig, ebenfalls von ewiger Existenz seien. Auf sie als die Vorbilder des Seins blickend schuf Gott die Welt. Die platonischen Ideen haben also kein Sein in einer besonderen Welt, sondern eben im Wesen Gottes. Auf Seiten des Menschen entspringt in der zunächst nur potentiell wissenden Seele die Erkenntnis der Einzeldinge. Erst von diesen aus werden die allgemeinen Begriffe abgeleitet, die, wie schon Aristoteles lehrte, im eigentlichen Sinn der Gegenstand der Erkenntniss sind. Fälschlicher Weise hält die grosse Menge die Universalien für früher als die eigentlichen (sinnlichen) Einzel-Erfahrungen. Da sich die wenigsten Menschen aber des wahren Ursprungs der Universalien bewusst sind, meinen sie, dass dieselben stets in der Seele vorhanden gewesen seien und ihr auf einem anderen Wege als dem der sinnlichen Wahrnehmung zugekommen wären. Dies gelte um so mehr, als, sobald gewisse Universalbegriffe entstanden seien, die einzelnen neuen Erkenntnisobjekte danach beurteilt und darunter subsumiert würden, so dass der Schein entstände, als ob wir uns dabei eines früheren Wissens derselben erinnerten. Dies sei auch der wahre Sinn der Stellen, wo Plato davon rede, dass alles Lernen nur ein sich Erinnern sei und nach Aristot. alles sich Belehrenlassen von einem vorher schon bestehenden Wissen davon herrühre. Bei allen vorhandenen Dingen unterscheidet (p. 108 ff.) Alf. eine Washeit (quiditas) māhījja u. eine Dassheit (haecceitas) huwīja. Die Dasheit hängt nicht von der Washeit ab, und beruht somit die Existenz eines Dinges auf einem anderen Prinzip als sein begriffliches Was. Alle verursachte Washeit ist ihrem Wesen nach nicht existierend, erst von Gott aus, als ihrer Ursache, kommt ihr notwendige Existenz zu. Jedes Einzelding, welches an einem begrifflichen Was (Gattungsbegriff) teilnimmt, deckt sich nicht mit demselben; denn das unterscheidende Merkmal (διαφορά) hebt das Einzelne als solches aus der Gattung hervor.

Mit Aristoteles sucht Alf. einen Zusammenhang zwischen Denken und Sein herzustellen, und zwar durch die Beziehung von Form und Stoff. Die Form soll auf dreifache Weise zu dem Ding gelangen: 1) zu den Körpern durch ein Erleiden von aussen; 2) zu der sinnlichen Wahrnehmung, indem die Sinne eine Einwirkung erleiden; doch nehmen die Sinne immer nur die mit dem Stoff verbundene Form wahr; 3) der Intellekt allein vermag die abstrakte zu Form erfassen p. 159.

Das Vorhandene teilt Alf. in solches von möglicher Existenz, und in solches von notwendiger Existenz p. 93. Letzteres hat sein Sein von sich selbst aus, und ist, selbst unbewegt, der Ursprung aller Bewegung, an welcher alles Stoffliche in der Welt teilnimmt. Dieses Notwendig-Seiende, das ist die Gottheit, nimmt keine Teilung noch Gegensatz an und ist qualitäts- u. quantitätslos. Es ist das rein Gute, reine Denken, rein Denkend u. rein Gedachtes, mit Allweisheit, Allmacht, Leben und Willen begabt, von volendeter Schönheit, Vollkommenheit, Selbstgenügsamkeit, von dem Alles Vorhandene seinen Ursprung hat. Doch ist das Vorhandene von ihm nicht in menschlicher Weise beabsichtigt oder hervorgerufen p. 96, sondern in seinem zeitlosen Wissen begründet. Gegen die Lehre der Atomistiker wendet Alf. ein, dass sie weder die Zusammensetzung der Körper noch ihre Bewegung erklären könne, p. 101.

4. Die Physik (Weltentstehung).

Alles Werden ist eine Zusammenfügung, alles Vergehen eine Auflösung der Stoffe. Was aus vielen Teilen zusammengefasst ist, braucht zu seiner Zusammenfügung mehr Zeit, als das was nur aus wenigen Teilen besteht. Da nun die Welt nur aus zwei Grundbestandteilen, Stoff und Form, besteht, so ist sie auf einmal zeitlos geworden und wird auch auf einmal zeitlos vergehen 143—44.

Während Alf. sich mit einigem Recht auf Plato als den Urheber der Lehre von einer zeitlichen Weltschöpfung beruft, so ist er im Unrecht, wenn er dem Aristot. eine gleiche kosmogonische Ansicht unterschiebt und die damit augenscheinlich im Widerspruch befindlichen Aussprüche dahin versteht, dass Arist., da, wo er von der Anfangslosigkeit der Welt rede, nur der Meinung sei, dass die Welt nicht allmählig in ihren Teilen entstanden sei, etwa wie ein Haus, sondern durch einen einmaligen zeitlosen schöpferischen Akt, indem Gott sie aus dem Nichts hervorrief p. 37. 39. 41. Mit der Welt entstand die Zeit. Als Argument benutzt Alf. auch hier wieder das neuplat.

Pseudonym, die Theologie des Arist. Die Frage aber, ob die Welt zeitlich entstanden od. ewig sei, scheint ihm überhaupt mit der anderen zusammenzufallen, ob Gott existiere oder nicht, p. 39. Da er bei der Annahme der Nichtexistenz Gottes mit seinem religiösen Bewusstsein in Konflikt geraten würde, so schliesst er aus dem dogmatischen Begriff Gottes als des Schöpfers auf eine Schöpfung der Welt und giebt uns dabei das Rätsel auf, eine zeitlose einmalige Entstehung der Welt aus dem Nichts uns zu denken. Da er mit Arist. an dem Satz festhält, dass jedes Ding zu seinem Ursprung wieder zurückkehre, so ist ihm auch gewiss, dass die Welt wieder in das reine Nichts sich auflösen werde u. tadelt er hierbei die Ansichten der Naturphilosophen, Juden (Christen) und Magier, welche durch ihre Lehre einer Entstehung der Welt aus dem Chaos zu der Annahme gedrängt würden, dass die Welt in diesen Zustand einst wieder zurückkehren würde. Doch ist die sichtbare Welt nicht das einzige und unmittelbare Produkt der Schöpferthätigkeit Gottes. Zeigen sich schon bei der Fassung der Gottesidee neuplatonische Einflüsse in dem System von Alf., so treten dieselben noch mehr hervor, wenn er aus Gott als dem Urprinzip alles Seins, aus der Ueberfülle seines Wesens, zuerst den Intellekt, dann die Seele und dann den idealen Urstoff emanieren lässt, die zusammen die unsinnliche Welt bilden, nach welcher dann erst die sinnliche Welt in successiver Reihenfolge entsteht.

Die Theorie von den Sphären und ihrer Bewegung durch himmlische Geister hat weniger Anspruch auf philosophisches Interesse, da sich hier wissenschaftliche Vorstellungen zu sehr mit mythologischen kreuzen.

Im Einzelnen behandelt Alf. physikalische Fragen meist im Anschluss an Arist., so z. B. seine Bestimmungen über das Lockere u. Dichte, das Rauhe u. Glatte. Die Farben erklärt er als das Endziel, welchem der durchsichtige Körper zustrebe. Sie finden sich nur an den werdenden und vergehenden Dingen. Die Mittelfarben entstehen durch Mischung der Grundfarben, Schwarz (Erde) u. Weiss (Feuer) p. 139.

Die platonische Lehre vom Zustandekommen des Sehens, dass dasselbe entstehe, indem etwas aus dem Auge heraustrete und das Sehobjekt treffe, vereinigt er, seinem vermittelnden Standpunkt gemäss, mit der aristotelischen, dass das Sehen von einer Einwirkung im Auge herrühre, dadurch, dass beide Philosophen mit der verschiedenen Ausdrucksweise eine, Auge und Sehobjekt verbindende, Kraft bezeichnen wollten p. 25. Bei der Darstellung der Consequenzen, welche die Aristoteliker aus Plato's Lehre vom Sehen zogen, benützt Alf. den Alexander Afrod. cf. Supplem. Arist. Alex. Aphrod. II 127—29. Besonders tritt dies bei der Dreiteilung p. 22, 10 τοῦτο δὴ τὸ σῶμα τὸ τῶν ἀκτίνων πότερον ἀήρ ἐστιν ἢ φῶς, ἢ πῦρ hervor, aber auch im Einzelnen.

5. Die Anthropologie.

In der Reihe der aufsteigenden Rückentwicklung zu Gott nimmt der Mensch die mittlere Stufe ein. Am ausführlichsten hat Alf. die Entstehung des Menschen in seinem Musterstaat dargestellt. Hier bezeichnet er den männlichen Anteil bei der Zeugung als den formgebenden, den weiblichen Anteil aber als den stoffbietenden. Bei der Entstehung des Embryo entwickele sich von den inneren Organen zuerst das Herz, dann die Milz, die Leber u. s. w. — Während bei den Tieren die Doppelgeschlechtigkeit auf das männliche u. weibliche Wesen verteilt sei, gebe es Pflanzen, wo beide Geschlechter in einem Individuum verbunden seien. Von den seelischen Kräften seien der Zorn u. die Härte mehr dem

Mann, das Mitleid u. die Schwäche mehr der Frau eigen.

In der Beschreibung der menschlichen Eigenschaften und der Teilung der sinnlichen und geistigen Natur bleibt sich Alf. nicht gleich. So ist es fraglich, ob er eine dichotomische oder trichotomische Teilung des menschlichen Wesens bevorzugt habe. Er lässt die Kräfte des menschlichen Geistes teils auf das Tun, teils auf das Erkennen gerichtet sein. Zu den Ersteren rechnet er das vegetalische (nabātī), um die Individuen und die Arten zu erhalten, das animalische (ḥaivānī), welches in der Herbeiziehung des Nützlichen und der Abstossung des Schädlichen beruht, und das menschliche, welches in der vom Intellekt geleiteten Wahl des Schönen u. Nützlichen besteht p. 119—20. Der Seele des Menschen kommen gewisse Kräfte zu, welche durch körperliche Organe wirken. Ohne ein solches wirkt aber die Vernunft. Der Intellekt ist der edelste und Gott am nächsten stehende Teil der Seele, durch welchen sie auch das Göttliche erkennt. Der Verstand sei dem Gedächtnis vorzuziehen, da letzteres sich nur auf Einzeldinge beschränke, der Verstand aber allein sich auf allgemein gültige Grundsätze stütze p. 142. Die Seele steht zwischen Intellekt u. Natur p. 49. Der Geist des Menschen ist göttlicher Natur, dies erschliesst Alf. aus der Fähigkeit des Menschen Vergangenes u. Zukünftiges zu erfassen p. 118. Er bestreitet die Präexistenz der Seele vor dem Leibe und die Seelenwanderung nach dem Tode p. 106, während er die Fortdauer der Seele nach dem Tode annimmt, und die Vergeltung der guten u. bösen Thaten im Jenseits lehrt. Er glaubt an eine Auferstehung, für welche Lehre er sich auf Plato beruft p. 53.

6. Der Intellekt.

Eingehender hat Alf. die Lehre vom Intellekt behandelt. Er unterscheidet einen vierfachen Intellekt, nämlich den 'aḳl bilḳuwwah¹), den 'aḳl bilf'il²), den 'aḳl mustafād³), u. den 'aḳl fa‘‘āl⁴), indem er fälschlicher Weise diese Teilung auf Aristot. de anim. III, 4—8 zurückführt.

Der potentielle Intellekt ist eine Seelenkraft, welche die Fähigkeit besitzt die Formen von allem Vorhandenen von den Stoffen zu abstrahieren. Diese von dem Intellekt gedachten u. abstrahierten Formen (al ma‘ḳūlāt νοούμενα, das Intelligible) werden aber eben nur Formen für den potentiellen Intellekt, der gleichsam der Stoff für dieselben ist, p. 67. Kommen nun die Formen des Vorhandenen dem potentiellen Intellekt zu, so wird derselbe zum aktuellen Intellekt. Die von den Stoffen abstrahierten Formen selbst oder das Intelligible wird nun zum aktuell Intelligiblen, während es vorher, solange es an den ausserhalb der Seele befindlichen Stoffen existierte, nur potentiell intelligibel war. Der potentielle Intellekt wird daher durch das aktuell Intelligible zum aktuellen Intellekt und sind somit der aktuelle Intellekt u. das aktuell Intelligibele dem Wesen nach eins. Das Intelligible als aktuelles hat nun erst wahre Existenz u. gehört zu dem Vorhandenen. Als solches liegt es in seinem Wesen, dass es gedacht werden kann u. wird somit der aktuelle Intellekt, da er ja mit dem aktuell Intelligiblen eins ist, Gegenstand des Denkens. Denkt aber der Intellekt, der in Bezug auf den aktuellen selbst wieder potentiell ist, den aktuellen Intellekt, so denkt er sein Wesen selbst. Fasst der Intellekt als aktueller alles Intelligible in sich, so denkt er, wenn er seine Thätigkeit auf den aktuellen Intellekt richtet, etwas von seinem eigenen

---

1) νοῦς ἐν δυνάμει, den potentiellen.
2) νοῦς ἐν ἐνεργείᾳ den aktuellen.
3) νοῦς ἐπίκτητος, den erworbenen.
4) νοῦς ποιητικός, den schaffenden.

Wesen aus Vorhandenes u. wird somit sein eignes Wesen zu etwas aktuell Intelligiblem.

Denkt nun der Intellekt das Intelligible als solches, so wird er zum erworbenen Intellekt. Die Formen nämlich, welche der Intellekt zu gedachter Existenz erhebt, sind bereits abstrakt, bevor sie von uns aus gedacht wurden und so werden sie von dem Intellekt stofflos erfasst. Der tätige Intellekt schliesslich ist derjenige, welcher den potentiellen zum aktuellen, und das potentiell Intelligible zum aktuell Intelligiblen macht. In ihm sind die Formen des Intelligiblen, jedoch ist ihr Sein umgekehrt wie im aktuellen Intellekt. Der tätige Intellekt denkt immer das Vollkommenste. Auch die abstrakten Formen, welche in ihm existiren, sind nicht erst von den Stoffen abgezogen worden, sondern haben in ihm stets bestanden. Die Urstoffe empfingen erst von hier aus ihre Formen. Der tätige Intellekt besitzt die Fähigkeit dem Stoff die Formen zuzuteilen p. 77 u. benutzt sie, dass der menschliche Intellekt die Formen in sich aufnimmt. Da aber der tätige Intellekt nie mit dem Stoff verbunden ist, kann er nicht selbst das letzte Prinzip alles Vorhandenen sein p. 78. Die auf die Körper wirkenden Prinzipe, welche dem tätigen Intellekt den Stoff seiner Schaffensthätigkeit darbieten, sind nun die himmlischen Körper, von denen jeder von einem Beweger bewegt wird und zwar ist die erste Sphäre für die Himmelskörper (Meteore, Kometen) der vollkommenste Beweger, für die anderen Sphären, ist der Beweger der des ersten Himmels. Letzterer hat das Prinzip zweier Naturen in sich, ein körperliches und ein geistiges. Dieses höhere Prinzip, unter welchem der Beweger des ersten Himmels steht, ist der Anfang aller Prinzipe u. Ursprung aller Dinge, nämlich der erste Intellekt, welcher auch das erste Seiende, erste Eine oder erste Wahre heisst.

7. Die Ethik.

Der Mensch besitzt keine angeborenen ethischen Qualitäten, sondern nur natürliche, sittliche Dispositionen u. Fähigkeiten. Hat nun die Seele durch Gewöhnung u. Erziehung sich gewisse sittliche Begriffe zu eigen gemacht, so erscheinen dieselben in Bezug auf die später hinzukommenden als angeboren, in Wirklichkeit aber sind sie ebenfalls nur erworben. Ist es den Menschen, besonders wenn sie schon dabei alt geworden sind, auch schwer, von einer ihnen zur festen Gewohnheit gewordenen Charakterbeschaffenheit abzuweichen, so ist doch selbst hier ein solcher Wechsel nicht unmöglich, p. 28 ff.

Um alle seine ihm von Gott gesetzten Zwecke zu erfüllen, bedarf der Mensch der Mitwirkung anderer. Dadurch entsteht die menschliche Gemeinschaft. Freilich bilde sich geschichtlich das Gemeinschaftsleben der Menschen auf anderem Wege. Es ist teils erzwungen z. B. durch Besiegung oder Vergewaltigung einer Gemeinde oder eines Volkes durch ein anderes, durch erzwungene od. freiwillige Unterwerfung; teils natürlich, beruhend auf gemeinsamer Abstammung, Aehnlichkeit der Sitten, Sprache u. dgl. Die menschliche Gemeinschaft ist entweder vollkommen oder unvollkommen. Der Vollkommenen giebt es drei: 1) gross ist die Gemeinde aller Gemeinden in der Welt; 2) eine mittlere ist das einzelne Volk; 3) klein ist die Stadtgemeinde. Unvollkommen sind die Gemeinschaften eines Dorfes, Stadtbezirkes, einer Strasse; am kleinsten ist die Hausgemeinde. Erst die Stadtgemeinde ist imstande das höchste Gut zu erreichen, welches darin bestehe, dass die Formen des Vorhandenen dem Menschen eingeprägt werden, indem der potentielle Intellekt durch den tätigen zum aktuellen gemacht werde p. 77, oder was Alf. sonst als die Verähnlichung mit Gott setzt, die zugleich das Endziel der Philosophie ist. Da wo dieser Zweck wirklich erfüllt werde, sei die Vorzugsstadt. Ein Volk, dessen sämtliche Städte sich bemühen, das höchste Gut zu verwirklichen, ist das Mustervolk. Die Idealstadt gleicht einem gesunden Körper, wo ein Glied dem anderen dient. Alf. vergleicht das Haupt dieser Stadt mit dem wichtigsten inneren Organ im Menschen, dem Herzen. Das Haupt der Stadt kann nicht jeder beliebige Mensch sein, sondern nur der, welcher von Natur u. Abstammung die Herrschertugenden besitze. Er nennt 12 Eigenschaften, die der Herrscher haben müsse, nämlich: 1) Körperliche Gesundheit u. Fehllosigkeit; 2) klaren Verstand; 3) gutes Gedächtnis; 4) gute Einsicht u. Scharfsinn; 5) Redegewandtheit; 6) Liebe zu der Wissenschaft; 7) Wahrheitsliebe; 8) Mässigkeit in Genüssen jeder Art; 9) Grossmut; 10) Unbestechlichkeitssinn; 11) Gerechtigkeit; 12) Entschlossenheit u. Furchtlosigkeit.

Finden sich diese Eigenschaften nicht sämtlich in einem Menschen vereinigt, so muss die Herrschaft auf mehrere übertragen werden. Zu der Idealstadt stehen im Gegensatz solche Städte, deren Bewohner es nur auf äussere Güter absehen. Ebenso sind thörichte Könige solche Herrscher, die nur ihrer Begierde fröhnen. Von den Bewohnern der Vorzugsstadt verlangt Alf. die Kenntniss Gottes sowie die der Intellekte, des wahren Glückes und des ewigen Lebens.

Auch das Recht des Krieges zieht Alf. in Betracht. Er hält den Kriegszustand für einen unnatürlichen. Wohl aber sei die aufgezwungene Selbstverteidigung eines Volkes ein Akt der Notwendigkeit u. darum gestattet. Für verwerflich hält Alf. die mönchische Ansicht, dass der Verzicht auf allen geselligen Verkehr, die Befreiung der Seele vom Leibe u. seinen Bedürfnissen zur wahren Vollendung führe u. darum das höchste sittliche Ideal sei.

Gleichwohl zeigt sich auch in dem System Alf., ein gewisser theosophisch-sufischer Zug. So setzt er schon die höchste Lust der Seele in die Erkenntnis Gottes, p. 116. Es steht damit nur im engen Zusammenhang, wenn er zu einer inneren Kontemplation Gottes auffordert, indem die Seele die sinnlichen Zwischenstufen überspringend sich unmittelbar in das Bereich des Göttlichen erhebt, p. 117.

8. Die Theologie.

Gegenüber den grob materiellen Vorstellungen u. Lehren über Gott, welche die Orthodoxie des Koran aufstellt, vertritt Alf. die Ansicht, dass Gott körper- u. raumlos sei, ohne Bewegung schaffe, ohne bei der Schöpfung der Welt eine Vollendung seines Wesens, eine Ehre u. dgl. anzustreben oder sich in Teile zu zerteilen. Gott kennt sein Wesen, jedoch nicht durch Beweis, sondern unmittelbar. Auch die durch seine Allmacht geschaffenen Dinge erkennt er nicht von diesen aus, sondern von seinem Wesen her, p. 133. Schon ein Schatten der Erkenntnis von seinen Eigenschaften befreit den Menschen von der Körperlichkeit, p. 136. Alle Eigenschaften, die Gott beigelegt werden, drücken das damit bezeichnete nur approximativ aus u. sind alle im eminenten Sinn zu verstehen, da Gott über alle Eigenschaften u. Bezeichnungen erhaben ist. Nach dem Tode erlangt der Mensch ein übersinnliches, geistliches Auge, mit dem er vermag Gott von Angesicht zu Angesicht zu schauen. Den Christen gegenüber betont Alf. die Einheit u. Unteilbarkeit des göttlichen Wesens. Hält er auch die philosophischen Beweise für die Existenz u. die Qualitäten Gottes für allein richtig, so giebt er doch zu, dass die religiöse Lehre von der Offenbarung u. Inspiration höchst genügend und nützlich für das Bedürfnis der grossen Menge sei p. 43. Die allgemeine Fürsorge Gottes umfasst die Einzeldinge (providentia specialissima), indem immer das Höhere mit der Fürsorge für das Niedere betraut sei, sowohl im geistigen, wie im natürlichen Leben, p. 41—42. Auch die Übel rühren von Gott her, sie sind notwendig, damit das Gute bestehe, p. 107.

Oefters macht Alf. den Versuch Dogmen des Korân zu rationalisiren, und ist er bei diesem Bestreben ein Vorgänger der »lauteren Brüder", p. 127. Trotzdem verträgt sich damit sein Glaube an Engel u. Genien. Der Profetie soll die Natur der grossen kreatürlichen Welt gehorsam sein, so dass der Profet imstande sein soll, Wunder zu verrichten, p. 118.

9. DIE ASTROLOGIE.

Alf. giebt die Einflüsse der himmlischen Körper auf die Erde zu, führt sie aber auf ihre natürlichen Ursachen zurück, wobei er schon an Plotin einen Vorgänger hatte. Er verwirft den Aberglauben, die Vorgänge in der Sternenwelt als Vorboten glücklicher od. unglücklicher Ereignisse unter den Menschen zu betrachten, oder durch Loosbefragung das menschliche Schicksal bestimmen zu wollen, ja er nennt geradezu die Beschäftigung mit solcherlei Dingen eine unnütze Zeitverschwendung, da dabei nichts sicheres herauskomme.

D. RESUMÉ.

I. Alfarabi der Begründer der muslimischen Philosophie, welche das IX bis XII Jahrh. beherrschte, ist als Neoplatoniker zu betrachten wie ja auch seine Lehrer, die spaeteren Griechen, offenbar Neoplatoniker waren.

II. Als ein solcher suchte Alf. die Lehre des Plato mit der des Aristoteles als nur Eine zu behandeln und im vollen Glauben an die Einheit dieser Lehre eine Harmonie zwischen beiden herzustellen, ganz sowie dies ein Dogma der Neoplatoniker war.

III. Dazu studirte er die Schriften beider, und wie schon Porphyr einmal das Organon des Arist. mit der Isagoge versah und ein andermal die Enneaden des Plotin zusammenstellte, ist auch Alf. dem Studium beider Richtungen treu ergeben.

IV. Da Alf. von der Einheit der Lehre beider überzeugt war, musste ein Pseudonym »die Theologie des Aristoteles" welches nichts als Excerpte aus den Enneaden IV—VI des Plotin enthält, ihm als echt erscheinen und konnte er durch dasselbe die Ideenlehre Platos, und die Lehre von der Weltschöpfung bei Plato und Arist. als nur Eine darstellen.

V. Die Folge von der Anerkennung dieses Pseudonyms war eine sehr wichtige, denn fortan sehen wir die Emanationslehre Plotins als einen ebenbürtigen Bestandteil neben der Plato-Aristotelischen Erkenntnisslehre, um aus beiden eine, die Geistes- und Sinnenwelt umspannende, Gesammtwissenschaft zu bilden, welche von der Philosophie geordnet und in Stufen gereiht ist.

VI. In dieser so geordneten Gesammtwissenschaft leben und weben die Philosophen der Muslim und jeder bedeutende Philosoph schreibt, bevor er philosophirt, eine Encyclopaedie des Wissens, so Alf. »die Aufzählung der Wissenschaften", iḥṣā-el-ʿulūm; Ibn Sīnā unter dem Titel »die Heilung" aś-śifā und Algazzālī unter dem Titel »die Belebung der Wissenschaften" iḥjā-el-ʿulūm.

VII. Das Werk von Alf. »die Aufzählung der Wissenschaften" ist uns zwar nicht erhalten, doch ist jetzt schon festzustellen, dass dasselbe besonders von seinen nächsten Nachfolgern den Iḫwān-eṣ-Ṣafā in ihren 51 Abhh., den Rasāïl, vielfach ausgeschrieben ist, und diese Encyclopaedisten dadurch im Stande waren einen vollständigen Kreislauf im Gebiete des Geistes zu schaffen um alle Wissenschaften, wie sie damals von den Griechen her ererbt waren, diesem Kreislauf einzufügen. Nämlich so:

1—4. Urwesen (Gott), Geist, Seele, idealer Urstoff. Das On der Neoplatoniker wird von den monotheistischen Philosophen einfach als Gott gesetzt, der Geist ist dann der vom Urwesen die Urformen Erbittende, die Seele aber die mit diesen Formen Bespendete. Diese sowohl denkende als schaffende Weltseele bringt den bisher nur ideell bestehenden Urstoff dazu sich als

5. durch Annahme von Länge Breite und Tiefe zum wirklichen Stoff, zu entwickeln der alsbald als

6. die schönste Form d. h. die runde in der Sphaerenwelt annimmt. Wir haben in 1—5 Plotin's Emanationslehre und in 6 Arist. $\pi\varepsilon\rho\grave{\iota}$ $o\mathring{v}\rho\alpha\nu o\tilde{v}$ und des Ptolemaeus $\mathring{\eta}$ $\sigma\acute{v}\nu\tau\alpha\xi\iota\varsigma$ $\mu\varepsilon\gamma\acute{\iota}\sigma\tau\eta$ (Almagisti).

7. Unterhalb der Mondsphaere in der sublunarischen Welt herrscht die $\varphi\acute{v}\sigma\iota\varsigma$ die Natur als eine Kraft der Weltseele und zerfällt diese Sphaere in die Aether- Eiskälte- und Lufthauchzone(Arist. $\mathring{\eta}$ $\varphi v\sigma\iota\varkappa\mathring{\eta}$ $\mathring{\alpha}\varkappa\rho\acute{o}\alpha\sigma\iota\varsigma$ und $\tau\grave{\alpha}$ $\mu\varepsilon\tau\varepsilon\omega\rho o\lambda o\gamma\iota\varkappa\acute{\alpha}$).

8. Es folgen die vier Elemente und ihre Wandlung des Einen in das Andre. Arist. $\pi\varepsilon\rho\grave{\iota}$ $\gamma\varepsilon\nu\acute{\varepsilon}\sigma\varepsilon\omega\varsigma$ $\varkappa\alpha\grave{\iota}$ $\varphi\vartheta o\rho\tilde{\alpha}\varsigma$.

9. Die aus den vier Elementen erzeugten Producte, Mineral, Pflanze und Creatur (Thier und Mensch).

Soweit der Abstieg, als die von oben in die Sphaeren emanirte Kraft, die dann von den in ihren Sphaeren auf und niedersteigenden Planeten der Niederwelt zugeführt und hier von der Physis, jener Kraft der Weltseele verwandt wird. Das Ganze besteht in neun Stufen, den neun Einern, d. h. dem Wesen der Zahl entsprechend (Neoplatonismus und Neopythagoraeismus). Dem Abstieg gegenüber steht der Aufstieg. Zunächst:

1. Gestein in den verschiedenen Lagen und in den Mineralen der Erde. Alle Minerale entstehn aus Schwefel und Quecksilber. Ihre Verschiedenheit rührt nur von Zufällen in der Mischung und in der Grubenhitze her; so wird hier die ruhende Kraft δύναμις zur wirklichen ἐνέργεια vermuthlich nach dem verlorenen περὶ λίθων des Aristoteles.

2. An der Erdoberfläche ist die Pflanze mit sieben Kräften, die beim Wachstum wirklich werden und den drei Fortpflanzungen im Gepflanzten, Gesäeten und dem Selbstwuchs περὶ φυτῶν von Aristot.

3. Auf der Erdoberfläche das Tier mit einem bis zu fünf Sinnen, es besteht durch Fortpflanzung aber auch durch directe Vermischung der Elemente: περὶ ζώων Arist., auch vieles von Plinius.

Das Tier hat Sinnes- und Vorstellungskraft, aber der Mensch hat noch dazu die Denkkraft.

4. Der Mensch ist Endstufe des Thiers und Uebergangsstufe zu den geistigen Wesen, denn: die Welt ist ein grosser Mensch und der Mensch eine kleine Welt, Aristoteles. Der Bau des Menschen ist zumeist nach Galen gegeben, seine Sinnes- und seine Geisteswerke nach Arist.

Der Lehrgang des Menschen besteht nach den gewöhnlichen Fertigkeiten wie Lesen und Schreiben etc. in:

a. Propaedentik, Arithmetik nach Euklid und Nikomachus; Mathematik nach Euklid; Astronomie (Almagist) und Geographie nach Ptolemaeus; d. h. die 7 Klimata des bewohnten Viertel. Es folgen Musik und mathematische Proportionslehre.

b. Logik: die Isagoge des Porphyr und das Organon des Arist.

c. Naturwissenschaft τὰ φυσικά. Nach der φυσικὴ ἀκρόασις des Aristot. und den oben citirten aristot. Werken.

d. Die Lehre von der Allseele, Weltseele, nach Plotin.

e. Die Lehre über Gott und die geistigen Wesen. [4]

In der höchsten Stufe des Menschen, den Propheten und Philosophen, reichen sich somit die Lebewesen dieser Welt mit den Bewohnern der Sphaerenwelt, den Geistigen Wesen und Engeln, die Hand, auf dass der Aufstieg der Seele bis zur Schwelle am Thron Gottes, d. i. der Umgebungsphaere gelinge.

Von höchster Höhe bis zur tiefsten Tiefe d. i. dem Mittelpunct der Erde und von dieser fernen Tiefe bis zur höchsten Höhe nur eine Kette, vom Vollendetsten bis zum Defectesten und vom Defectesten bis zum Vollendetsten Ring an Ring. Und darin ist eingeschlossen alle Entwikkelung, die geistige sowohl als die sinnliche, so dass im Juvel dieses Geschmeides, im sinnigen Märchen »Tier und Mensch vor dem König der Genien", die beiden Seiten der Kette sich zusammenschliessen.

Das gab eine gewisse Ruhe der Seele und schien dem geistigen Ringen der Menschheit ein Genüge zu gewähren.

Aus diesem Kreislauf kommt die Weltanschauung des Mittelalters nimmer heraus, bis sie am System des Kopernikus und am „E pur si muove" des Galileï zerschellte.

An dieser Gesammtanschauung von dem Wesen der Welt und an dieser Gesammtwissenschaft mit gearbeitet zu haben ist ein Verdienst der muslimischen Philosophen. Sie nahmen die Bruchsteine von den Griechen her um den Aufbau zu versuchen, wahrscheinlich ist, dass sie auch durch die Einfügung von Mittelstufen wie des Ruinengrün (die Flechte auf dem Felsen) zwischen Stein und Pflanze, dann der Palme (deren männliche und weibliche Exemplare die Araber schon kannten) zwischen Pflanze und Tier, und des Affen als Mittelstufe zwischen Tier und Mensch, einiges zur Vervollständigung beibrachten.

Dem Muslim des X Jahrh. war die Welt wie ein kreisendes Rad, das von der Weltseele bewegt wird. Diese Urkraft strömt von höchster Höhe herab auf die Sphaeren. Ist nun ein Planet dem Hochrand seiner Sphaere nah, so empfängt er von Oben her die Kraft der Weltseele um dieselbe bei seinem Abstieg zum Niederrand dem nächsten Planeten, der grade im Aufstieg begriffen ist, zuzusenden.

So werden diese Wandelsterne die Vermitter alles Seins zwischen der oberen und der niederen Welt, und sind die Sphaeren gleichsam der Hochapparat während unterhalb der Mondsphaere die Welt der Elemente als der Kleinapparat alles Werdens den Kreislauf fortsetzt.

So ist alles vom Höchsten bis zum Niedrigsten dieser Welt vom Weltgeist getragen, um zum höchsten Endziel, zur geistigen Vollendung dieser Schöpfung beizutragen.

Vom Himmel kommend, zum Himmel steigend und wieder nieder zur Erde neigend, ist das Walten der Weltseele auf dass ein neuer Lauf beginne und eine neue Schöpfung werde. (Dieterici: Darwinismus).

Die von Plato im Timaeus begründete Lehre von der Weltseele erscheint hier nach mehr denn einem Jahrtausend wieder; ähnlich wie auch Plotin eine obere und eine niedere Weltseele lehrte (Zeller V 539).

So erscheint denn, während den Westen Europa's der finsterste Aberglaube und die Unbildung umnachtete, schon in 9. und 10. Jahrh. in den märchenhaft herrlichen Städten des Ostens, wie Bagdad und Basra, die hehre Gestalt der Bildung, um den Geist der Völker an die Heroen der alten Griechen-Schule zu mahnen und diese als die erhabenen Lehrer der Weisheit zu kennzeichnen.

Wenn man die Arbeiten der muslimischen Philosophen, nicht nach dem Standpunkt der heutigen sondern nach dem der damaligen Zeit beurtheilt, muss man ihre Resultate und ihren Scharfsinn bewundern, mit dem sie im Labyrinth jener Lehrmeinungen sich zurechtfanden, da ja auch heute noch, trotz tiefer, Jahrhunderte währenden, Studien so viele Rätsel in der Lehre Plato's und des Aristoteles ungelöst sind (vgl. Zeller Abriss 83, 163).

In dem Kampf um die Frage nach der Entstehung der Dinge erstarken die Geister und so reiht sich in dem Lauf von der Geschichte der Philosophie ein Forscher an den andern, es fügt sich Ring an Ring, dass diese Kette zu einem Rettungsseil wird, an dem sich haltend, die Helden der Wissenschaft immer von Neuem kühn die Stirn erheben, um den Kampf aufzunehmen mit der Tyrannei des Aberglaubens und jener hierarchischen Herrschsucht, die nur mit Blut ihre Geschichte schreibt und alles tut um die Freiheit des Geistes, und die edlen Regungen des Humanismus zu erdrücken. Wie wir sahen wogt dieser Kampf Jahrhunderte hindurch im Reiche der Khalifen und spielt sich hier das Vorspiel von den geistigen Kämpfen des christlichen Mittelalters ab. Auch die Muslim also stellten ihre Kämpfer zur geistigen Schulung des Menschengeschlechts, auch sie fügten einen Ring in das Geschmeide der Bildung wie es die Geschichte der Philosophie uns aus den geschwundenen Jahrtausenden vorführt.

Dem Arabisten aber mag es als ein hoher Lohn für eine lange redliche Arbeit und für fortwährende Studien genügen, wenn es ihm gelingt einen Ring dieser Kette, von Staub und Rost befreit, für die Forscher immer klarer darzustellen, damit auch die arabische Philologie jener Königin der Wissenschaft, der Philosophie, ihren Tribut zolle.

Vielleicht kommt einst die Zeit, in der eine Geschichte „der muslimischen Dogmen" geschrieben werden kann, wie sie im Korān, einem positiven Religionsbuch normativ begründet unter dem Einfluss von Tradition, Politik, griechischer Philosophie, buddhistischer und christlicher Theologie weiter entwickelt in den allgemeinen Culturprocess in Wechselwirkung eingreifen und auf den Entwicklungsgang der christlichen Dogmatik die interessantesten Streiflichter werfen. Doch wer unter den heutigen Arabisten besässe für diese Arbeit die geeignete Feder? Vor allen Dingen täte es not, dass man endlich einmal Ernst machte eine „Theologie des Korān" nach dem formellen Vorbilde der auf der Höhe der Wissenschaft stehenden biblischen Theologie zu schaffen. Für die Kenntniss der weiteren Ausbildung der muslimischen Dogmatik wird sich dann immer mehr die Wichtigkeit der muslimischen Philosophiegeschichte herausstellen und auch erkennen lassen, dass nicht aus dem Entwicklungsprocess der muslimischen Glaubenslehren, sondern nur aus dem der christlichen als höchste Frucht der freie Wissenschaft emporreifen konnte.

E. ANMERKUNGEN.

1) Ueber den Realismus und Nominalismus, vgl. Friedr. Ueberweg's Grundriss der Geschichte der Philosophie der patristischen und scholastischen Zeit 1877. § 20. Hier wird unterschieden:

a. Extremer Realismus: Die Universalia d. i. die Begriffe haben selbständige Existenz vor den Einzelobjecten: universalia ante rem (platonisch).

b. Gemässigter Realismus: Die Universalia haben zwar eine reale Existenz aber nur in den Dingen: universalia in re (aristotelisch).

c. Nominalismus: Nur die Individuen haben reale Existenz, die Gattungen und Arten sind nichts als subjective Zusammenfassungen des Aehnlichen, mittelst des gleichen Begriffs vollzogen: universalia post rem.

2) Ueber die Mutazila, vgl. Dieterici, Die Philosophie der Araber 1876 u. 1879 (Makrokosmus u. Mikrokosmus) pag. 76. Ueber die Begünstigung, die Almāmūn besonders der griechischen Wissenschaft angedeihen liess, vgl. Haji Khalfa I, 81. Hier wird berichtet, dass Almāmūn vom Herrscher der Bycantiner philosophische Werke erbeten hätte und wären ihm die Werke des Plato, Aristoteles, Hippocrates, Galen, Euklid und Ptolemaeus zugesandt worden. I, 72 nennt derselbe Bibliograph als die grössten (Theologen) Metaphysiker (ilāhijjūn) Empedokles, Pythagoras, Sokrates, Plato und Aristoteles.

Gewiss ist nun dass Almāmūn den Wissenschaften bei den Muslim einen grossen Aufschwung verlieh, doch war offenbar schon lange vorher in Ländern wie Syrien die griechische Bildung verbreitet wie das die theologische Schulung der syrischen Kirche beweist.

3) Vgl. Die sogenannte Theologie des Aristoteles arabisch edirt von Fr. Dieterici, Leipzig 1882, und: Die sogenannte Theologie des Aristoteles übersetzt von Fr. Dieterici, Leipzig 1883.

Der plotinische Inhalt dieses Pseudonyms wurde von dem Herausgeber und Uebersetzer erkannt, von Val. Rose im Einzelnen durchgeführt.

4) Die Abhandlungen der Iḫwān eṣ Ṣafā bilden seit mehr denn dreissig Jahren den Gegenstand meiner Studien. Die 51. Abhh. der lautern Brüder geben ein vollständiges Bild von der damals die Geister beherrschenden Gesammtwissenschaft. Nach dem Vorbild der Griechen sind diese Abhh. eingetheilt in:

I—XIII. Propaedeutica d. h. Mathematika und Logica, vgl. Dieterici, Propaedeutik bei d. Arab. 1865, und Dieterici, Logik u. Psychologie 1868.

XIV—XXX. Physika, sowie die Entwickelung der Steine, Pflanzen, von Thier und Mensch, vgl. Dieterici, Naturanschauung II. Ausg. 1875, Dieterici, Anthropologie 1871, Dieterici, Thier und Mensch 1858, und Dieterici, Thier und Mensch, arabisch mit Lexicon 1881.

XXXI—XL. Psychica d. h. Lehre von der Weltseele, vgl. Dieterici, Lehre von der Weltseele 1873, und Dieterici, Darwinismus im X u. XIX Jahrh. 1878.

XL—LI Theologica.

Arabisch edirt sind die Abhh. d. Iḫwān eṣ Ṣafā von Dieterici, Leipzig 1886. Eine allgemeine Darstellung derselben in Dieterici, Philosophie der Araber *a.* Makrokosmos 1876, *b.* Mikrokosmos 1878.

5) Neoplatonismus ist insofern ein nicht concinner

Name dieser Schule als er die Meinung entstehen lässt, als ob diese Philosophen vor allem der Platonischen Lehre ergeben gewesen wären und den Aristoteles vernachlässigt hätten, während sie redlich beiden Heroen ihre Arbeit widmeten, wie dies schon Porphyrius, bewies, der sowohl das Organon des Aristoteles mit der Isagoge versah, als auch die Enneaden seines Lehrers Plotin zusammenstellte. Am passendsten würde man diese Schule nach ihrem Begründer Plotin den Plotinismus nennen, da dieser die Emanationstheorie begründete und so die Construction des All von dem Einen herab zur Vielheit herstellte, während es in der Plato-Aristotelischen Erkenntnisstheorie versucht wird, die Welt von der Vielheit der wahrnehmbaren Dinge zu dem Einen Urprinzip hinauf aufzubauen. Bei den Peripatetikern wie Alexander Aphrodisias spielen die verschiedenen Nūs eine ähnliche Rolle wie bei Plotin die vier ersten idealen Potenzen. (Vgl. 66—74 und 216).

6) Es ist darauf aufmerksam zu machen, dass diese dem Aristoteles zugeschriebene Vision und Versetzung in die Idealwelt, obwohl sie in der Geschichte der Philosophie einzig und allein dem Plotin zugeschrieben wird, doch im Mittelalter einen Hauptpunct zur Verherrlichung des Aristoteles bildet. Sie findet sich:

a. in der sogenannten Theologie des Aristoteles pag. 8;

b. in diesen Abhh. Alfarabi's pag. 50 und wird die Echtheit derselben verteidigt pag. 45;

c. in den Abhh. der Iḫwân arab. 121,3 hier heisst jenes Buch aṯṯalūǵijjat also Theologica und

d. bei Ibn Esra vgl. Theol. d. Arist. arab. p. IV.

Das Juwel der Emanation ist bei Plotin echt, für Aristoteles aber nur ein Similidemant. Dennoch unterliess es das kritiklose Mittelalter nicht ihren Lieblingshelden den Aristoteles damit zu schmücken.

Zu beachten ist übrigens die wichtige Rolle, welche das gebildete Judentum im Mittelalter spielte um die arabische Wissenschaft im Westen zu verbreiten. Die Iuden waren des Arabischen mächtig, vielfach schrieben sie Arabisch freilich mit hebraeischen Lettern, und wie sehr sie mit dieser Wissenschaft vertraut waren zeigt besonders der grosse Maimon in seinem More Nebukim cp. 72 u. f. wo er die Lehren der Früheren meisterhaft behandelt.

DRUCKFEHLER.

Seite 24, 17.	lies: Leute	für Leuten	
» 45, 26.	» synonymen	» synonymenen	
» 63, 10.	» Menge	» Mange	
» 75, 11.	» denn	» dann	
» 75, 19.	» stellt	» stelt	
» 79, 27.	» Fixsterne	» Fisterne	
» 85, 21.	» gemeinsam	» allgemein	
» 87, 20.	» Wissenschaft	» Wisschenschaft	
» 101, 26.	» einander	» eineinder	
» 145, 4.	» Aussprüchen	» Ausprüchen	
» 154, 12.	» Denn	» dann	
» 155, 11/12.	» zwischen	» zwi en	
» 160, 1.	» Das — Wahrnehmbare	» Die etc.	
» » 2.	» Gedachte	» Gedachten	
» » 8.	» komme	» kame	
» 163, 17.	» dieses	» dies	
» 171, 27.	» von	» vom	
» 173, 3.	» sei	» sie	
» 174, 10.	» wird	» wirde	
» 176, 4, 7.	» Bestimmungen	» Begriffe	
» 197, 18.	» des-	» das-	
» 199, 22.	» den	» der	
» 200, 6 v. u.	» platonische	» patonische	
» 202, 7.	streiche »sehr"		
» » 6 v. u.	» aber	» auch	
» 204, 1, 6.	» Ueberlieferung	» Uebers.	
» 205, 11 v. u.	» Beschriebenes	» Beschreibenes	
» » 8 u. 5 v. u.	» 2, 3	» b, c.	
» 206, 13, v. u.	» πρῶτον	» πρώτον	
» 207, 4.	» ἀποφάσεως	» ἀποφατέω;	
» 211, 15.	» εἴ τις	» εἴ τις	
» 212, 6 v. u.	» ἀνατομαί	» ἀνατομίαν	
» » 5 v. u.	» σώματι	» σώματος	
» 213, 8 v. u.	» Διός	» δίος	
» 218, 13 v. u.	» σοφός	» σόφος	

I.

DIE HARMONIE ZWISCHEN PLATO UND ARISTOTELES.

Das Buch: Die Harmonie zwischen den Ansichten der beiden Weisen, des göttlichen Plato und des Aristoteles, vom Schaich und Imām, der benannt ist „der zweite Meister" Abū Naṣr al-Fārābī.

Preis gebührt dem Spender und Hervorbringer des Intellects und dem Bildner und Hervorrufer des Alls.

Es genügt seine uralte Güte und Gnadenspende. Der Segenswunsch ist über Muḥammad, den Herrn der Profeten und seine Familie auszusprechen.

Da ich sah, dass sehr viele unserer Zeitgenossen sich einander zu der Frage nach der zeitlichen Entstehung der Welt oder deren Urbestand drängen, sie darüber streiten, und dabei dann behaupten, dass hierüber die beiden hervorragenden, alten Meister verschiedener Ansicht seien, und zwar sowohl in der Annahme des ersten Hervorbringers, als auch darin, dass Zwischenursachen von ihm aus existirten; ferner auch in der Lehre von der Seele und dem Intellect, sowie in Betreff der Vergeltung für die bösen und die guten Taten, sie auch in vielen politischen, ethischen und logischen Fragen auseinandergingen, so wollte ich in dieser meiner Abhandlung die Harmonie in den Ansichten Beider dartun und klarmachen, was denn der eigentliche Sinn ihrer Aussagen sei, damit dann daraus klar werde, dass Beide in ihren Überzeugungen übereinstimmen und so jeder Zweifel und jede Ungewissheit aus dem Herzen derer schwinde, welche ihre Schriften betrachten. Auch will ich die Stellen in ihren Abhandlungen dartun, welche verschiedene Meinungen und Zweifel zulassen. Denn dies gehört zu den wichtigsten Gegenständen, die man zu erklären, und zu den nützlichsten Dingen, die man klarzustellen und zu deuten hat.

Das Wesen der Philosophie.

Der Begriff und das Wesen der Philosophie besteht darin, dass sie das Vorhandene, sofern es eben vorhanden ist, wissenschaftlich erkenne. Jene beiden Philosophen haben nun die Philosophie begründet, ihre Principien und Grundsätze neu aufgestellt, und auch die Folgen und Consequenzen derselben vollständig erbracht. Auf ihnen Beiden beruht das Vertrauen im Grossen und Kleinen, und nimmt man zu ihnen bei Wichtigem und Unwichtigem seine Zuflucht. Was immer in einem der Wissenszweige von ihnen ausging, das ist eine Grundlage, auf die man sich deshalb stützen kann, weil sie von jedem Flecken und Schmutz frei ist. Also bekennen es die Zungen und bezeugt es der Geist, wenn nicht Aller, so doch der Meisten von denen, die reinen Herzens und lauteren Geistes sind.

Da nun Wort und Überzeugung nur dann wahr sind, wenn sie mit dem, wovon ausgesagt wird, zusammenstimmen [2], dann aber doch in vielen Zweigen der Philosophie zwischen den Aussprüchen der beiden Weisen eine Differenz besteht, so kann sich die Sache nur auf eine der drei Arten verhalten. Entweder ist obige Definition vom eigentlichen Wesen der Philosophie nicht richtig, oder es ist die Ansicht und die Überzeugung Aller, oder doch der Mehrzahl, in Betreff der Philosophie dieser beiden Männer haltlos und falsch; oder endlich, es liegt in der Erkenntniss derer, welche meinen, dass bei jenen Beiden eine Differenz in diesen Grundregeln herrsche, ein Fehler vor.

Die richtige Definition muss der philosophischen Kunst genau entsprechen. Diese geht klar hervor, wenn man die einzelnen Teile derselben durchgeht. Die Objecte und die Stoffe der Wissenschaften sind aber nothwendigerweise entweder theologische oder physische oder logische oder propädeutische (mathematische) oder endlich politische.

Die philosophische Kunst fördert jene Wissensobjecte zu Tage und führt sie hervor, sodass es Nichts von dem in der Welt Vorhandenen giebt, ohne dass die Philosophie einen Eingang dazu, ein Streben danach und ein Wissen davon hätte, so weit dies der menschlichen Fähigkeit zusteht.

Die Analyse des Plato und der Schluss des Aristoteles.

Die Methode der Teilung (Analyse) erklärt das so eben Erwähnte deutlich. Diese war es nämlich, welche der weise Plato erwählte. Der Analytiker erstrebt, dass ihm Nichts von dem Vorhandenen entgehe. Hätte Plato diesen Weg nicht eingeschlagen, so würde der weise Aristoteles nicht dagegen gewesen sein, ihn zu gehn. Nur weil er fand, dass Plato diese Methode wohl gefügt und sie klar, deutlich und sicher geübt habe, war Aristoteles darauf bedacht, sich anzustrengen und Eifer darauf zu verwenden, dass er die Methode des Schlusses erfinde und dieselbe so klar und richtig aufstelle, dass er Schluss und Beweis, Teil für Teil, so wie dies die Analyse notwendig verlangte, anwenden könnte. Somit gilt er gewissermassen als Nachfolger, Vollender, Helfer und Ratgeber Plato's.

Wenn nun Jemand an die Logik sich gewöhnt hat, sicher ist in der Ethik, dann auf die Naturwissenschaft und Theologie eingeht, und die Bücher der beiden Weisen studirt, so wird ihm die Richtigkeit von dem, was wir
5 behaupten, klar werden, denn er wird finden, dass Beide danach strebten, das Wissen von dem in der Welt Vorhandenen schriftlich aufzuzeichnen, und Beide sich bemühten, die Zustände desselben, so wie sie sind, klarzustellen, ohne dass sie etwa dabei beabsichtigten, Neues zu
10 ersinnen und dies als etwas Fremdes und Originelles, um danach Begehr zu erregen, auszuputzen. Vielmehr wollte ein Jeder der Beiden diesem Ziel volle Gerechtigkeit widerfahren lassen, so weit es der menschlichen Macht und Fähigkeit entspricht [3].
15 Da sich dies nun so verhält, ist die oben ausgesprochene Definition von der Philosophie: sie sei die Wissenschaft vom Vorhandenen, sofern es eben vorhanden sei, eine richtige, die das Wesen des zu Bestimmenden klarmacht und die eigentliche Eigenart desselben angiebt.
20 Dass nun aber die Ansicht und Überzeugung, welche Alle oder doch die Meisten von diesen beiden Weisen hegen, dass nämlich Beide die hochangesehenen und hervorragenden Führer in dieser Kunst wären, eine schwache und falsche sei, liegt doch zu fern, als dass der Verstand dies
25 annehmen und sich ihm unterwerfen könnte. Denn das Vorhandene beweist das Gegenteil. Wir wissen es ja ganz sicher, Nichts giebt einen stärkeren, nützlicheren und sichereren Beweis, als wenn die verschiedenen Erkenntnisse ein und dasselbe beweisen und die Ansichten Vieler über-
30 einstimmen. Denn die Vernunft gilt überall als Beweis. Weil nun aber der mit Vernunft Begabte ein Ding nach dem andern, dem, wie es ist, entgegengesetzt, sich

vorspiegelt, und dies deshalb geschieht, weil die Kennzeichen, wodurch man auf den Zustand des Dings hingeführt wird, sich einander ähneln, so ist es nötig, dass viele verschiedene Denker übereinstimmen. So oft dies aber der Fall ist, giebt es keinen stärkeren Beweis und keine grössere Gewissheit als diese.

Nun beirre es dich nicht, dass es so viele Menschen mit falschen Ansichten giebt. Denn die Menge derer, welche einer überlieferten Ansicht folgen und auf einen Führer für das, worüber sie übereinstimmen, sich berufen, können doch nur für Einen Geist gelten. Ein Geist aber kann in einer Sache, wie oben erwähnt ist, wohl irren, besonders, wenn er die Ansicht, der er huldigt, nicht öfter überlegt und dieselbe nicht mit forschendem, kritischem Blick betrachtet. Denn der blosse gute Glaube an Etwas, oder die Nachlässigkeit bei der Forschung verhüllt, verblendet und macht Vorspiegelungen. Wenn aber verschiedene Geister nach genauer Betrachtung und Übung, nach Untersuchung und Prüfung, nach Widerspruch und Widerlegung und nach Abwägung der sich einander gegenüberstehenden Stellen, übereinstimmen, so giebt es nichts Richtigeres als das, woran sie glauben, was sie bezeugen und worin sie übereinstimmen.

Nun finden wir, dass die verschiedenen Zeugen mit Übereinstimmung bekennen, dass diese beiden Philosophen obenan stehn. Man bildet über ihre Philosophie Gleichnisse und wendet ihnen seine Wertschätzung zu. Bis zum höchsten Grad schätzt man ihre tiefe Weisheit, ihre subtile Wissenschaft, ihre wunderbaren Resultate und ihr Eindringen in die feinen Begriffe, welche überall zur reinen Wahrheit führen [4]. Da sich dies nun so verhält, bleibt nur übrig, dass in der Erkenntniss derer, die von jenen

Beiden meinen, es hersche zwischen Beiden in den Grundlehren ein Widerspruch, ein Fehler liege.

Man muss nun aber wissen, dass es weder eine falsche Meinung, noch eine fälschlich angenommene Mittelursache giebt, es gebe denn auch einen Anlass oder einen Antrieb dazu, und so wollen wir denn hier einige Ursachen angeben, welche die Meinung, dass zwischen den beiden Philosophen in den Grundlehren ein Widerspruch herrsche, hervorrufen, und lassen wir dann eine Vereinigung der Ansichten Beider folgen.

Die Aussage vom Allgemeinen.

Wisse: Es liegt in den Naturanlagen so fest begründet, dass man weder davon abstehn, noch je davon freikommen kann, und zwar weder in den Wissenschaften, noch Ansichten, weder in den Überzeugungen, noch den Sachen des Religionsgesetzes und des Rechts, weder in dem städtischen Umgang, noch den Angelegenheiten des Lebens, jener Satz, dass das Urteil über das Allgemeine (καθ' ὅλου) auf dem Durchgehn der Teildinge (auf der Induction) beruhe. So behauptet man z. B. in den Naturwissenschaften: Jeder Stein versinkt. Vielleicht giebt es aber doch einige Steine, die schwimmen. Auch behauptet man: Jede Pflanze verbrennt im Feuer. Vielleicht aber tun dies einige Pflanzen nicht. Ferner heisst es, der Weltkörper sei begrenzt. Vielleicht aber ist er unbegrenzt.

Im Gesetz ferner gilt der Ausspruch, dass ein Jeder, von dem in den meisten Fällen die Rechtschaffenheit bezeugt ist, auch gewöhnlich die Wahrheit rede, ohne dass dies in allen Fällen wirklich bezeugt wird.

Bei den Lebensregeln endlich redet man von der Ruhe und Sicherheit, deren Grenzlinien unserer Seele einge-

zeichnet seien, doch giebt es dafür nur Hinweisungen, ohne
dass sie in allen Fällen bezeugt würden.

Da es mit diesem Urteil nun, so wie wir beschrieben
haben, sich verhält, dass es die Naturen fest beherrscht, und
man dann fand, dass zwischen den Lebens- und Hand-
lungsweisen des Plato und Aristoteles, sowie auch in vielen Aussprüchen derselben ein offenbarer Widerspruch
herrsche, wie sollte da nicht die Vermutung und das
Urteil Platz greifen, dass man einen allgemeinen Gegensatz zwischen ihnen anzunehmen und festzustellen habe,
zumal die Vermutung hier auf Tat und Wort zugleich
geht, die ja beide Folgen der Überzeugung sind und besonders, da hier keine Verstellung oder Scheu bei der
Länge der Zeit mehr vorwalten kann.

Die Lebensweise der beiden Philosophen.

Es gehört nun zu ihren von einander abweichenden
Handlungs- und ihren verschiedenen Lebensweisen, dass
Plato sich vieler weltlichen Dinge enthielt, sie verachtete,
in vielen seiner Aussprüche davor warnte, und es vorzog, sie
zu meiden, während Aristoteles sich mit dem, was Plato
mied, befasste, sodass er vielen Königen [5] nahe stand,
sich verheiratete, Kinder zeugte, sich zum Vezir des
Königs Alexander machen liess und sich mit weltlichen
Dingen abgab. Dies ist Keinem verborgen, der die Bücher
und Nachrichten der Alten wohl studirte. Die äussere
Sachlage lässt nun notwendig die Meinung entstehn, dass
in Betreff der beiden Welten eine Verschiedenheit in der
Überzeugung Beider vorherrsche, doch verhält sich in
Wahrheit die Sache nicht so. Denn grade Plato hat ein
Buch über die Politik verfasst und wohl hergestellt; er
hat hier die Lebensweisen und den urbanen Verkehr un-

ter den Menschen dargetan, hat die Vorzüge desselben klargestellt und das Verderben deutlich gemacht, welches die Taten derer träfe, die dem urbanen Verkehr sich entzögen und die gegenseitige Unterstützung dabei unterliessen. Seine hierauf bezüglichen Abhandlungen sind bekannt, und werden dieselben von den verschiedenen Völkern, von seiner Zeit an bis auf unsere Tage, wohl studirt. Nur meinte Plato, die richtige Ausbildung der Seele sei das Erste, womit der Mensch anfangen müsse, sodass er erst, wenn er diese harmonisch und in rechter Weise hergestellt habe, sich dazu erheben könne, das Andre wohl zu ordnen. Dann aber fand er in sich nicht die Kraft, das, was ihn in Betreff der Seele bewegte, zu Ende zu bringen, und brachte er seine Tage damit hin, das, was ihm dazu das Nötigste zu sein schein, zu bedenken, fest entschlossen, dass, wenn er das zunächstliegende Wichtigste erreicht hätte, er sich dem zunächst Niedrigeren zuzuwenden habe, so wie er dies in seinen politischen und ethischen Abhandlungen niedergelegt hat. Aristoteles aber befolgte in seinen Aussprüchen und Abhandlungen über die Politik dieselbe Methode wie Plato; da er dann aber zu seiner Seele speciell zurückkehrte, nahm er in ihr eine solche Kraft, Machtfülle und Befähigung, sowie auch eine solche Bildungsfähigkeit der Anlagen mit einem so vollkommenen Können wahr, dass er sie richtig ausbilden, auch Musse für den gegenseitigen Verkehr haben und sich mit vielen politischen Fragen beschäftigen konnte.

Wenn Jemand diese Umstände betrachtet, so erkennt er, dass zwischen den Ansichten und Überzeugungen Beider keine Differenz herrscht. Die bei Beiden stattfindende Verschiedenheit ist nur verursacht von einem Mangel natürlicher Kräfte bei dem Einen von Beiden und einem

Überfluss derselben bei dem Andern, wie dies bei je zwei Individuen stets stattfindet. Man weiss gewöhnlich wohl, was das Vorzuziehende, das Richtigere und das Näherliegende ist; nur hat man weder Kraft noch Macht dazu. Bisweilen kann man einen Teil davon wohl bewältigen, ist aber dazu bei einem andern Teil zu schwach.

Die verschiedene Schreibweise Beider.

Hieher gehört nun auch, dass Beide in der Methode auseinandergehn, wie man die Wissenschaften aufzuzeichnen und Bücher darüber zu schreiben habe. Plato weigerte sich nämlich in der früheren Zeit, die Wissenschaft aufzuzeichnen [6] und neue Werke darüber zu schreiben, ohne dass sein Herz rein und sein Geist befriedigt wäre. Als er aber fürchtete, dass er so nachlässig und vergesslich werden möchte, dass das, was er geschaffen habe, vergehn würde und es dann schwer sein möchte, einzusehn, dass sein Wissen und seine Weisheitslehre festbegründet sei, so verbreitete er sich darüber, und wählte dazu die Rätsel- und die Dunkelrede, um seine Wissenschaft und seine Weisheitslehre zwar den Büchern anzuvertrauen, jedoch in der Weise, dass nur die dazu Berechtigten und des Verständnisses Würdigen, durch Fleiss und Forschung, durch Untersuchung und eifriges Studium, sie verstehn könnten. Dagegen hatte Aristoteles die Methode, Alles klarzulegen, Bücher zu schreiben, zu ordnen, mitzuteilen und zu erklären, und Alles, was er erfasste, vollständig zu begründen.

Diese beiden Methoden weichen zwar scheinbar von einander ab, jedoch wird dem, der nach der Wissenschaft des Aristoteles forscht und seine Bücher beharrlich studirt, die Methode desselben bei verschiedenen Verschliessungen, Verdunklungen und Undeutlichkeiten neben jener Art, wo er

Klarheit und Deutlichkeit erstrebt, nicht verborgen bleiben.

Dazu gehört, dass man in seinen Aussprüchen bei vielen Schlüssen, die er aus den Naturwissenschaften, der Theologie und Ethik beibringt, die Prämisse, welche ein Urteil der Notwendigkeit enthält, weggelassen findet, wie auch seine Interpreten Stellen dafür beibringen. Auch lässt er viele von den Autoritäten weg, wie er auch öfter das eine von je zwei Schlusspaaren auslässt und sich mit dem Einen begnügt.

So sagt er in seinem Sendschreiben an Alexander über die Verwaltung der Teilstaaten (Einzelstaaten): Wenn Jemand es bei dem gegenseitigen Beistand der Städte vorzieht, das Gerechte zu wählen, so ist er würdig, dass der Lenker der Stadt ihn bei der Strafe auszeichne. Der vollständige Satz würde aber so lauten: Wenn Jemand es vorzieht, die Gerechtigkeit vor der Ungerechtigkeit zu wählen, so ist er würdig, dass der Lenker der Stadt ihn bei der Strafe und Belohnung berücksichtige, d. h. wer die Gerechtigkeit wählt, ist der Belohnung, und wer die Ungerechtigkeit wählt, ist der Strafe wert.

Hierher gehört auch der Fall, dass er zwei Vordersätze (Prämissen) irgend eines Schlusses angiebt und denselben den Schlusssatz eines anderen Schlusses folgen lässt, oder dass er die zwei Prämissen eines Schlusses angiebt und den Schlusssatz von den notwendigen Consequenzen dieser Prämissen folgen lässt. So verfährt er z. B. im Buch vom Schluss, wenn er erwähnt, dass die Teile der Substanzen Substanzen wären.

Hierher gehört auch, dass er ausführlich darüber redet, dass man die Teile einer deutlichen Sache aufzählen müsse, damit man den vollen Eifer für die Erschöpfung eines Gegenstandes zeige, dann aber über das Dunkle hinweggeht, ohne dies mündlich und schriftlich vollständig auszuführen.

[7] Hierher gehört auch die Reihenfolge, Ordnung und Anlage, die sich in seinen theoretischen Büchern findet. Man meint, diese seien ihm zur Natur geworden, wovon er nicht lassen könne. Wenn man dann aber seine Sendschreiben betrachtet, findet man seine Rede darin zwar wohlgeordnet und disponiert, jedoch in Grundzügen und Anordnungen, die dem, was sich in jenen Büchern findet, widersprechen.

Es genüge hierfür sein bekanntes Sendschreiben an Plato, in dem er den Brief Plato's an ihn beantwortet, hervorzuheben. Plato hatte darin den Aristoteles darüber getadelt, dass er Bücher verfasse, die Wissenschaften wohl ordne und sie in vollständigen, gründlichen Werken publicire. Aristoteles erklärt sich nun in diesem Brief an Plato deutlich und sagt: „Wenn ich auch diese Wissenschaften und die darin enthaltenen Weisheitslehren in Büchern niederlegte, so ordnete ich dieselben doch so, dass nur die Fachleute dazu gelangen; auch sprach ich darüber in solchen Ausdrücken, dass nur die Angehörigen (Gelehrten) sie erfassen können".

Aus dem Erwähnten geht nun klar hervor, dass das, was uns vorher vermuten liess, die beiden Lehrweisen gingen auseinander, in einer Sache beruhet, die zwar in zwei Urteilen, welche sich scheinbar gegenüberstehn, enthalten ist, wobei aber das Ziel beider nur eins ist.

Die Substanzen, Analyse und Synthese.

Hierher gehört nun auch die Lehre von den Substanzen, dass nämlich die Substanzen, welche bei Aristoteles als die ersten voranstehn, andre seien als die, welche bei Plato diese

Stelle einnehmen. Die Mehrzahl derer, die sich mit ihren Büchern beschäftigen, behaupten, dass die Ansichten Beider in diesem Punkte in Widerspruch stünden.

Zu diesem Urteil und dieser Meinung trieben sie die
5 Aussprüche, die Plato in vielen seiner Bücher, wie im Timäus und der kleinen Politeia, macht, da daraus hervorgehe, dass die vorzüglichste, erste und erhabenste Substanz die sei, welche dem Intellect und der Seele nahe, der Sinneswahrnehmung aber und dem natürlichen Sein
10 fern stehe. Dann aber fanden sie viele Aussprüche in den Büchern des Aristoteles, wie in seinem Buch von den Kategorien, und in dem von den hypothetischen Schlüssen, die dartun, dass die Substanzen, welche des Vorzugs und der Voranstellung am würdigsten wären, die ersten Substanzen,
15 d. h. die Einzelwesen seien. Da sie nun fanden, dass diese Aussprüche, sowie wir dies zeigten, auseinandergingen und sich von einander trennten, so zweifelten sie nicht, dass in den Überzeugungen Beider ein Zwiespalt sei. Die Sache verhält sich aber so: Es gehört zur Methode der
20 Weisen und Philosophen, dass sie die Aussprüche und Urteile in den verschiedenen Gebieten ihrer Kunst auseinanderhalten, dann aber über eine und dieselbe Sache in einer Branche so wie es dieselbe verlangt, handeln; darauf aber reden sie über dieselbe Sache in einer anderen
25 Branche anders [S] als sie vorerst taten. Dies ist weder seltsam noch verwerflich, denn der Kreis der Philosophie bewegt sich um die Frage „Woher" und „Inwiefern", wie man ja auch behauptet hat, dass, wenn man das Woher und Inwiefern aufhöbe, Wissenschaft und Philosophie
30 nichtig wären. Siehst du denn nicht, dass ein und dieselbe Person, wie z. B. Sokrates, unter die Kategorie „Substanz" gestellt werden kann, insofern er ein Mensch ist; unter

die des „Wieviel" aber, sofern er ein Maass (Länge, Breite, und Tiefe) hat; unter die des „Wie" aber, sofern er weiss, oder vorzüglich und dergleichen ist; unter die „Relation" aber, sofern er Vater oder Sohn ist, und unter die Kategorie der „Lage", sofern er sitzend oder sich stützend ist, und so ist es denn auch mit dem Übrigen, ihm Ähnlichen.

Der weise Aristoteles hat aber, wenn er als die Substanzen, welche der Voranstellung und des Vorzugs am würdigsten seien, die Einzeldinge hinstellte, dies nur in der Logik und Physik getan, da wo er die Zustände dessen, was den Sinnen nahliegt, beobachtet. Denn von hier aus wird alles Geistige hergenommen, und beruht auf dem Wahrnehmbaren der Bestand des nur vorstellbaren Universellen. Wenn aber der weise Plato das Allgemeine als die der Voranstellung und des Vorzugs würdigste Substanz obenanstellt, so tat er dies nur in der Metaphysik und in seinen theologischen Aussprüchen, weil er da das einfache, bleibende Vorhandene, welches sich weder wandelt, noch vergeht, beobachtet. Wenn nun auch zwischen den beiden Endzielen eine offenbare Spaltung und zwischen den beiden Parteien eine weite Kluft, endlich auch zwischen dem, wonach Beide forschten, ein Widerspruch stattfindet, so kann es doch richtig sein, dass die beiden Ansichten der beiden Weisen zusammenstimmen, und zwischen Beiden kein Widerspruch herrscht, denn ein Widerspruch fände wirklich erst dann statt, wenn Beide über die Substanzen von einer Seite aus und in Beziehung auf ein Ziel hin, zwei verschiedene Urteile aufstellten. Wenn dies aber sich nicht so verhält, so ist es klar, dass die Ansichten Beider über die Voranstellung und den Vorzug der Substanzen in einem Urteil zusammentreffen.

Dasselbe gilt von der Meinung der Leute in Betreff der

Analyse und Synthese (Teilung und Zusammensetzung), um eine vollständige Definition zu gewinnen. Plato meint, eine vollständige Definition lasse sich nur auf dem Wege der Analyse gewinnen; Aristoteles aber ist der Ansicht, die vollständige Definition könne nur auf dem Wege des Beweises und der Synthese gebildet werden.

Nun muss man aber wissen, dass Fragen wie diese einer Stufenleiter zu vergleichen sind, auf der man auf- und niedersteigt [9]. Der Abstand ist derselbe; nur ist zwischen den beiden Steigern ein Unterschied. Denn Aristoteles sah ein, dass der nächste und sicherste Weg, eine vollständige Definition zu erreichen, der sei, dass man nach dem forsche, was dem Dinge speciell, und nach dem, was ihm nur allgemein von dem ihm Eigenartigen und Substantiellen zukomme. Dasselbe gilt von dem Übrigen, was er in dem Abschnitt seiner Bücher, in welchem er die vollständige Definition behandelt, sagt. Er tut dies in seiner Metaphysik, im Buch vom Beweis (Analytika, II), in der Topik und an andren Stellen, deren Erwähnung hier zu weit führen würde.

Dabei sind aber die meisten seiner Ausführungen nicht frei von einer Analyse, wenn dies auch nicht deutlich hervorgehoben wird. Denn, wenn er zwischen dem Allgemeinen und Speciellen, zwischen dem Wesentlichen und Unwesentlichen einen Unterschied macht, so geht er in seiner Natur, seinem Verstande und seinen Gedanken den Weg der Analyse. Dies tritt freilich nur an einigen Stellen klar hervor. Dem zu Folge also verwirft er die Methode der Analyse nicht durchaus, vielmehr rechnet er sie zu den Hilfsmitteln, um die Teile des zu Definirenden, dem Erforderniss gemäss, zu bestimmen.

Den Beweis hierfür liefert sein Ausspruch im Buch vom

Schluss am Ende des ersten Abschnitts. „Was nun die Einteilung, die in den Gattungen stattfindet, anbetrifft, so ist sie nur ein kleiner Teil dieser Frage, denn es ist leicht, dies und das ihm Folgende zu verstehn". Aristoteles zählt aber die Begriffe, deren Gebrauch Plato für gut findet, nicht auf, und zwar deshalb nicht, weil er nach dem möglichst Allgemeinen, welches das zu Definirende enthält, sucht; dann teilt er dies in zwei wesentliche Abschnitte, und teilt wieder jeden der beiden Abschnitte ebenso; dann aber sieht er zu, in welchen der beiden Teile das, dessen Definition erzielt wird, fällt.

Er fährt dann mit diesem Verfahren fort, bis ein Allgemeines da ist, welches dem, dessen Definition erzielt wird, entspricht. Somit ersteht ihm dann ein unterscheidend Merkmal, welches das Wesen von jenem herstellt und es von Allem, was mit ihm noch Gemeinschaft hatte, isolirt. Hierbei kann er aber einer Synthese nicht entbehren, da er das Unterscheidende auf die Gattung hin construirt, wenn er dies auch nicht von Anfang an beabsichtigte. Somit ist er bei dieser seiner Handhabung nicht frei von der Analyse, und wenn auch äusserlich seine Methode jener Methode widerspricht, sind doch die Begriffe (der Inhalt) beider Methoden dieselben.

Es ist ja auch gleich, ob man die Gattung des Dings und sein unterscheidendes Merkmal erforscht, oder ob man das Ding in seiner Gattung und seinem Merkmal erstrebt.

Somit ist denn klar, dass es ursprünglich keinen Zwiespalt in den beiden Ansichten giebt, wenn auch ein solcher in den beiden Methoden vorherrscht.

Wir wollen aber hiermit nicht behaupten, dass in keiner Weise und von keiner Seite her zwischen den beiden Methoden ein Unterschied vorwalte, denn dann müssten wir ja notwendiger Weise sagen, dass der Ausdruck des Aristoteles, seine Fassung und seine Methode [**10**] selbst auch Ausdruck, Fassung und Methode des Plato sei; dies aber wäre absurd und verwerflich. Dagegen aber behaupten wir, dass es in den Grundlehren und den Zielen derselben keinen Unterschied giebt, wie wir dies schon dargetan haben, und so Gott will und er uns seinen Segen dazu giebt, noch dartun werden.

Die Logik.

Hierher gehört ferner, was Ammonius und viele Scholarchen, deren Letzter Themistius ist, sowie die welche ihm folgen, behaupten, dass, wenn bei dem aus einem Urteil der Notwendigkeit und einem Urteil des Stattfindens gemischten Schluss, der Obersatz (propositio major) ein Urteil der Notwendigkeit enthält, der Schlusssatz ein Urteil des Stattfindens, nicht aber ein solches der Notwendigkeit enthalten müsse.

Dies schreiben sie nun dem Plato zu, und behaupten sie, dass er in seinen Büchern Schlüsse beibringe, bei denen die Obersätze als notwendige, die Schlusssätze aber als positive befunden würden.

Ein solcher Schluss sei z. B. der, welchen Plato im Timäus beibringt, wenn er sagt: „Das Sein ist besser als das Nichtsein" und: „Nach dem Vortrefflichsten sehnt sich immer die Natur". Nun meinen sie, der Schluss, welcher sich notwendig aus diesen beiden Vordersätzen ergebe, nämlich der: „Die Natur sehnt sich nach dem Sein", sei kein Urteil der Notwendigkeit.

Dies behaupten sie aus mehreren Gründen.

Erstlich nach dem Satz: „dass es keinen Zwang in der Natur gebe", dann: „dass das, was vom Sein in der Natur sei, das Sein wäre, von dem man sagen könne, dass es nur meistenteils (d. h. der Regel nach, aber nicht notwendig) stattfinde, endlich: dass die Natur sich bisweilen nach dem Sein sehne. Hier könne man sagen, dass das Bezogene (Prädikat) das sei, was an dem Sein der von ihm abhängigen Materie einen notwendigen Anhang bilde (d. h. das Sein sei Prädikat der Natur, folglich könne die Natur sich als das Frühere nicht danach sehnen).

Sie nehmen nun an, der Obersatz in diesem Schluss sei ein notwendiger und zwar wegen des Wortes „immer"; Aristoteles aber erkläre in seinem Buch vom Schluss, dass bei einem Schluss, dessen Vordersätze aus einem notwendigen und einem stattfindenden gemischt sind, im Fall, dass der Obersatz ein notwendiger sei, auch der Schlusssatz ein notwendiger sein müsse, und dies sei somit ein offenbarer Widerspruch.

Wir behaupten nun, wenn es sich nur also verhielte, dass es von Plato einen Ausspruch gäbe, worin er deutlich aussage, dass dergleichen Schlusssätze immer notwendig oder stattfindend wären! Das ist aber nun etwas, was die Betrachtenden behaupten und in Betreff dessen sie meinen, dass sich von Plato Schlüsse in dieser Weise, wie wir deren oben angegeben haben, vorfänden; dann läge hier freilich ein offenbarer Widerspruch zwischen Beiden vor. Jedoch brachte jene nur ihre geringe Unterscheidungsgabe und die Vermischung der Logik mit der Naturwissenschaft zu dieser Behauptung. Weil sie nämlich fanden, dass der Schluss aus zwei Prämissen und drei Begriffen (termini), einem Ober-, Mittel- und Unterbegriff, zusammengesetzt sei, dass ferner der Oberbegriff zum Mittelbegriff im Verhältniss der Notwendigkeit, der Mittelbegriff aber [11] zum Unterbegriff im Verhältniss des Stattfindens stehe, sie auch sahen, dass der Mittelbegriff die Ursache davon sei, dass der Oberbegriff sich mit dem Unterbegriff verbinde, und sie endlich erkannten, dass sein Verhältniss selbst zum Unterbegriff nur das des Stattfindens sei, so behaupteten sie: Wenn der Zustand des Mittelbegriffs, der doch Ursache und Anlass ist, dass Ober- und Untersatz sich verbinden, nur der des Stattfindens ist, wie ist es dann möglich, dass das Verhältniss des Oberbegriffs zum Unterbegriff das der Notwendigkeit sei?

Diese Ueberzeugung ward ihnen nur deshalb so leicht, weil sie nur die abstracten Dinge und Begriffe betrachteten, aber von den Bedingungen der Logik und der Aussage auf das Allgemeine hin abwichen. Hätten sie den Zustand dieser Letzteren und ihre Bedingung gekannt, sie bedacht und betrachtet, dass nämlich der Sinn davon ist, dass Alles was B ist und was B wird, so ist, dass es vollständig es ist, so hätten sie wohl gefunden, dass Alles, was auf das Allgemeine hin ausgesagt wird, notwendig ist. Es wäre ihnen dann nie ein Zweifel gekommen und wäre ihnen die Ueberzeugung hierfür nicht leicht geworden.

Wenn sie endlich die Schlüsse, welche sie von Plato beibringen, richtig betrachteten, würden sie finden, dass die meisten derselben unter die Schlussformen fallen, welche aus zwei affirmativen Vordersätzen in der zweiten Figur zusammengesetzt sind. Wenn man dann jeden einzelnen ihrer Vordersätze betrachtet, wird die Schwäche ihrer Behauptung klar.

Alexander von Aphrodisias erläutert den Sinn vom Begriff des allgemein hin ausgesprochenen Urteils und sucht den Aristoteles, so wie seine Schule von ihm behauptet, noch zu übertreffen. Wir haben ebenfalls die Aussprüche des Aristoteles, die sich in seinem Buch Analytica finden, bei diesem Capitel behandelt und den Begriff des auf das Allgemeine hin Ausgesagten erklärt. Wir haben die Sache klar und genügend berichtet und einen Unterschied zwischen der syllogistischen und apodiktischen Notwendigkeit gemacht, und zwar so, dass jeder, der dies betrachtet, von Allem, was ihn noch in dieser Frage hemmen könnte, zur Genüge befreit wird. So ist es denn klar, dass das, was Aristoteles von diesem Schluss behauptet, sich wirklich so verhält, und dass sich von Plato kein Ausspruch findet, worin er ausdrücklich etwas sagte, was dem Ausdruck des Aristoteles widerspräche.

Dieser Controverse ähnlich ist nun auch das, was jene von Plato behaupten, dass er nämlich die Art des Schlusses anwende, welche unter die erste und die dritte Figur fällt, wobei der Untersatz negativ ist. Aristoteles aber habe in den Analyticis einmal dargetan, dass dieser Modus keinen Schluss gewähre.

Die Erklärer haben nun über diese Figur gehandelt und sie als erlaubt zugelassen, und haben dargelegt, wie es sich damit verhält. Ebenso haben wir in unseren Commentaren hervorgehoben, dass das, was Plato in seinem Buch Politik und ebenso Aristoteles in seinem Buch [12] vom Himmel und der Erde anführt, zu dem gehört, was sie vermuten lässt, dass es negativ sei, während es nicht negativ, sondern vielmehr schwankend positiv ist. Dies gilt z. B. von seinem Ausspruch „der Himmel ist weder leicht, noch schwer", und von anderen, ähnlichen Sätzen, da das Substrat wirklich darin vorhanden ist. So oft aber schwankende bejahende Sätze im Schluss vorkommen, würde zwar, sofern sie einfach verneinend wären, der Modus keinen Schluss zulassen — so aber hindern sie den Schlusssatz nicht, schlussfähig zu sein.

Hierher gehört nun auch, was Aristoteles im fünften Abschnitt seiner Hermeneutica beibringt, nämlich „dass die Negation des Prädicats eines affirmativen Satzes, welches ein Contrarium enthält, einen stärkeren Gegensatz zu ihm bildet als der affirmative Satz, dessen Prädicat das Contrarium jenes Prädicats ist". Viele Menschen meinen nun, dass Plato in dieser Hinsicht mit Aristoteles in Widerspruch stehe und er der Meinung sei, dass der affirmative Satz, dessen Prädicat das Contrarium des Prädicats in dem anderen affirmativen Satz ist, einen stärkeren Gegensatz bilde.

Sie führen als Beweis hierfür viele Aussprüche aus seiner Politik und Ethik an. So erwähne er im Buch der Politik: „der Gerechteste stehe in der Mitte zwischen Gerechtigkeit und Ungerechtigkeit". Diesen Leuten entging aber, was Plato in seinem Buche der Politik und was Aristoteles in seinen Hermeneuticis anstrebte — denn die beiden von ihnen erstrebten Ziele sind verschieden. Aristoteles nämlich erklärt nur von dem Gegensatz der (logischen) Aussagen, dass sie den stärksten und vollständigsten Gegensatz bilden. Hierauf weisen die Argumente, welche er angeführt hat, hin, „dass es nämlich einige Dinge gebe, für welche schlechthin kein Contrarium existire, und: dass es kein Ding gebe, für das nicht eine Negation vorhanden sei, welche einen Gegensatz zu ihm bilde. Wenn es ferner in anderen als den erwähnten Fällen sich so verhalten muss, so dürftest du erkennen, dass die Aussage richtig ist. Denn es ist notwendig, dass die Contradictio entweder überall das Contrarium sei oder nur in einigen Fällen. Nun ist bei den Dingen, wofür schlechthin keine Contraria existiren, die falsche Vorstellung diejenige, welche der wahren entgegengesetzt ist. So glaubt z. B., wer von einem Menschen meint, dass er ein Nichtmensch sei, etwas Falsches. Wenn nun diese beiden Meinungen Gegensätze sind, so sind es auch die übrigen [**13**], bei denen das Contrarium die Contradictio ist". Plato will nun aber da, wo er darstellt, dass der Gerechteste grade in der Mitte zwischen der Gerechtigkeit und Ungerechtigkeit stehe, nur die politischen Begriffe und ihre Stufenfolge, nicht aber den Widerspruch in den logischen Ausdrücken darüber dartun. Auch erwähnt Aristoteles in der kleinen Nikomachia über die Politik etwas, was dem von Plato Dargestellten ähnlich ist. Wenn man nun diese Aussprüche mit billigem Auge betrachtet und überlegt, so wird klar, dass zwischen beiden Ansichten kein Widerspruch und zwischen beiden Meinungen kein Zwiespalt herrscht.

Kurz: Bis jetzt fanden sich von Plato keine Aussprüche zur Erklärung logischer Begriffe vor, aus denen ein Widerspruch zwischen ihm und Aristoteles hervortrete, obwohl viele Leuten dies meinen. Denn diese bringen für ihre Meinung, so wie wir dies hervorhoben, nur aus seinen Aussprüchen über die Politik, Ethik und Theologie einige Argumente vor.

Physik.

Zu unserer Streitfrage gehört nun auch die Lehre vom Zustandekommen und der Beschaffenheit des Sehens. Man sagt hier von Plato, dass seine Lehre hiervon der des Aristoteles widerspreche. Denn Aristoteles hege die Ansicht: Das Sehen rühre nur von einer Einwirkung im Auge her, Plato aber sei der Meinung, das Sehen rühre nur davon her, dass etwas aus dem Auge heraustrete und dies das Sehobject treffe.

Die Commentatoren beider Parteien gehen oft auf dies Capitel ein, sie haben Argumente, Schmähungen und Consequenzen beigebracht, und die Aussprüche der Meister in Betreff ihres beabsichtigten Sinns verdreht und Erklärungen hineininterpretirt, sodass es ihnen dann leicht ward, jenen Vorwürfe zu machen. Sie wichen dabei vom Wege der Billigkeit und Wahrheit ab.

Als nämlich die Anhänger des Aristoteles den Ausspruch der Platoniker vom Sehen vernahmen, dass das Sehen nur durch das Heraustreten eines Etwas aus dem Auge stattfinde, erwiderten sie: Das Heraustreten kommt nur dem Körper zu. Der Körper aber, von dem jene wähnen, dass er aus dem Auge heraustrete, könnte nur Luft, Licht oder Feuer sein. Ist er nun

a. Luft, so gilt, dass bereits Luft zwischen dem Auge und dem Sehobject vorhanden ist, sodass für das Heraustreten einer andern Luft kein Bedürfniss vorliegt.

b. Ist dies Etwas aber Licht, so gilt ebenfalls, dass Licht in der zwischen dem Auge und dem Sehobject vorhandenen Luft schon da ist, und wäre somit das aus dem Auge hervortretende Licht unnötig und überflüssig. Ferner aber: ist das, was hervortritt, Licht, wozu bedarf es dann noch des zwischen dem Auge und dem Sehobject stillstehenden Lichts? weshalb macht dann das vom Auge [14] heraustretende Licht nicht das in der Luft nothwendigerweise vorhandene Licht überflüssig (absorbirt es nicht)? Endlich, warum wird das aus dem Auge hervortretende Licht nie in der Finsterniss gesehen?

Erwidert man nun: Das aus dem Auge hervortretende Licht ist nur schwach, so fragen jene: Warum wird dasselbe nicht stärker, wenn sich in der Nacht viele Blicke vereinen, um dieselbe Sache wahrzunehmen, wie wir dies an der Stärke des Lichtglanzes wahrnehmen, wenn viele Fackeln zusammen kommen.

c. Ist aber jenes Etwas zwischen Auge und Sehobject Feuer, warum erhitzt es sich dann nicht, wie dies das Feuer tut, warum erlischt es nicht im Wasser, wie dies beim Feuer der Fall ist, und weshalb dringt es nach oben und unten, während es doch sonst nicht die Sache des Feuers ist, nach unten zu dringen?

d. Behauptet man nun aber, dass das von den Augen Ausgehende etwas Andres sei als diese Drei, so bleibt immer noch die Frage, warum beim Gegenüberstehn der Blicke sich jenes Heraustretende weder trifft noch zusammenstösst. Es müssten dann die sich einander gegenüberstehenden Beobachter an der optischen Wahrnehmung verhindert sein.

Diese und ähnliche Vorwürfe gingen von ihnen deshalb aus, weil sie den Ausdruck „Heraustreten" von dem Sinne, in dem jene ihn gebrauchten, loslösten, und zu dem Heraustreten, wie es von Körpern gebraucht wird, hindrängten.

Als dann die Platoniker jene Lehre der Aristoteliker von dem Sehen vernahmen, dass dasselbe nur durch eine Einwirkung geschehe, verdrehten sie diesen Ausdruck dadurch, dass sie sagten: Ein Eindruckerleiden kann nur in Folge einer Einwirkung, Verwandlung und Veränderung in der Qualität geschehen, und müsste diese Einwirkung entweder im Sehorgan, oder in dem durchsichtigen Körper zwischen Gesicht und Sehobject stattfinden. Im ersten Fall müsste der Augapfel selbst in ein und derselben Zeit in unendlichem Farbenspiel sich ändern. Dies aber ist absurd, da die Veränderung ohne Zweifel in einer Zeit und dadurch stattfände, dass ein an sich bestimmtes Ding in ein andres bestimmtes Ding überginge. Ginge dieselbe nur in einem, nicht aber in einem andern Teil vor sich, so müssten diese Teile getrennt und gesondert sein. Das aber ist nicht der Fall. Träfe nun aber dieser Eindruck den durchsichtigen Körper, d. h. die Luft zwischen Auge und Sehobject, so müsste notwendig der der Zahl nach nur eine Gegenstand die beiden Gegensätze in einer Zeit zugleich annehmen. Auch dies ist absurd. — Diese und ähnliche Vorwürfe bringen sie nun vor.

[15] Die Aristoteliker führen nun für die Richtigkeit ihrer Behauptung an: Wenn die Farben oder das, was an ihrer Stelle steht, nicht wirklich von dem durchsichtigen Körper uns zugetragen würde, so würde das Auge weder die Sterne, noch die sehr weit entfernten Gegenstände in einem Augenblick zeitlos wahrnehmen. Denn das der Bewegung Fähige erreicht notwendig das nähere Ziel eher als das entferntere. Wir erblicken aber die Sterne trotz der Ferne ihres Abstandes in derselben Zeit, in der wir das Näherliegende erfassen, und wird dieser Blick um nichts matter. Hierdurch ist klar, dass die durchsichtige Luft die Farben der Sehobjecte trägt und dieselben dem Auge zuführt. — Die Platoniker führen aber für die Richtigkeit ihrer Behauptung, dass Etwas vom Auge ausgestreut werde und dies vom Auge zum Sehobject hin so ausgehe, dass es dasselbe treffe, an, dass wir von den Sehobjecten in verschiedenen Abständen zwar das Nähere, aber nicht das Fernere wahrnehmen. Der Grund hiervon sei aber der, dass das, was vom Auge ausgehe, mit seiner Kraft zwar das ihm Nahliegende erfasse, danach aber allmälig schwächer und seine Fassungskraft immer geringer werde, bis seine Kraft ganz dahin sei, sodass es das, was ganz weit ab ist, gar nicht mehr sehe. Diese Behauptung werde noch dadurch gestützt, dass, wenn wir unsern Blick bis zu einer fernen Distanz hin verlängern und ihn auf ein Sehobject hinrichten, welches durch den Glanz eines ihm nahen Feuers erhellt wird, wir das-

selbe wahrnehmen, während doch der Zwischenraum zwischen ihm und uns dunkel ist. Verhielte sich aber die Sache so, wie Aristoteles und seine Anhänger behaupten, so müsste der ganze Zwischenraum zwischen uns und jenem Sehobject hell sein, damit er die Farben tragen und unserem Auge zuführen könnte. Da wir nun aber finden, dass der erhellte Körper von fern sichtbar ist, wissen wir, dass etwas vom Auge ausgeht, sich dehnt, die Finsterniss durchschneidet, um das Sehobject, welches durch irgend einen dasselbe treffenden Strahl erleuchtet wird, zu erfassen.

Wenn doch beide Parteien ihrem Auge ein wenig freien Lauf liessen und eine vermittelnde Betrachtungsweise befolgten, die Wahrheit erstrebten, und die Wege der Parteisucht mieden! dann würden sie erkennen, dass die Platoniker mit dem Ausdruck „heraustreten" einen anderen Sinn bezeichnen als den vom örtlichen Heraustreten des Körpers. Sie wurden ja nur durch den Zwang des Ausdrucks, den zu engen Wortschatz und den Mangel einer Bezeichnung, welche Kräfte setzt, ohne dabei an das den Körpern eigne Heraustreten denken zu lassen, gezwungen, dem Wort „Herausgehn" eine weitere Bedeutung zu geben. [16] Ebenso würde man dann aber auch wissen, dass die Aristoteliker mit dem Wort „Einwirkung" einen andern Sinn verbinden als den, der in der auf Veränderung und Verwandlung beruhenden und in der Qualität stattfindenden Einwirkung liegt. Denn es ist doch klar, dass ein Ding, welches einem andern ähnlich ist, demselben doch in seinem Wesen und eigentlichen Wert unähnlich sein kann.

Betrachten wir aber mit billigem Auge diese Frage, so erkennen wir, dass hier von einer Auge und Sehobject verbindenden Kraft die Rede ist, und dass diejenigen, welche die Platoniker wegen ihres Ausspruchs, dass irgend eine Kraft vom Auge ausgehe, um das Sehobject zu treffen, tadeln, auch den Ausspruch des Aristoteles tadeln müssten, dass die Luft die Farbe des Sehobjects trage und sie so zum Auge bringe, dass sie dasselbe berühre. Denn die notwendige Consequenz vom Ausspruch jener: man müsse eine Kraft und ihren Ausgang annehmen, ist auch die Consequenz vom Ausspruch dieser, dass die Luft die Farben trage und sie dem Auge zubringe.

Somit ist dann klar, dass dies und dergleichen auf subtilen Begriffen beruht; auf dieselben machen die Philosophen aufmerksam und forschen danach; doch zwang sie die Sache, einen Ausdruck zu wählen, welcher diesen Begriffen nur nahekommt, denn sie fanden keinen Ausdruck, der eigens dafür gesetzt wäre, sodass er den Begriff richtig wiedergäbe, ohne dass nicht noch andre Begriffe daran Teil hätten.

Da sich dies so verhält, kam bei den Tadlern das hier Vorgebrachte zum Ausdruck. Zumeist kommt aber der Widerspruch bei solchen Begriffen nur aus der von uns erwähnten Ursache her, und können hierbei nur zwei Fälle stattfinden. Entweder rührt der Widerspruch von der Streitsucht oder von der Hartnäckigkeit des Gegners her. Der aber, welcher rechte Einsicht, eine richtige Betrachtungsweise und einen gediegenen, sicher urteilenden Verstand hat und nicht auf Entstellung, Parteisucht und Rechthaberei ausgeht, der hegt nur selten eine Überzeugung, die dem Gelehrten widerspräche, wenn er notgedrungen dem Worte eine weitere Bedeutung da giebt, wo es galt, eine dunkle Frage zu erklären und einen subtilen Begriff zu erläutern. Ein solcher Ausdruck kann ja für den Beobachter nicht von solchen Undeutlichkeiten frei sein, die bei Worten mit gemeinsamen und übertragenen Bedeutungen vorkommen.

Die Charakterzüge der Seele.

Hierher gehört denn auch die Frage nach den Charakterzügen der Seele. Man wähnt, die Aristotelische Ansicht hiervon widerspreche der Platonischen. Aristoteles nämlich erkläre in seinem Buch Nikomachia, dass alle unsere Charakterzüge nur Gewohnheiten seien, die sich ändern könnten, keine derselben sei angeboren. Auch könne der Mensch von einer jeden derselben zu einer andern durch Gewöhnung und Übung übergehn; Plato dagegen erkläre in seinem Buch [17] von der Staatsleitung (Politik) und besonders in dem vom Staat, dass die Naturanlage die Gewohnheit überwinde, und es den Greisen, die eine Eigenschaft sich zur Natur gemacht hätten, schwer sei, davon loszukommen, ja dass, wenn sie danach strebten, diesen Charakter abzulegen, sie nur um so beharrlicher daran festhielten. Er führt dafür als Beispiel den Weg an. Wenn auf demselben Gestrüpp, Kraut und Bäume krumm gewachsen seien, sodass man sich dann bemühe, den Weg freizulegen, oder die Bäume auf die andre Seite zu biegen, so nähmen sie, wenn ihnen der Weg wieder freigegeben werde, mehr von dem Wege ein, als sie vorher davon inne gehabt hätten.

Nun zweifelt Keiner, der diese beiden Aussprüche hört, dass zwischen beiden in Betreff der Charakterzüge ein Zwiespalt herrsche, doch ist die Sache nicht so, wie man glaubt. Denn Aristoteles spricht in seinem „Nikomachia" betitelten Buche nur von den Grundregeln der Gesittung, wie wir dies an mehreren Stellen unseres Commentars zu diesem Buche darlegten. Aber verhielte es sich auch mit diesem Buche so, wie dies Porphyrius und viele Commentatoren nach ihm behaupten, dass Aristoteles hier über die Charaktere handle, so geht doch seine Rede nur auf die ethischen Grundregeln, und ist die Behandlung von Grundregeln immer nur allgemein und unbeschränkt und nimmt nicht auf etwas Andres Rücksicht. Es ist aber klar, das jeder Charakterzug, wenn man ihn allgemein hin betrachtet, als ein solcher erkannt wird, der sich übertragen und verändern lässt, wenn dies auch mit Schwierigkeiten verknüpft ist. Kein Charakterzug ist ganz daran verhindert, sich zu verändern und sich übertragen zu lassen.

Denn das Kind, dessen Seele ja nur der Möglichkeit nach hergerichtet ist, trägt in Wirklichkeit noch keinen Charakterzug; auch hat es noch keine psychischen Beschaffenheiten. Kurz Alles, was es der Möglichkeit nach in sich trägt, ist nur eine Fähigkeit, dies oder das Gegenteil davon anzunehmen. Hat es aber einmal einen der beiden Gegensätze angenommen, so ist es ihm unmöglich, von diesem erworbenen Charakterzug zum Gegensatz davon abzuweichen, es müsste denn sein ganzer Bau defect werden und ihm eine Art von Verderbniss zustossen, wie eine solche Alles, was der Kategorie Haben und Nichthaben angehört, so ändern kann, dass diese beiden sich nicht mehr über dasselbe streiten. Dies ist dann also eine Art von Verderbniss und ein Mangel an Fähigkeit. Verhält sich dies aber so, so gehört keiner von den Charakterzügen, wenn man sie allgemein betrachtet, zu dem Angeborenen, bei dem weder Veränderung noch Wechsel möglich wäre.

Plato dagegen betrachtet nur die verschiedenen Verwaltungen darauf hin, welche nützlicher und welche schädlicher seien; dann betrachtet er die Zustände derer, welche dieselben annahmen und ausführten, und fragt, welche leichter und welche schwerer anzunehmen wären. [18] Da möchte ich nun wissen, wenn jemand in irgend einem Charakter aufwächst und derselbe in ihm so erstarkt, dass er über seine Seele Macht gewann, ob nicht das Ablassen davon ihm sehr schwer wird. Das Schwierige aber ist nicht unmöglich.

Aristoteles leugnet nun aber nicht, dass bei manchen Menschen der Übergang von einem Charakter zum andern leichter, bei andren schwerer sei, sowie er dies in seinem die kleine Nikomachia betitelten Buch dartut. Er zählt hier die Ursachen auf, warum es so schwer sei, von einem Charakterzug zu einem andern überzugehn und giebt dann an, aus welchen Ursachen dies leichter werde, wieviel solcher Ursachen es gebe, welche es seien und in welcher Weise eine jede dieser Ursachen wirke und was ihre positiven und ihre negativen Indicien seien.

Wer nun diese Aussprüche recht betrachtet und jedem Ding sein Recht giebt, der erkennt, dass es in Wahrheit zwischen den beiden Weisen keinen Zwiespalt giebt. Dies ist nur etwas, was der äussere Schein der Aussprüche uns vorspiegelt, wenn man einen jeden einzelnen derselben für sich betrachtet, auch nicht die Stelle berücksichtigt, wo dieser Ausspruch sich findet und aus welcher Klasse der Wissenschaft er genommen ist. Hierin liegt aber eine Grundregel von grossem Wert, um sich die Wissenschaften und besonders solche Stellen richtig vorzustellen.

Nehmen wir z. B. den Stoff. Hat derselbe irgend eine Form angenommen, und entsteht dann in ihm eine andre Form, welche mit jener ersten zusammen zum Stoff für eine dritte an ihm erstehende Form wird, so ist dies etwa wie das Holz, welches eine Form hat und sich dadurch von den übrigen Körpern unterscheidet; dann aber werden aus dem Holz Bretter, und aus den Brettern Sessel gemacht, und sind für die Sesselform die Bretter Stoff, sofern der Sessel aus ihnen hervorgeht, jedoch liegen in den Brettern, die ja für die Sesselform Stoff sind, noch viele Formen wie Tafel-, Holz-, Pflanzenform und noch frühere Formen (wie die der Elemente, aus denen die Pflanze wurde).

Dasselbe gilt nun von der Seele. Ist sie mit einigen Charakterzügen versehen, und müht sie sich dann, einen neuen Charakterzug anzunehmen, so sind die schon von ihr besessenen Charakterzüge wie natürliche, dieser neu erworbene aber angewöhnt. Geht dann die Seele darüber hinaus und verharrt sie dabei, einen dritten Charakterzug anzunehmen, so stehen jene früheren auf der Stelle der natürlichen und ist dieser letzte in Beziehung auf jene neu erworben. Sieht man nun, dass Plato oder ein Andrer sagt, dass einige Charakterzüge natürlich und andre neu dazu erworben seien, so bedenke man dies nach allem hier Erwähnten [19], und wird man dies als den Sinn ihrer Rede erkennen.

Wir führten dies an, damit dir die Sache nicht zweifelhaft sei und du nicht etwa glaubest, von den Charakterzügen seien einige in Wahrheit natürlich, sodass man sie nie ablegen könne. Dies wäre sehr falsch und widerspräche hier bei genauerer Überlegung der Ausdruck seinem Inhalt (Begriff).

Das Wissen in der Seele.

Hierher gehört nun auch, dass Aristoteles in seinem Buch vom Beweis den Zweifel beibringt, dass derjenige, der irgend ein Wissen erstrebt, sich notwendig in einem der zwei Fälle befinde: Entweder erstrebe er etwas, was er noch nicht weiss oder etwas, was er schon weiss. Erstrebt er etwas, was er nicht weiss, wie kann er dann sicher erkennen, dass das, was er erlernte, das wirklich sei, was er erstrebte? Erstrebt er aber das, was er schon kennt, so wäre sein Erstreben eines zweiten Wissens überflüssig.

Dann beginnt er von Neuem darüber zu handeln und sagt: Derjenige, welcher das Wissen von einem Ding erstrebt, sucht nur an etwas Anderem das zu erkennen, was sich schon fertig in seiner Seele vorfand. So sind z. B. die Gleichheit und die Ungleichheit beide in der Seele vorhanden. Fragt man bei einem Stück Holz, ob es gleich oder ungleich (einem andern) sei, so fragt man nur nach dem, was die Seele davon der Hauptsache nach schon in sich hegte. Findet man nun das Eine von Beiden, so ist es als ob man sich dessen, was in der Seele schon vorliegt, erinnere. Ist es gleich, so erkennt man es vermöge der Gleichheit; ist es aber ungleich, vermöge der Ungleichheit.

Plato stellt nun in seinem „Phädon" betitelten Buch dar, dass das „sich belehren lassen" ein „sich erinnern" sei, und bringt dafür Beweise, welche er von Sokrates in Frage und Antwort in Betreff des Gleichen und des Gleichseins berichtet. Das Gleichsein sei das, was in der Seele liege, das Gleiche aber sei etwa ein Stück Holz oder etwas Anderes, das einem Andern gleich ist, sodass, wenn der Mensch dasselbe wahrnehme, dies ein „sich erinnern" an die in der Seele liegende Gleichheit sei. So wisse man denn, dass dieses Gleiche nur vermöge einer Gleichheit, die der in der Seele liegenden ähnlich ist, gleich sei. Dies gelte nun gleicherweise von Allem, was gewusst werde. Es sei dies Alles nur ein sich erinnern an das, was in der Seele vorliege. — Gott weiss es am besten!

Nun hegen viele Menschen von diesen Aussprüchen eine übermässige Meinung. Sie reden vom Bestande der Seele nach ihrer Trennung vom Leibe, sie übertreiben die Auslegung dieser Aussprüche, sie machen einen falschen Gebrauch davon und hegen hiervon dann eine so gute Meinung, dass sie dieselben als Beweis gelten lassen. [20]

Sie bedenken aber dabei nicht, dass Plato dies nur von Sokrates berichtet und zwar in der Weise dessen, der etwas Verborgenes durch Indicien und Hinweise bewahrheiten will. Der Schluss aus Indicien ist aber noch kein Beweis, wie uns dies der weise Aristoteles in seinen ersten und zweiten Analyticis gelehrt hat.

Aber auch die, welche dies ganz verwerfen und heftig tadeln und meinen, Aristoteles stehe dem Plato in dieser Ansicht gegenüber, überschreiten das Maass. Sie übersehen, dass Aristoteles im Anfang vom Buch des Beweises sagt: Jedes Belehren und alles sich belehren lassen rührt nur von einem schon vorher bestehenden Wissen her. Dann sagt er bald darauf: Der Mensch lässt sich Manches lehren, und doch war sein Wissen vordem uralt. — Und: Bei einigen Dingen findet die Erlernung zugleich mit der Belehrung statt. Als Beispiel hierfür dienen die Dinge, die zu den Universalien gehören. Da möchte ich doch wissen, ob der Sinn dieses Wortes irgendwie den Ausspruch Plato's Lügen strafen könnte, es sei denn, dass der grade Sinn, die feste Ansicht und die Neigung zum Recht und zur Billigkeit den meisten Menschen verloren gegangen wäre. Denn wer das Zustandekommen des Wissens und das der Axiome (ersten Vordersätze) und den Zustand des Belehrtwerdens genügend erkennt, der weiss, dass zwischen den Ansichten der beiden Weisen bei diesem Gegenstand weder Zwiespalt, noch Trennung, noch Widerspruch statthat.

Wir aber wollen nur auf einen kleinen Teil hiervon und nur in soweit darauf eingehn, dass dieser Gegenstand klar werde und jeder etwa darauf fallende Zweifel weiche.

So behaupten wir denn: Es ist klar, dass das Kind eine

nur möglicherweise wissende Seele, und diese Seele Sinne als Erfassungsorgane habe. Die Erfassung durch die Sinne findet aber nur bei Einzeldingen statt, und nur von den Einzeldingen aus geschieht die Erfassung der allgemeinen Dinge. Diese Universalien bilden im eigentlichen Sinne die Erfahrung, doch kann Erfahrung auch ohne eine besondere Absicht entstehn.

Bei der grossen Menge herrscht nun die Gewohnheit die aus den Universalien absichtslos hervorgehende Erfahrung als das der Erfahrung Voraufgehende zu bezeichnen. Für die dem Menschen absichtslos aus den Universalien zukommende Erfahrung giebt es aber bei der grossen Menge keinen Namen, denn sie haben davon keinen Begriff. Wollen aber die Gelehrten jene benennen, so heissen sie sie Erkenntnissprincipien oder Beweisprincipien (Axiome), oder sie geben ihnen ähnliche Namen.

Aristoteles stellte nun in seinem Buch „der Beweis" klar, dass der, welcher eines Sinnes entbehre, auch eines Wissens ermangele, so dass die Erkenntnisse nur vermöge der Sinne in der Seele stattfinden können [21]. Da aber die Erkenntnisse in der Seele absichtslos und einzeln nach einander statthaben, so erinnerte sich der Mensch dessen nicht, und fand dies auch nur Teil für Teil Eingang. Deshalb meinen die meisten Menschen, dass die Erfahrungen stets in der Seele gewesen seien und diese daher noch einen anderen Weg als den durch die Sinne zur Seele hätten. Kommen die Erfahrungen der Seele zu, so wird sie eine intelligente, da der Intellect aus Nichts anderem als aus Erfahrungen besteht. Je mehr Erfahrungen es in ihr giebt, desto intelligenter ist sie.

Strebt der Mensch nach der Erkenntniss von einem der Dinge, so begehrt er einen Zustand desselben zu erkennen, er müht sich das Ding in dem Zustand zu erfassen, in dem er es schon vorher kannte. Dies Erkennen ist also nichts als ein Erstreben dessen, was schon in der Seele von jenem Dinge vorhanden war. Dies gilt, wenn z. B. jemand in Betreff von Etwas, was da ist, erkennen will, ob dasselbe lebendig oder nicht lebendig sei, dann ist in seiner Seele der Begriff „lebendig und nicht lebendig" schon vorhanden und sucht jener mit seinem Verstande oder seiner Sinneswahrnehmung, oder mit beiden zugleich, einen der beiden Begriffe. Hat er denselben gefunden, so ist er darüber beruhigt und befriedigt und freut sich, dass das Übel der Verwirrung und Unkenntniss von ihm gewichen ist.

Hierüber sagt nun Plato, das Erkennen (die Belehrung) ist ein sich Erinnern. Denn das Nachdenken ist ein sich Mühen nach Wissen und das sich Erinnern ist ein sich Mühen nach Erinnerung. Der Strebende sehnt und bemüht sich. Trifft man ihn nachdenklich, so sucht seine Erkenntniss nach Indicien, Hinweisen und Begriffen von Dingen, die in seiner Seele längst vorhanden sind, so dass es ist, als ob er sich dabei wieder erinnert. Dies ist dem ähnlich, welcher einen Körper betrachtet und einige seiner Eigenschaften mit den Eigenschaften eines anderen Körpers, den er einst gekannt, dann aber vergessen hatte, vergleicht. Dann erinnert er sich jenes Körpers dadurch, dass er etwas, was ihm ähnlich war, erkannte.

Der Intellect aber hat ausser der Wahrnehmung kein ihm speciell zukommendes Tun, ausser dass er alle Dinge mit ihren Gegensätzen erfassen, und sich die Zustände des Vorhandenen, anders als sie sind, vorstellen kann.

Die sinnliche Wahrnehmung erfasst den Zustand des Zusammengesetzten als zusammengesetzt, und den des Vereinzelten als einzeln, den des Hässlichen als hässlich und den des Schönen als schön, dasselbe gilt von den übrigen Eigenschaften.

Der Intellect aber erfasst vom Zustand eines jeden Vorhandenen sowohl das, was schon die sinnliche Wahrnehmung erfasste, als auch das Gegenteil hiervon. Er erfasst vom Zustand des zusammengesetzten Seins Zusammengesetztes und Vereinzeltes zugleich und vom Zustand des Vereinzelten das Einzelne und das Gesammte [22] zugleich, und gilt dies auch von allem ihm ähnlichen.

Wer nun das hier kurz Dargestellte mit dem, was der weise Aristoteles am Ende seines Buchs vom Beweis und in dem von der Seele vorzüglich beschrieben hat, so wie mit dem, was die Commentatoren gründlich erklärt haben, betrachtet, der erkennt, dass das, was der Weise im Anfang seines Buchs vom Beweis erwähnte, und was wir hier davon berichteten dem, was Plato im Phaedon sagt, nahe steht. Nur ist in Betreff der beiden Stellen ein Unterschied, nämlich der, dass der weise Aristoteles dies da erwähnt, wo er die Frage von dem Wissen und dem Schluss erläutert, Plato aber dies da tut, wo er die Frage von der Seele klar legt. Daher rührt es denn, dass viele, die die Aussprüche beider betrachten, verwirrt werden. Wir aber haben hier genug für den gesagt, der den ebenen Weg erstrebt.

Der Urbestand und die zeitliche Entstehung der Welt.

Hierher gehört nun auch die Frage: Ob der Urbestand oder die zeitliche Entstehung der Welt anzunehmen sei, ob dieselbe einen Schöpfer als schaffende Ursache habe oder nicht.

Von Aristoteles meint man, er hege die Ansicht: die Welt sei uranfänglich, Plato aber die: die Welt sei zeitlich ge-

schaffen. Ich behaupte nun, dass das, was jene zu dieser
schlechten und verwerflichen Ansicht über den weisen Aristoteles brachte, jene Stelle im Buch „Topika" sei, wo er
sagt: Bisweilen finde es bei einem und demselben Satz statt,
5 dass man nach beiden Seiten hin einen Schluss aus allgemein bekannten Vordersätzen ziehen könne z. B. den: die
Welt ist entweder uranfänglich oder sie ist nicht uranfänglich. Zunächst aber gilt doch in Betreff dieses Widerspruchs,
dass das, was man in der Weise eines Beispiels anführt,
10 nicht als eine Überzeugung aufzufassen sei; und zweitens,
dass das Ziel des Aristoteles in seinem Buch Topika nicht
das ist, die Frage von der Welt zu erklären, vielmehr
ist sein Ziel hier das, die aus allgemein verbreiteten
Vordersätzen zusammengesetzten Schlüsse zu behandeln.
15 Nun hatte Aristoteles gefunden, dass seine Zeitgenossen über die Frage, ob die Welt uranfänglich oder ob
sie zeitlich entstanden sei, ebenso stritten wie darüber, ob
die Lust ein Gut oder ein Übel sei und sie für beide Seiten des Problems Gemeinplätze anführten. Aristoteles aber
20 stellte in diesen und andren seiner Bücher klar, dass
man bei einem also bekannten Vordersatz auf die Wahrheit und Falschheit nicht Rücksicht nehme, weil das allgemein Bekannte oft unwahr sei und es dennoch im Wortstreit
nicht wegen seiner Falschheit verworfen werde. Öfter aber
25 sei es auch wahr und werde dann wegen seiner Bekannt-
heit beim Wortstreit und wegen seiner Wahrheit beim
Beweis angewandt. Somit sei klar, [23] dass man wegen
des in diesem Buch beigebrachten Beispiels nicht die Überzeugung davon, dass die Welt uranfänglich sei, auf ihn
30 zurückführen könne.

Dann aber brachte das, was Aristoteles in seinem Buch
von dem Himmel und der Welt erwähnt, dass nämlich das

All keinen zeitlichen Anfang haben könne, jene Leute zu dieser Ansicht, und sie wähnten demnach, Aristoteles lehre die Ewigkeit der Welt.

Die Sache verhält sich aber nicht so, da er schon früher in dieser Schrift sowohl als in anderen physikalischen und theologischen Büchern darlegte, dass die Zeit nur die Zahl der Himmelsbewegungen sei und daraus hervorgehe. Das aber, was aus einem Dinge hervorgeht, kann doch das Ding selbst nicht enthalten. Der Sinn seines Ausspruchs, dass die Welt keinen zeitlichen Anfang habe, ist also der, dass die Welt nicht allmälig in ihren Teilen so entstanden sei, wie z. B. ein Haus entsteht, oder ein Tier, welche beide allmälig aus ihren Teilen entstehn. Denn von den Teilen jener beiden gehe der eine Teil dem andern in der Zeit vorauf. Die Zeit aber gehe aus der Bewegung des Himmels hervor und sei es somit absurd, dass ihre Entstehung einen zeitlichen Anfang habe. Hiernach sei es als richtig erwiesen, dass die Welt durch einen einmaligen zeitlosen Act vom erhabenen Schöpfer (aus Nichts) hervorgerufen und erst dann aus ihrer Bewegung die Zeit hervorgegangen sei.

Wer die Aussprüche des Aristoteles über die Gottherrschaft in seinem „Theologia" betitelten Buche betrachtet, dem kann es nicht zweifelhaft sein, dass Aristoteles einen Schöpfer, der diese Welt aus dem Nichts hervorrief, annahm. Dies geht aus seinen Aussprüchen viel zu klar hervor, als dass es verborgen bleiben könnte. Dort (in der Theologie) wird es klar, dass der Stoff vom herrlichen Gott aus dem Nichts hervorgerufen sei und dass er durch den Willen des Schöpfers Körperlichkeit und Ordnung annahm.

In seinem Buch' über die Physik macht Aristoteles klar, dass das All nicht durch einen glücklichen Zufall noch von

Ungefähr zeitlich entstanden sein könne, und gelte dies von der Welt insgesammt, wie er im Buch »Himmel und Welt« sagt. Er beweist dies durch die wunderbare Ordnung, welche sich in den einzelnen Teilen der Welt untereinander findet.

Dort giebt Aristoteles auch Erklärungen über die Ursachen, wie viel es deren gebe, und stellt die schaffenden Ursachen fest. Auch zeigt er hier, wie es sich mit dem Hervorbringer und Beweger verhalte, dass die Welt weder ungeschaffen noch unbeweglich sein könne, so wie auch Plato in seiner Schrift Timaeus zeigt, dass alles was entstanden ist, nur von einer es notwendig hervorrufenden Ursache her entstanden sei und dass das Geschaffene nicht Ursache seiner selbst sein könne [24].

So beweist denn auch Aristoteles in seiner Schrift „Theologia", dass die Eins in jeder Vielheit vorhanden sei, denn jede Vielheit, in der die Eins sich nicht fände, würde durchaus immer unbegrenzt sein müssen.

Dies stellt er hier mit klaren Beweisen fest, so, wenn er z. B. sagt: jeder einzelne Teil des Vielen sei entweder Eins oder Nichteins; ist derselbe Nichteins, muss er entweder ein Vieles oder ein Nichts sein. Ist er aber ein Nichts, so folgt notwendig, dass aus ihm keine Vielheit zusammenkommen kann; ist er aber ein Vieles, so gäbe es keinen Unterschied zwischen ihm und der Vielheit. Auch würde hieraus notwendig folgen, dass des Unbegrenzten mehr sei als des Unbegrenzten (das aber ist absurd).

Dann hat er hier gezeigt, dass das, worin sich in dieser Welt die Eins vorfindet, nur in einer gewissen Hinsicht Eins sei. Wenn dasselbe nun in Wahrheit nicht Eins ist, sondern die Eins nur darin vorhanden ist, so ist die

Eins etwas anders als es und es etwas andres als die Eins. Dann aber zeigt er, dass die wahre Eins die ist, welche allem, was vorhanden ist, die Einheit spendet. Darauf führt er aus, dass das Viele zweifelsohne nach der Eins komme, und die Eins der Vielheit vorauf gehe. Endlich erklärt er, dass jede Vielheit, die der wahren Eins nahe steht, vor jeder Vielheit sei, welche der Eins ferner steht, und gelte dies auch umgekehrt.

Nachdem Aristoteles diese Vordersätze voraufgestellt hat, erhebt er sich zum Ausspruch über die Teile der Welt, die körperlichen sowohl als die geistigen und macht es zur Genüge klar, dass sie alle dadurch hervorgingen, dass der Schöpfer sie aus dem Nichts hervorrief; dass er, der Herrliche, der Eine und Wahre, die schaffende Ursache sei, und dass somit Er jedes Ding aus dem Nichts hervorrufe, dem gemäss wie es auch Plato in seinen Büchern über die Gottherrschaft, z. B. im Timaeus und der Politeia und noch anderen seiner Aussprüche dartat.

In den Büchern seiner Metaphysik im Capitel Lam nimmt Aristoteles seinen Ausgangspunkt von dem herrlichen Schöpfer, dann aber wendet er sich rückwärts zum Beweis von der Richtigkeit dieser voraufgestellten Vordersätze, sodass er darin als der Erste dasteht. Dies gehört nun zu dem, wovon man nicht weiss, ob einer vor ihm dies behandelte, auch hat bis heute ihn noch keiner darin erreicht.

Glaubst Du nun noch, dass jemand, der also seinen Weg nimmt, der Meinung sein könne, der Schöpfer existire nicht und die Welt sei uranfänglich?

Ammonius hat eine besondre Abhandlung über die Aussprüche dieser beiden Weisen, welche die Annahme eines Schöpfers behandeln, geschrieben [25], weil aber dieselbe so bekannt ist, haben wir davon Abstand genommen sie hier anzuführen.

Wäre diese von ihm in dieser Frage befolgte Methode nicht der rechte Mittelweg, so würden wir, so oft wir davon abweichen, dem gleichen, welcher eine Schöpfung leugnet selbst aber etwas ähnliches beibringt und würden wir wahrlich das Maass in der Rede überschreiten. Wir aber haben dargetan, dass keiner von den Leuten, welche Lehrmeinungen, Secten, Religionsgesetze durch andre Methoden begründeten, die Wissenschaft von der zeitlichen Entstehung der Welt und die Annahme eines Schöpfers für dieselbe, so wie auch die reine Lehre von der Schöpfung aus Nichts, so gut vertreten hat wie Aristoteles und vor ihm Plato, sowie auch die Nachfolger beider.

Denn alle Aussprüche sonstiger Gelehrten beweisen in den Lehrweisen und Secten hauptsächlich immer nur den Urbestand und die Dauer der Natur. Wer dies genauer kennen will, betrachte nur die Bücher, welche über die Anfänge geschrieben sind, sowie die in ihnen überlieferten Nachrichten, sowie auch die aus dem Munde ihrer Vorfahren berichteten Erzählungen, damit er ihre wunderlichen Reden kennen lerne.

Eine solche ist z. B. die: Ursprünglich gab es Wasser, das geriet in Bewegung, es sammelte sich Schaum und verdichtete sich daraus die Erde. Dampf stieg dann von ihr auf und bildete sich daraus der Himmel.

Dann betrachte man, was die Juden, die Magier und übrigen Völker sich erzählen. Das führt alles auf Verwandlung und Veränderung, die ja beide einen Gegensatz zu der Schöpfung aus Nichts bilden. Auch berichten alle, wohin Erde und Himmel einst zurückkehren, dass sie zusammengerollt und gewickelt, dann in die Hölle geworfen und zerstreut würden und dergleichen mehr. Nichts von alledem führt aber auf das reine Nichts.

Hätte nun nicht Gott die Vernünftigen und Einsichtsvollen befreit durch diese beiden Weisen und deren Anhänger, welche die Schöpfung aus Nichts durch klare und genügende Beweise dartaten und das ins Daseinrufen des Dings aus dem Nichtding darstellten, und dass alles, was aus einem Ding entstehe, zweifelsohne auch dahin wieder vergehe, dass also die Welt, da sie aus einem Nichtding hervorgerufen sei, auch zum Nichtding zurückkehren müsse und was dergleichen Hinweise, Argumente und Beweise, mehr ihre Bücher füllen; ja hätte nicht besonders das, was von jenen beiden über die Gottherrschaft und die Anfänge der Natur gelehrt wird, uns frei gemacht, so würden die Menschen in einer grossen Verwirrung und Ungewissheit leben. So aber haben wir in dieser Frage einen Weg, den wir wandeln können, und wodurch dann die Sache der Religionsgesetze so klar wird, dass sie als sehr richtig und wahr gelten müssen. Dies gilt nun von solchen Aussprüchen wie dem, dass der herrliche Schöpfer die ganze Welt leite, ihm auch nicht das Gewicht eines Chardelkorns [26] verborgen bleibe und keiner von den Teilen der Welt seiner Fürsorge entgehe. Denn wir bewiesen in Beziehung hierauf, dass die allgemeine Fürsorge die Einzeldinge umfasse und ein jeder von den Teilen und den Zuständen der Welt an der festesten und sichersten Stelle stehe. Dies beweisen die Bücher von der Anatomie und dem Nutzen der Glieder sowie ähnliche Sätze in der Physik. Jedes Ding, durch das etwas andres Bestand erhält, ist notwendigerweise mit der Aufsicht dieses Letzteren betraut und zwar in der festesten und sichersten Weise. Dann steigt man von den Teilen der Physik zu den apodiktischen, politischen und religiösen Fragen auf. Die apodictischen Dinge sind Männern von klarer Einsicht und gradem Geist anvertraut, die politischen Dinge dagegen den Männern von richtiger Urteilskraft, die religiösen aber den Männern der geistigen Inspiration. Am umfassendsten von allen sind die religiösen Fragen und die hier gebrauchten Ausdrücke überschreiten das Maass der Vernunft in den Angeredeten. Desshalb tadelt man aber diese Letzteren wegen dessen, was sie sich nicht vorzustellen vermögen, nicht.

Wenn nun jemand die Vorstellung über den ersten Hervorrufer hegt, dass derselbe körperlich sei und mit Bewegung und zeitlich schaffe, dann aber in seinem Verstande nicht die Kraft hat, sich eine feinere, passendere Vorstellung von demselben zu bilden und er dann sich vorstellen soll, dass derselbe körperlos und bewegungslos schaffe, so bleibt der hierfür vorgestellte Begriff nicht haften. Will man ihn aber dazu zwingen, so mehrt man nur seine irrige und falsche Meinung darüber; auch ist er für das, was er sich vorstellt und glaubt, entschuldbar und das Rechte treffend. Später bekommt er dann in seinem Verstand die Macht zu erkennen, dass jener Hervorrufer körperlos und sein Tun bewegungslos sei. Dann aber kann er sich immer noch nicht vorstellen, dass derselbe sich nicht an einem Orte befinde; will man ihn aber dazu zwingen, und müht man sich ab um dies ihm klar zu machen, so wird er störrisch, er bleibt in seinem Zustand und lässt sich nicht zu etwas anderem treiben.

Ebenso ist auch der grosse Haufen nicht im Stande Etwas zu erkennen, was nicht aus Etwas entstünde und nicht zu Etwas hin vergehe. Daher muss man zu ihnen von dem reden, was sie sich vorstellen, was sie erfassen und verstehn können. Man kann dergleichen, soweit es berechtigt ist, nicht auf einen Fehler oder eine Schwäche beziehen, vielmehr ist das alles treffend und richtig. Somit nehmen die Methoden der wahren Beweise ihren Anfang von den Philosophen her, deren Führer diese beiden Weisen Plato und Aristoteles sind [**27**].

Die Methode aber für genügende richtige, und höchst nützliche Beweise ist die, welche von den Religionslehrern ausgeht. Diese setzen an Stelle einer Schöpfung aus Nichts Offenbarung und Inspiration. Wessen Methode und Standpunct aber ein solcher ist, dass er deutliche Argumente aufführen und Beweise für die Einheit des wahren Schöpfers aufstellen kann, der findet, um die Art und Weise der Schöpfung aus Nichts in klaren Begriffen auszusprechen, in den Worten dieser beiden Philosophen eine Stütze. Es wäre somit unrichtig von diesen beiden anzunehmen, dass ihre Meinungen verderbt seien und die Ansichten Beider, so wie sie dieselben ausgeführt haben, falsch wären.

Die Formen und Vorbilder.

Hierher gehören nun auch die Formen und Urbilder, deren Aufstellung man auf Plato zurückführt, wogegen Aristoteles eine entgegengesetzte Meinung darüber gehegt hätte. Dies kommt aber daher, dass Plato in vielen seiner Aussprüche darauf hinweist, dass das Vorhandene abstracte Formen in der Welt des Göttlichen habe. Er nennt dieselben bisweilen göttliche Vorbilder. Dieselben gingen nimmer unter, noch verdürben sie je, vielmehr beständen sie ewig, während dem Untergang und Verderben nur das Vorhandene, weil werdend, anheim falle. Aristoteles, sagen sie, erwähne dies in den Büchern seiner Metaphysik und tadle die, welche von den Formen und Vorbildern behaupteten, dieselben seien in der göttlichen Welt vorhanden und beständen dort ohne zu verderben.

Aristoteles macht dann klar, was für Vorwürfe diesen Satz treffen würden, es müsste danach dort Linien, Flächen und Sphaeren geben und diese Sphaeren und Kreise müssten dort auch Bewegung haben. Es müssten dort Wissenschaften existiren, wie die Astronomie und Musik, es müsste dort harmonische und unharmonische Töne, Arzeneikunde, Geometrie, grade und krumme Maasse, Heisses und Kaltes geben. Kurz handelnde und leidende Qualitäten, allgemeine und besondere Stoffe und Formen müssten sich dort befinden. Dann bringt er noch andre Vorwürfe gegen diese Aussprüche vor.

Dieselben hier anzuführen würde zu weitläufig sein, darum nehmen wir davon Abstand sie hier zu wiederholen, wie wir ja ebenso mit anderen Aussprüchen, auf deren Stellen wir hinwiesen, verfuhren. Haben wir doch dieselben genauer erwähnt, betrachtet und mit ihren Stellen für den, der sie genauer einsehen will, ausgeführt.

Wir haben ja in dieser Abhandlung nur den Zweck die Methoden klarzulegen, welche der nach Wahrheit Forschende, um nicht fehlzugehn, zu befolgen hat, damit er den wahren Sinn der Aussprüche dieser beiden Weisen verstehe, ohne dass er dabei von dem wahren Wege zu dem abirre, was undeutliche Ausdrücke ihm vorspiegeln.

[28] Nun finden wir aber, dass Aristoteles in seinem Buch von der Gottherrschaft, das „Theologia" betitelt ist, geistige Formen annimmt und erklärt, dass dieselben in der göttlichen Welt existiren. Fasst man nun diese Aussprüche nach ihrem offenbaren Sinn auf, so sind hierbei nur drei Fälle möglich: a. Entweder widersprechen dieselben einander; b. die Einen rühren von Aristoteles her, die Anderen nicht; c. Diese Aussprüche lassen Begriffe und Deutungen zu, die im innersten Wesen übereinstimmen, wenn sie auch

dem äusseren Wortlaut nach aus einander gehn, so dass sie trotzdem einander decken und übereinstimmen.

Dass man nun: a. von Aristoteles glauben könnte, er hätte trotz seiner Vortrefflichkeit und grossen Sorgfalt und bei der Erhabenheit, die diese Begriffe d. i. die göttlichen Formen bei ihm haben, in einer und derselben Wissenschaft d. h. der theologischen, sich selbst widersprochen, das liegt doch weit ab und ist verwerflich.

Dass aber b. ein Teil dieser Aussprüche zwar von Aristoteles herrühre, ein andrer aber nicht, das liegt doch noch ferner, da ja die diese Aussprüche behandelnden Bücher zu bekannt sind, als dass man von einem Teil derselben annehmen könnte, sie seien gefälscht.

So bleibt denn nur c. übrig, nämlich anzunehmen, dass diese Aussprüche Deutungen und Begriffe zulassen, die, sobald sie enthüllt werden, jeden Zweifel und alle Verwirrung schwinden lassen.

So behaupten wir denn: Weil der erhabene Schöpfer in seinem Was und Wesen von allem, was ausser ihm liegt, verschieden ist, und dies von ihm in einem erhabneren, vorzüglicheren und höheren Sinn gilt, sofern nämlich seinem Was (das, was ausser ihm ist,) weder entspricht noch ähnlich, noch gleich sein kann, weder im eigentlichen, noch übertragnen Sinne, es aber trotz alle dem notwendig war, ihm ein Attribut beizulegen und einen von diesen synonymenen Ausdrücken in allgemeiner Weise auf ihn zu übertragen, so muss man durchaus festhalten, dass jeder Ausdruck, mit dem wir eine seiner Eigenschaften bezeichnen, einen Begriff von seinem Wesen enthält, der weit von den Begriffen abliegt, die wir uns sonst bei diesem Ausdruck vorstellen, und geschieht dies dann, wie wir sagen, in einem erhabneren und höheren Sinn. — Sagen wir z. B. von Gott: Gott ist vorhanden, so wissen wir dabei zugleich, dass seine Existenz nicht so sei, wie die von Alledem, was ausser ihm ist. Sagen wir: Gott ist lebendig, so wissen wir, dass er in einem höheren Sinn, als dies von dem Lebendigen ausser ihm gilt, lebendig ist. Dasselbe gilt für alle übrigen Fälle.

Wenn dieser Begriff feststeht und dies den Geist dessen, der Metaphysik studirt, beherrscht, so wird es demselben leicht sich das vorzustellen, was Plato, Aristoteles und ihre Anhänger behaupten.

Hiernach kehren wir nun zu dem Punkt, von dem wir ausgingen, zurück und behaupten: Da Gott, der Gepriesene, lebendig ist und diese Welt mit allem, was darin ist, ins Dasein rief, so war nötig, [29] dass bei ihm die Formen dessen, was er schaffen wollte, in seinem herrlichen und unvergleichlichen Wesen existirten.

Da ferner sein Wesen dauernd ist, weil weder Wechsel noch Veränderung bei ihm möglich ist, so ist das, was in ihm liegt, ebenfalls dauernd, unvergänglich und unveränderlich. Hätten nun die hier vorhandenen Dinge weder Formen noch Vorbilder in dem Wesen des mit Leben und Willen begabten Schöpfers, wie könnte dann das, was er ins Dasein rief, sein? und welchem Vorbild sollte er bei seinem Tun und Schaffen nachstreben?

Bedenkt man denn nicht, dass der, welcher dies dem mit Leben und Willen begabten Schöpfer abspricht, notwendig behaupten muss, dass der Schöpfer das hier Vorhandene nur aufs Ungewisse hin, in verwirrter Weise und zwecklos ins Dasein gerufen, nicht aber einem gewollten Ziel zugestrebt habe? Dies wäre aber eine sehr garstige Rede.

In diesem Sinne müssen nun die Aussprüche jener Weisen erkannt und vorgestellt werden, wenn dieselben göttliche Formen setzen, doch ist nicht anzunehmen, dass dieselben an einem andern Ort als diese Welt befindliche Fantome wären. Denn hegt man dergleichen Vorstellungen, so muss man notwendig behaupten, dass es mehrere ja unbegrenzt viele Welten gebe, die alle dieser Welt ähnlich wären.

Der weise Aristoteles hat aber in seinen physikalischen Schriften dargetan, was aus der Annahme von der Existenz vieler Welten notwendig folgen würde, und haben die Commentatoren seine Aussprüche sehr gut erklärt.

Dieser von uns gar oft erwähnten Methode muss man sich bei den theologischen Aussprüchen befleissigen, denn sie ist von grossem Nutzen, und kann man sich überall darauf verlassen, während in ihrer Vernachlässigung ein grosser Schaden liegt. Man muss dabei wissen, dass die Notwendigkeit dazu treibt, synonyme Ausdrücke aus der Physik und Logik auf diese subtilen, hohen, über alle Beschreibung erhabenen und von allen, im natürlichen Sein vorhandenen Dingen, gesonderten Begriffe zu übertragen. Denn wenn man auch andre neue Worte schaffen und anstatt der bisher angewandten setzen wollte, würde es doch nicht möglich sein, solche Worte zu finden und würde man sich etwas andres darunter vorstellen, als was die Sinne uns verkünden. Da nun der notwendige Zwang hindernd zwischen uns und jenes tritt, haben wir uns auf die vorhandenen Worte beschränkt und uns gezwungen stets gegenwärtig zu halten, dass die göttlichen Begriffe (Begriffe von Gott), welche durch diese Ausdrücke bezeichnet werden, in einer erhabneren Art und anders, als wir sie uns gewöhnlich einbilden und vorstellen, zu erfassen seien.

Intellect, Seele, Natur.

[30] Hierher gehören denn auch die Aussprüche Plato's

im Timaeus, der zu denjenigen seiner Bücher gehört, welche über die Seele und den Intellect handeln. Jedes von diesen Beiden habe eine Welt, die ausserhalb der des Andern liege, beide Welten folgten auf einander, doch stehe die Eine höher, die Andre niedriger. Dasselbe gilt von den übrigen und ähnlichen Aussagen. Notwendig müssen wir uns darunter etwas dem von uns Erwähnten Ähnliches vorstellen, nämlich dass Plato unter Welt des Intellects das Bereich desselben meine, und gilt dies auch von der Welt der Seele. Dies ist aber nicht so zu verstehn, dass der Intellect eine Stätte habe und ebenso auch die Seele und dass ebenso der Schöpfer eine solche habe, und dass dann die eine höher, die andre niedriger liege, so wie dies bei den Körpern stattfindet. Denn dies wird schon von den Anfängern der Philosophie verworfen, wie viel mehr von den Geübteren. Unter höher und niedriger versteht Plato nur die Vorzüglichkeit und Erhabenheit, nicht aber den von einer Fläche begrenzten Raum. Sein Ausdruck „Welt des Intellects" ist nur so zu fassen wie Welt der Thorheit oder Welt der Wissenschaft, oder Welt des Geheimnisses. Man bezeichnet damit eben nur das Bereich von jedem einzelnen derselben.

Dasselbe findet statt, wenn Plato von der Emanation der Seele auf die Natur, und der des Intellects auf die Seele handelt. Er versteht unter Emanation des Intellects nur den Beistand desselben, um die allgemeinen Formen festzuhalten, wenn nämlich die Seele nur die Einzelheiten derselben wahrnimmt, und das Eingehn auf die Einzelheiten, wenn dieselbe die zusammengesetzten Dinge wahrnimmt, und sie sich das zu eigen macht, was er ihr an unvergänglichen und unverderblichen Formen zuführt.

Dasselbe gilt von allem, was nach dieser Weise geht und von dem Beistand des Intellects an die Seele gesagt wird.

Die Emanation der Seele auf die Natur ist das, was sie ihr an Beistand spendet, so dass sie sie zu dem treibt, was ihr zu ihrem Bestehn, Ergötzen und Wohlgefallen von Nutzen ist und was dergleichen mehr ist. Mit der Heimkehr der Seele in ihre Welt, die bei der Freilassung derselben aus ihrem Gefängniss stattfinde, meint Plato, dass die Seele, so lange sie in dieser Welt ist, gezwungen sei, dem physischen Leibe, welcher ja ihre Stätte ist, Beistand zu leisten. Dabei ist es gleichsam, als ob sie sich danach sehne auszuruhn. Kehrt sie aber in ihr Wesen zurück, so ist es, als ob sie aus einem schmerzlichen Gefängniss in ein ihr entsprechendes, ihr zukommendes Bereich frei gelassen würde. Nach dieser Weise muss man alles, was wir von der allegorischen Rede bisher nicht erwähnten, beurteilen. Denn diese zarten und feinen Begriffe können nur in der Weise, welche der weise Plato und seine Anhänger befolgten, ausgedrückt werden.

Der Intellect ist nun, wie der weise Aristoteles in seinen Büchern über die Seele [31], und dies ebenso Alexander und andre Philosophen erklärten, der edelste Teil der Seele. Diese führt nur actuell (seinen Willen) aus und sie erkennt durch ihn das Göttliche und den herrlichen Schöpfer. So ist es denn, als ob der Intellect von allem Vorhandenen Gott in Erhabenheit, Güte und Reinheit, nicht aber in Ort und Stelle, am nächsten stehe.

Dann folgt auf ihn die Seele, denn sie steht gleichsam in der Mitte zwischen Intellect und Natur. Sie hat (physische) natürliche Sinne, und ist sie somit gleichsam von der einen Seite mit dem Intellect, der wieder mit dem herrlichen Schöpfer in der erwähnten Weise vereint ist, eins; doch ist sie von der andern Seite mit der Natur vereint, und folgt ihr dieselbe der inneren Anlage, nicht aber dem Orte nach.

Nach dieser oder ähnlicher Weise muss man bei dem, was mit Worten so schwer zu beschreiben ist, wohl wissen, dass in dem, was Plato in seinen Aussprüchen aussagt, sobald man es so behandelt, alle Bedenken und Zweifel schwinden, welche zu der Behauptung führen, dass zwischen ihm und Aristoteles in diesen Begriffen ein Widerspruch herrsche. Siehst Du denn nicht, dass Aristoteles, da wo er den Zustand der Seele, den des Intellects und den der Gottherrschaft beschreiben will, eine kühne, begeisterte Rede anwendet und in Rätseln und in der Weise der Vergleichung einen Ausweg sucht?

Dies tut Aristoteles in seinem „Theologia" betitelten Werke, wo er sagt: „Öfter war ich mit meiner Seele allein, ich entkleidete mich des Leibes und ward zu einer abstracten, körperlosen Substanz. Da trat ich denn ein in mein eigentliches Wesen, kehrte zu ihm zurück und trat aus allen Dingen ausser mir heraus. So ward ich Wissen, Wissender und Gewusstes zugleich, ich sah da in meinem Selbst eine solche Schönheit und Anmut, dass ich darob erstaunt blieb. Hierbei erkannte ich, dass ich ein kleiner Teil von der erhabenen Welt, und ein Belebtes, Schaffendes sei.

Als ich dessen sicher inne ward, erhob ich mich in meinem Verstand von dieser Welt zur göttlichen und es war mir, als ob ich dort an dieselbe mich anhängend sei. Hierbei kam mir soviel Licht und Glanz zu, dass die Zunge zu schwach ist dies zu beschreiben und die Ohren (zu stumpf), um dies zu hören. Als ich von diesem Lichtglanz umhüllt war und meine Vollkraft erreichte, aber es doch nicht ertragen konnte, sank ich zur Welt des Nachdenkens herab. Als ich nun in die Welt des Nachdenkens kam, verhüllte das Nachdenken jenes Licht vor mir, und erinnerte ich mich hierbei meines Bruders Heraklius, der da befahl nach der Substanz der erhabnen Seele zu suchen und danach zu forschen, indem man zur Welt des Intellects aufsteige."

[32] Dies findet sich in einer langen Rede von ihm, in welcher er sich bemüht und danach strebt, diese feinen Begriffe zu erklären, doch hindert ihn der natürliche Intellect das, was er in sich hegte, ganz zu erfassen und klar zu machen.

Wer nun ein Weniges von dem, was wir andeuteten, verstehen will, denn der grösste Teil davon ist schwer verständlich und liegt fern ab, der blicke mit seinem Verstand auf das, was wir erwähnten, und gehe nicht ausschliesslich den Worten nach. Vielleicht erfasst er dann etwas von dem, was mit dieser allegorischen und änigmatischen Rede erzielt wird, denn beide (Plato und Aristoteles) haben sich damit viel Mühe gegeben. Aber nach ihnen gab es bis auf unsere Tage solche, deren Ziel nicht die Wahrheit war, sondern deren Mühe nur der Partei- und Tadelsucht galt. Da verdrehten sie denn und änderten, doch konnten sie trotz des Eifers, der Sorgfalt und des grossen Strebens diese Worte weder enthüllen, noch erklären.

Wir aber wissen recht gut, dass wir trotz grosser dabei angewandter Sorgfalt nur sehr wenig von dem, was hier notwendig ist, erlangt haben. Denn diese Frage ist an sich schwer und fast unlösbar.

Lohn und Vergeltung.

Zu den Ansichten, welche man über die beiden Philosophen Plato und Aristoteles hegt, gehört nun auch die, dass sie eine Vergeltung in Lohn und Strafe weder gelehrt, noch daran geglaubt hätten. Das ist aber eine ganz falsche Vermutung. Denn Aristoteles erklärt in einem seiner Aussprüche, dass die Vergeltung in der Natur notwendig sei, auch sagt er im Anfang seines Sendschreibens, das er an die Mutter Alexanders damals richtete, als ihr die Kunde von der Ungerechtigkeit ihres Sohnes zugekommen war, sie sich darüber betrübte und in ihrer Seele Zweifel hegte, Folgendes: Die Zeugen Gottes auf seiner Erde, d. h. die wissenden Seelen, stimmen darin überein, dass Alexander der Grosse zu den Besten unter den Auserwählten in der Vergangenheit gehöre. Seine ruhmreichen Taten sind an den Hauptorten der Erde und an den Grenzen der Stätten für die Seelen zwischen Ost und West eingezeichnet. Keinem Einzigen hat Gott das verliehn, was er dem Alexander gewährte, es sei denn derselbe gehöre zu den durch Gottes Willen Auserwählten. Das Heil gebühre aber dem, den Gott sich erwählte. Es gäbe nun Leute, welche durch die Zeichen der Erwählung gekennzeichnet wären, bei anderen aber träten diese Zeichen nicht hervor. Alexander sei der Berühmteste unter den Dahingeschiedenen und noch Lebenden. An ihm seien diese Hinweise am deutlichsten. Er wäre von ihnen allen am meisten gerühmt und am stärksten hinsichtlich seines Lebens gelobt worden, auch gereiche sein Tod zum grössten Heil. „O Mutter Alexanders, wenn Du wegen des grossen Alexander besorgt bist, so erwirb Dir nicht das, was Dich von ihm entfernt und gewinne Dir nicht das, was zwischen Dich und ihn dann treten könnte, wenn Du ihm in der Schaar der Besten begegnest. Erstrebe viel mehr das, was Dich ihm nahe bringt und mache dies zunächst dadurch offenbar, dass Du mit reiner Seele Opfer im Tempel des Zeus darbringst".

Diese und die folgenden Worte beweisen deutlich, dass Aristoteles die Vergeltung als einen notwendigen Glaubenssatz annahm. Plato aber legte am Ende seines Buchs von der Staatsleitung einen klaren Bericht von der Auferwekkung und der Auferstehung, vom Gericht und der Gerechtigkeit, von der Wage und der Vergeltung, vom Lohn und der Strafe für die guten und die bösen Taten nieder.

Wer nun die von uns hier erwähnten Aussprüche dieser beiden Gelehrten betrachtet, dann sich aber nicht offenbarer Hartnäckigkeit ergiebt, den wird dies davon abhalten, schlechten Meinungen und falschen Ansichten zu folgen und dadurch die Sünde zu begehen, dass er diesen vorzüglichen Männern das zuschreibt, wovon sie frei sind und dem sie fern stehn.

Hiermit beschliessen wir diese Abhandlung, in welcher wir die Harmonie in den Ansichten der beiden Weisen, des Plato und Aristoteles, zu zeigen bestrebt waren.

Gott aber gebührt der rechte Preis und ist der Segenswunsch für den Propheten Muhammed, den besten der Geschöpfe, so wie für seine reinen Genossen und edlen Sprossen auszusprechen. — Amen.

II.

DIE ABHANDLUNG VON DEN TENDENZEN DER ARISTOTELISCHEN METAPHYSIK VON DEM ZWEITEN MEISTER.

---

[34] Eine ausgezeichnete Schrift von dem Weisen, dem Philosophen, dem zweiten Meister, Abu Naṣr Muḥammed ibn Muḥammed ibn Tarḫān ibn Uzlaġ Alfārābī, handelt über die Tendenzen, die der Weise (Aristoteles) in einem jeden Abschnitt seiner mit Buchstaben bezeichneten Schrift verfolgte. Es ist dies also eine Darlegung von dem Ziel des Aristoteles in dem Buch „Metaphysik".

Er sagte: Unsere Absicht in dieser Abhandlung geht dahin die Tendenz, welche dem „Buch Metaphysik des Aristoteles" zu Grunde liegt, zu zeigen und die ursprünglichen Teile dieses Buchs anzugeben. — Denn viele Leute haben die vorgefasste Meinung, dass der eigentliche Sinn und Inhalt jener Schrift der sei, dass in ihr die Lehre von dem Schöpfer, dem Intellect, der Seele und dem darauf Bezüglichen behandelt würde; ferner, dass die Lehre von der Metaphysik und die von der Einheit Gottes ein und dieselbe sei.

Wir finden nun, dass die meisten Menschen, welche darüber speculiren, in Verwirrung und auf Abwege geraten sind; denn wir sehen, dass der grösste Teil jener Schrift durchaus dieser Tendenz entbehrt. Nur in dem elften Buch, welches mit dem Buchstaben Lam (L) bezeichnet ist, finden wir eine Specialabhandlung über diesen Gegenstand.

Nun existirt aber bei den Alten kein Commentar von diesem Buch für sich, so wie wir solche für die übrigen Bücher haben, vielmehr giebt es nur einen unvollständigen Commentar von Alexander (Afrodisias) und einen vollständigen von Themistius. Die anderen Abschnitte (der Metaphysik) wurden entweder nie commentirt, oder diese Commentare haben sich, wie man meint, nicht bis auf unsere Zeit erhalten.

Das Letztere nimmt man an, weil in den Büchern der späteren Peripatetiker eine Betrachtung darüber angestellt wird, ob Alexander das Buch vollständig commentirt habe.

Wir aber wollen die Tendenz und den Inhalt einer jeden der Abhandlungen darlegen.

Wir behaupten nun, dass ein Teil der Wissenschaften particulär, ein andrer Teil derselben aber universell sei.

Particulär nennen wir solche Wissenschaften, die einiges Vorhandene und einiges Gedachte zum Object haben, und beschränkt sich die Untersuchung derselben auf ihre ihnen eigenthümlichen Accidenzen. [35]

So gilt von der Physik, dass sie einiges von dem Vorhandenen behandle, nämlich den Körper, sofern er sich bewegt, sich verändert und von der Bewegung ausruht, auch sofern derselbe Anfänge und Anhänge hat. Dasselbe gilt von der Geometrie. Denn diese Wissenschaft behandelt die Maasse, inwiefern sie die ihnen speciell zukommenden Eigenschaften annehmen, dann aber die in ihnen stattfindenden Beziehungen, die sowohl in ihren Grund- als Folgesätzen statthaben, und auch inwiefern sich dies alles so verhält. Die Arithmetik behandelt ebenso die Zahl, und die Medicin die menschlichen Körper, sofern dieselben gesund oder krank sind. Ein gleiches gilt von den übrigen particulären Wissenschaften. Keine derselben behandelt das, was allem Vorhandenen gemeinsam ist.

Dagegen betrachtet die allgemeine (universelle) Wissenschaft das, was allem Vorhandenen gemeinsam ist, so das Sein und die Einheit und zwar in ihren Arten und Anhängen, dann die Dinge, welche nicht speciell jedem einzelnen Object der particulären Wissenschaften zukommen, so das Früher und Später, die Potentialität und Actualität, das Vollkommene und das Mangelhafte, und alles Derartige. Dann aber betrachtet dieselbe den allem Vorhandenen gemeinsamen Anfang d. h. dasjenige, was mit dem Namen des Herrlichen Gottes benannt werden muss.

Die universelle Wissenschaft kann nur eine sein, denn gäbe es zwei allgemeine Wissenschaften, so müsste eine jede der beiden auch ein besondres Object haben. Die Wissenschaft aber, welche ein besonderes Object hat, und nicht das Object einer anderen Wissenschaft mit umfasst, ist eine particuläre. Dann wären aber diese beiden Wissenschaften particuläre, und ergäbe dies einen Widerspruch. Somit ist die allgemeine Wissenschaft nur Eine.

Die theologische Wissenschaft aber muss zu dieser Wissenschaft gehören, denn Gott ist zwar Anfang für das absolut Vorhandene (Sein), aber nicht für jedes beliebige. Es muss somit der Teil der Wissenschaften, welcher das Princip des Vorhandenen angiebt, die theologische Wissenschaft sein, weil diese Gegenstände den Naturwissenschaften nicht speciell zukommen. Dieselben stehn vielmehr höher, und sind allgemeiner als die Physik und ist somit auch die theologische Wissenschaft erhabner als die Naturwissenschaft und folgt sie nach derselben (μετὰ τὰ φυσικά).

Es ist deshalb notwendig, sie die Wissenschaft der Metaphysik zu nennen.

Was nun die mathematische Wissenschaft betrifft, so kann man dieselbe, wenn sie auch höher steht als die naturwissenschaftliche, weil ihre Objecte frei von den Stoffen sind, doch nicht Metaphysik nennen, weil das Freisein ihrer Objecte von den Stoffen nur ideell, [36] nicht essentiell ist. Im Sein existiren dieselben nur an den Naturdingen.

Die Objecte dieser Wissenschaft haben z. T. durchaus kein Sein in den Naturdingen, weder ein ideelles noch reelles und kann man somit nicht sagen: „die Einbildungskraft abstrahirte sie nur von den Naturdingen", vielmehr ist ihr Sein und ihre Natur nur abstract; z. T. aber existiren diese Objecte in den Naturdingen. Denn wenn man auch sie sich als davon abstrahirt vorstellt, so finden sie sich doch nicht ihrem Wesen nach so darin, dass ihr Sein davon nie frei wäre. Es sind also Dinge, deren Bestand in den natürlichen Dingen liegt, oder besser gesagt, sie kommen dem Natürlichen und dem Nichtnatürlichen von den reell oder nur ideell immateriellen Dingen zu.

Somit ist die Wissenschaft, die würdig ist mit diesem Namen benannt zu werden, eben diese Wissenschaft und ist sie somit allein vor allen übrigen Wissenschaften die Wissenschaft der Metaphysik.

Das erste Object dieser Wissenschaft ist das absolute Sein, so wie das, was demselben in der Allgemeinheit gleich kommt, nämlich die Eins. Da nun aber das Wissen von dem Einandergegenüberstehenden nur eins ist, so fällt auch die Untersuchung über das Nichts und das Viele unter diese Wissenschaft.

Nach der Begründung dieser Objecte, betrachtet dann

diese Wissenschaft die Dinge, welche die Stelle der Arten
inne haben, wie die zehn Aussagen über das Vorhandene
(Kategorieen) auch die Arten der Eins, wie Eins im Individuum, Eins in der Art, Eins in der Gattung, Eins in der
Wechselbeziehung und die Teile eines jeden hiervon. Dasselbe gilt von den Arten des Nichts und des Vielen, dann
von den Anhängen des Vorhandenen, wie Potentialität und
Actualität, das Vollkommene und das Mangelhafte, die
Ursache und das Verursachte, auch die Anhänge zur Einheit,
wie die Wesenheit, die Aehnlichkeit, die Gleichheit, die
Übereinstimmung, das Parallelsein, die Gleichartigkeit und
andres. Dann folgen die Anhänge des Nichts und des Vielen.
Darauf behandelt diese Wissenschaft die Principe von jedem
Einzelnen derselben, macht Zweig- und Unterabteilungen
davon, bis sie zu den Objecten der Teilwissenschaften
gelangt. Damit ist dann die Universalwissenschaft zu Ende
und treten in ihr die Principe aller Teilweisenschaften so
wie auch die Abgrenzungen ihrer Objecte klar hervor.

Die Übersicht aller in dieser Wissenschaft behandelten
Fragen ist folgende:

Abh. I dieses Buchs enthält gleichsam die Einleitung
und Vorrede zu dem Werk, indem sie klarmacht, dass
alle einzelnen Ursachen bei einer ersten Ursache enden.

Abh. II enthält eine Aufzählung der (Aporien) schwierigen Fragen, welche bei diesen Gegenständen entstehn, und
giebt eine Darlegung von den Arten ihrer Schwierigkeiten, sowie eine Aufstellung der sich dabei einander gegenüberstehenden Argumente. Dies hat den Zweck den Verstand
auf das Ziel der Untersuchung aufmerksam zu machen.

Abh. III zählt die Objecte dieser Wissenschaft auf d. h. die
darin behandelten Begriffe, so wie auch die ihnen eigentümlichen Accidenzen, d. h. die oben von uns Aufgezählten.

Abh. IV enthält die einzelnen Bedeutungen eines jeden der Ausdrücke, welche die Gegenstände dieser Wissenschaft bezeichnen, dann die Arten ihrer Objecte, so wie deren Anhänge, sei es, dass diese aus der Mitnamigkeit (Synonymität), Zweideutigkeit, oder wirklichen Homonymität hervorgehn.

Abh. V legt die wesentlichen Unterschiede klar, die bei den drei theoretischen Wissenschaften, der Physik, der Mathematik und der Theologie vorherrschen, und zeigt, dass es eben nur drei gebe. Ferner findet sich hier die nähere Bestimmung über die theologische Wissenschaft und wird hier dargelegt, dass sie zu dieser Wissenschaft (der Metaphysik) gehöre, besser gesagt, dass sie in gewisser Hinsicht diese Wissenschaft selbst sei. Denn sie betrachtet die Wesenheit, die an sich ist, aber nicht die nur accidentell seiende; dann aber wird hier gezeigt, welche Gemeinschaft diese mit der Topik und mit der Sophistik haben.

Abh. VI giebt eine gründliche Erklärung des sogenannten „wesentlich für sich Seins" und zwar besonders des substanziellen Seins. Sie giebt die Teile der Substanz an d. h. Stoff und Form, und das aus beiden Zusammengesetzte. In Betreff der richtigen Definition zeigt sie, bei welchem Vorhandenen sie statt hat, wenn sie einem Vorhandenen zukommt und bei welcher Substanz, wenn sie einer Substanz zukommt. Ferner lehrt sie, wie man das Zusammengesetzte definirt, auch welche Teile bei den Definitionen sich vorfinden, welche Formen abstracte sind und welche nicht, auch dass die Urbilder keine Existenz haben.

Abh. VII zieht die Summa der vorhergehenden Abhandlung und giebt dieselbe dann den Schluss der Untersuchung über die platonischen Ideen und zeigt, dass das Entstehende zu seinem Entstehn derselben nicht bedürfe. Desgleichen findet sich hier eine gründliche Belehrung über die Definition der immateriellen Dinge. Wenn diese ins Sein treten, ist ihr Sein ihr Wesen selbst.

Abh. VIII behandelt die Potentialität und Actualität, sowie ihre Priorität und Posteriorität.

Abh. IX behandelt das Eine und das Viele, das Andre, den Widerspruch und den Gegensatz.

Abh. X behandelt die Unterscheidung zwischen den Principen und Accidenzen dieser Wissenschaft.

Abh. XI behandelt das Princip der Substanz und alles Seins, sie stellt das Ansichsein derselben fest. Sie sei eine Welt im wahren Sinne. Dann handelt diese Abh. über das hierauf folgende immaterielle Sein, und zeigt, wie die Existenz des Vorhandenen sich von ihm aus ordne.

Abh. XII. Über die Principe der Physik und Mathematik.

So weit die klare Darlegung von der Tendenz dieses Buchs und seiner Teile.

III.

[39] ÜBER DIE BEDEUTUNGEN DES WORTS „INTELLECT" („VERNUNFT"). ¹)

Mit dem Wort „Intellect" bezeichnet man vielerlei:

a. Der grosse Haufe sagt damit von einem Menschen aus, er sei vernünftig (klug);

b. Die Dialectiker gebrauchen im Für und Wider dies Wort und sagen: dies gehört zu dem, was die Vernunft bejaht, oder zu dem, was sie verneint;

c. Es bezeichnet den Intellect, welchen Aristoteles im Buch vom Beweis (Analytika II) erwähnt;

d. Den Intellect, wie Aristoteles im VI. Buch der Ethik dies Wort gebraucht;

e. Den Intellect, dessen Aristoteles im Buch über die Seele, und

f. den Intellect, dessen Aristoteles in seiner Metaphysik gedenkt.

I. Was nun das Wort Intellect (Vernunft) betrifft, womit die grosse Menge von einem Menschen aussagt „er sei ver-

---

1) Das arabische Wort ʻaḳl, gr. νοῦς, übersetzen wir bald mit Intellect, bald mit Vernunft; — taʻaḳḳul = vernünftiges Nachdenken, Vernünftigkeit, Klugheit, φρόνησις.

nünftig", so lässt sich der Sinn desselben auf das, was man mit vernünftigem Nachdenken bezeichnet, zurückführen. So nennen sie einmal irgend Jemand oder irgend Etwas vernünftig, während sie ein andermal verweigern dies ver-
5 nünftig zu nennen. So behaupten sie: der Vernünftige bedürfe einer Religion. Religion ist aber nach der Meinung dieser Leute Tugend. Sie bezeichnen daher unter „Vernünftig" den, der tugendhaft ist und eine vortreffliche Überlegung besitzt, um das herauszubringen, was als das Gute
10 zu wählen und was als das Böse zu meiden sei.

Sie vermeiden es aber dieses Wort auf Denjenigen anzuwenden, der eine gute Überlegung besitzt, um das Böse zu tun; vielmehr bezeichnen sie einen solchen mit dem Namen, „schlau, listig und dergleichen".

15 Die gute Einsicht aber dafür, dass man das, was in Wahrheit gut ist, tue, sowie auch das, was böse ist, meide, ist die Vernünftigkeit. Diese Leute bezeichnen also mit ʿaḳl den allgemeinen Begriff, welchen Aristoteles mit „Vernünftigkeit" kennzeichnet.

20 Wenn man nun jemand vernünftig nennt, so will man damit sagen, er habe eine gute Einsicht, um herauszubringen, was man schlechthin wählen, oder was man schlechthin meiden müsse.

Wenn sie nun dabei bleiben, dass sie in Betreff eines
25 solchen oder seines gleichen, der nach ihnen vernünftig ist, wiederholt diese Bezeichnung gebrauchen und sie dann gefragt werden, ob man mit diesem Namen auch den bezeichnen könne, der zwar böse sei, aber eine gute Einsicht dafür habe, das, was nach ihnen böse ist, ins Werk zu-
30 setzen, so stocken sie und weigern sich einen solchen vernünftig zu nennen. Wenn man sie dagegen fragt, ob man den, der seine gute Einsicht dazu anwendet, [40] das Böse

zu tun „schlau" oder „listig", oder mit ähnlichen Ausdrücken bezeichnen könne, so verweigern sie eine solche Bezeichung nicht.

Somit geht aus der Rede dieser Leute ebenfalls notwendig hervor, dass als "vernünftig" nur ein solcher gelten könne, der bei seiner guten Einsicht auch noch tugendhaft ist, und die Vortrefflichkeit seiner Einsicht nur dazu gebrauchet edle Taten zu verrichten, unedle aber zu unterlassen. Ein solcher wäre also „Vernünftig".

Die grosse Menge teilt sich nun in Betreff dessen, was sie mit diesem Namen bezeichnet in zwei Parteien. Die Einen nämlich geben von selbst zu, dass als vernünftig der nicht bezeichnet werden könne, der keine Religion habe, und dass der Böse, wenn er mit seiner guten Einsicht dazu komme Böses hervorzubringen, nicht als „vernünftig" zu bezeichnen sei. Die Andern dagegen nennen ganz allgemein den Menschen deshalb, weil er eine gute Einsicht übt um das zu tun, was er tun muss, vernünftig. Wenn man sie aber immer wieder in Betreff des Bösen, der eine gute Einsicht hat, das Böse zu tun, fragt, ob sie einen solchen vernünftig nennen, so stocken sie und verneinen es.

Somit lässt sich das, was die Menge mit „vernünftig" bezeichnet, auf den Begriff „klug" zurückführen. Der Begriff „Vernünftigsein" bedeutet aber bei Aristoteles die klare Einsicht um das zu ersinnen, was man an edlen Taten zu rechter Zeit und vorkommenden Falls zu tun hat, im Fall, dass man dazu noch ein tugendhafter Mann ist.

II. Was nun das Wort „Intellect" anbetrifft, welches die Dialectiker häufig in ihrer Rede gebrauchen, wenn sie nämlich von Etwas aussagen: dies gehört zu dem, was die Vernunft bejahen oder was sie verneinen muss, oder zu dem, was die Vernunft annimmt oder nicht annimmt, so bezeichnen sie damit das, was als solches gleich beim ersten Blick allgemein bekannt ist. Das Augenscheinliche, das ja doch allen oder doch den Meisten gemeinsam ist, nennen sie also Intellect. Dies wird klar, wenn man einzeln das, worüber sie miteinander disputiren, oder das, was sie in ihren Büchern niederschrieben, und wobei sie diesen Ausdruck gebrauchen, durchgeht.

III. Unter dem von Aristoteles im Buch vom Beweise gebrauchten Ausdruck „Intellect" versteht derselbe die Kraft der Seele, durch die dem Menschen die Gewissheit der allgemein wahren, richtigen und notwendigen Grundsätze zukommt. Dies gelingt ihm ohne irgend einen Schluss oder ein Nachdenken, allein durch eine Anlage und von Natur, oder schon von Kleinauf, ohne dass er weiss, von woher, oder wie es ihm zukommt.

[41] Diese Kraft ist irgend ein Teil der Seele, dem die erste Erkenntniss zu Teil wird. Dies aber geschieht durchaus weder durch Nachdenken noch durch Betrachtung. Die Gewissheit dieser obersten Grundsätze, deren Eigenschaft die von uns erwähnte ist, und diese Grundsätze selbst bilden die Grundlagen der speculativen Wissenschaften.

IV. Unter dem Wort „Intellect", das Aristoteles im VI. Buch der Ethik anwendet, versteht er den Teil (die Kraft) der Seele, welcher durch die beharrliche Gewöhnung an irgend eine Hauptgattung der Dinge entsteht. Es geschieht dies der Länge der Erfahrung gemäss, welche die Seele von jedem einzelnen Dinge, innerhalb einer Gattung, in der Länge der Zeit gewinnt; nämlich die Gewissheit von Urteilen und Vordersätzen hinsichtlich der auf den Willen bezüglichen Dinge, zu deren Natur es gehört, dass sie entweder erwählt oder gemieden werden.

Diesen Teil der Seele nennt Aristoteles im VI. Buch der Ethik „Klugheit" und die Urteile, welche der Mensch auf diese Weise und in diesem Teil der Seele gewinnt, sind die Principe des mit Klugheit und Überlegung Begabten, sofern es die Weise desselben ist, zu erschliessen, was von den auf den Willen bezüglichen Dingen zu wählen und was zu meiden ist.

Diese Urteile verhalten sich zu dem, was durch die Überlegungskraft erworben wird, wie jene ersten Urteile (Grundsätze), die im Buch vom Beweis erwähnt werden, zu dem, was aus ihnen hervorgebracht (erschlossen) wird. Denn wie die Anhänger der speculativen Wissenschaften aus jenen Anfängen das erschliessen, was von den speculativen Dingen gewusst und nicht ausser Acht gelassen wird, so sind auch diese Principien für den Klugen und Überlegenden in Betreff dessen gültig, was er von den practischen auf den Willen bezüglichen Dingen erschliessen muss.

Diese, im sechsten Buch der Ethik erwähnte Klugheit, nimmt mit dem Menschen zu, so lange er lebt. Diese Urteile gewinnen in ihm Macht und kommen zu allen Zeiten Urteile, welche er früher nicht besass, zu ihnen hinzu. Dann suchen die Menschen sich in diesem Teil der Seele, welchen Aristoteles Klugheit nennt, einander in mannigfacher Weise zu übertreffen.

Wenn dann bei irgend Einem hinsichtlich einer Gattung von Dingen die Urteile vollkommen sind, so ist er für diese Gattung einsichtig. „Einsichtig" bezeichnet also den, dessen Meinung, wenn er etwas anrät, angenommen wird, ohne dass man dafür etwa Beweise verlangt, oder Einwürfe dagegen macht. Sein Rat wird angenommen, wenn er auch keinen Beweis dafür aufstellt. — Daher giebt es denn auch nur selten [42] einen Menschen von dieser Eigenschaft, es sei denn unter den Greisen, weil dieser Teil der Seele einer langen Erfahrung bedarf, die er nur in einer längeren Zeit so erwerben kann, dass er dieser Urteile ganz Herr werde.

5 Die Dialektiker meinen das Wort „Vernunft", welches sie oft im Für und Wider unter sich gebrauchen, habe denselben Sinn als der ist, den Aristoteles in den I Analyticis erwähne. Sie zielen oft darauf hin. Wenn man aber die ersten Prämissen, welche sie gebrauchen, einzeln durch-
10 geht, so findet man, dass sie alle von dem allen gemeinsamen Augenschein hergenommen sind (d. h. von dem, was allen auf den ersten Blick einleuchtet). Sie zielen somit auf etwas andres hin, als was sie wirklich anwenden.

V. Der von Aristoteles im Buch über die Seele erwähnte
15 „Intellect" wird von ihm in vierfacher Weise gebraucht: *a.* als potentieller-, *b.* als actueller-, *c.* als hinzu erworbener-, *d.* als tätiger Intellect (νοῦς ἐν δυνάμει, ἐν ἐνεργείᾳ; νοῦς ἐπίκτητος, ποιητικός).

a. Der potentielle Intellect ist irgend eine Seele, oder der
20 Teil einer Seele, oder eine von den Seelenkräften, oder Etwas, dessen Wesen die Fähigkeit oder die Bereitschaft besitzt, das Was (Wesen) und die Formen von allem, was vorhanden ist, von den Stoffen derselben zu abstrahiren, so dass es diese Formen allesammt ohne die Stoffe zu
25 einer Form für sich macht.

Diese von den Stoffen abstrahirten Formen sind aber nicht von denjenigen ihrer Stoffe, auf denen ihre Existenz beruht, abstrahirt, sie werden eben nur zu Formen an diesem Wesen [1]) (dem potentiellen Intellect). Diese Formen
30 nun, die von den Stoffen abstrahirt sind, und zu Formen in

---

1) Wesen arab. d̲āt bedeutet in dieser Ausführung den potentiellen Intellect.

diesem Wesen werden, das sind die Vernunfterkenntnisse (*oder das Gedachte* [1]).

Somit ist dieser Name für sie von dem Namen dieses Wesens, welches die Formen des Vorhandenen so abstrahirte, dass sie zu Formen für dasselbe wurden, abgeleitet. Dieses Wesen (der potentielle Intellect) ist somit gleichsam ein Stoff, an dem Formen statt haben.

Denkt man sich irgend einen körperlichen Stoff, wie z. B. ein Stück Wachs, und wird dann demselben ein Gepräge so eingeprägt, dass dasselbe und diese Form in Fläche und Tiefe des Wachses so vorhanden ist, und diese Form den ganzen Stoff so umfasst, dass der gesammte Stoff ganz und gar eben diese Form dadurch wird, dass diese Form in ihm sich ausbreitet, so möchte wohl deine Vorstellungskraft nahe daran sein, den Sinn davon zu erfassen, wie die Formen der Dinge in dieses Wesen gelangen, welches gleichsam Stoff und Substrat für diese Form geworden ist, sich aber von den übrigen körperlichen Stoffen unterschiedet. Denn die körperlichen Stoffe nehmen sonst die Formen nur in ihren Flächen nicht aber in ihren Tiefen an, bei diesem Wesen aber besteht seine Eigenart, nicht als ein von den Formen [43] des Gedachten Geschiedenes, so dass sowohl es selbst als die Formen an ihm, beide ein besonderes Was hätten, vielmehr wird dieses Wesen selbst zu diesen Formen.

Dies wäre nun etwa so, wie wenn man sich das Gepräge und die Gestaltung an einem Wachsklumpen als Würfel oder Kreis geformt so vorstellte, dass diese Gestaltung das Wachs ganz durchdringt, sich darin ausbreitet, und dasselbe in Länge, Breite, Tiefe ganz und gar umfasst. Dann

---

[1] alma'kulat τὰ νοούμενα das Gedachte, nur geistig Bestehende, intelligibilia, das Intelligible.

ist dieses Wachs zu dieser Gestaltung selbst geworden, ohne dass eine Scheidung seines Was von dem Was dieser Gestaltung stattfinden könnte.

In dieser Weise muss man es sich klarmachen, wie die Formen des Vorhandenen in dieses Wesen, welches Aristoteles in seinem Buch über die Seele den potentiellen Intellect nennt, gelangen. Derselbe hegte, so lange er als solcher bestand, Nichts von den Formen des Vorhandenen in sich. — So weit also der potentielle Intellect.

b. *Der actuelle Intellect.*

Wenn die Formen des Vorhandenen in der von uns erwähnten Weise dem potentiellen Intellect zugekommen sind, so wird dieses Wesen zum actuellen Intellect und wäre dies somit der Begriff von dem actuellen Intellect. Ferner wird, wenn dem Intellect das Intelligible, was er von den Stoffen abstrahirte, zugekommen ist, dieses Intelligible zum actuell Intelligiblen, während es vorher, ehe es von den Stoffen abstrahirt ward, nur „potentiell Intelligibles" war. Es wird aber, wenn es abstrahirt wird, dadurch zum actuell Intelligiblen, dass es zu Formen für dieses Wesen (den Intellect) wurde. Dieses Wesen ward somit nur durch das actuell Gedachte zum actuellen Intellect. Denn dieses actuell Intelligible und der actuelle Intellect ist an sich ein und dasselbe.

Dann bedeutet also unser Ausspruch: Dieses Wesen ist denkend, nichts andres, als dass das Intelligible zu Formen für dasselbe ward, indem es selbst zu diesen Formen wurde und ist somit der Sinn von den Aussprüchen: Dieses Wesen ist actuell denkend, actuelles Denken, und actuell Gedachtes, ein und derselbe.

Das Intelligible, welches nur potentiell intelligibel war,

bestand, bevor es actuell intelligibel wurde, in Formen an Stoffen, welche ausserhalb der Seele sind. Da es nun aber actuell intelligibel wurde, ist sein Sein, sofern es actuell intelligibel ist, nicht dasselbe, wie es war, als es als Formen in Stoffen bestand. Somit ist sein Sein an sich nicht sein Sein, sofern es actuell intelligibel ward. Denn das Sein des Intelligiblen an sich leistet allem, was sich ihm verbindet, Folge, [44] d. i. einmal dem „Wo", ein andermal dem „Wann", dann wieder dem „eine Lage habend", zuweilen auch dem „Wieviel" und dem „mit körperlichen Qualitäten Qualificirt sein", bisweilen dem „Handeln", bisweilen dem „Leiden". — Wird aber das Intelligible zum actuell Intelligiblen, so werden viele von diesen anderen Kategorieen von ihm hinweggehoben, so dass sein Sein ein andres wird, ein Sein, was nicht jenes Sein war. Denn bei allen diesen Kategorieen, oder doch vielen derselben wird der Begriff derselben in einer anderen Weise als dort aufgefasst. Betrachtet man z. B. bei ihm das unter den Begriff „Wo" Fallende, so findet man bei genauerer Betrachtung entweder gar nichts von den Begriffen des Wo daran, oder aber man muss das Wort „Wo" in einem anderen Sinn verstehn, und wäre somit dieser Begriff in einer andren Weise zu fassen.

Ist nun das Intelligible zum actuell Intelligiblen geworden, so wird es zu einem in der Welt Vorhandenen und rechnet man es somit als Intelligibles zur Gesammtheit des Vorhandenen. Es gehört aber zur Natur von allem Vorhandenen, dass es gedacht werden kann und als Form für dieses Wesen (den Intellect) statt habe. Verhält sich dieses nun so, so hindert nichts, dass das Intelligible, sofern es actuell intelligibel und actuell Intellect ist, ebenfalls gedacht werden könne. Dann ist das, was gedacht wird, nichts andres als das, was actueller Intellect ist. Jedoch ist das, was deshalb, weil irgend ein Intelligibles ihm zur Form geworden war, actueller Intellect wurde, einmal actueller Intellect in Beziehung auf diese Form allein, dagegen potentieller Intellect in Beziehung auf ein andres Intelligibles, was ihm noch nicht actuell zukam. Kommt diesem Intellect aber das zweite Intelligible zu, so wird es actueller Intellect im ersten und zweiten Intelligiblen. Ist derselbe nun actueller Intellect in Beziehung auf alles Intelligible geworden, und ward er dadurch zu einem Vorhandenen, dass er zum actuell Intelligiblen wurde, so denkt er, wenn er das Vorhandene, was actuell Intellect ist, denkt, nicht ein ausser seinem Wesen Vorhandenes, sondern er denkt dann eben nur sein Wesen.

Es ist nun klar dass, wenn er sein Wesen, in sofern dasselbe actueller Intellect ist, denkt, ihm durch das, was er von seinem Wesen denkt, nichts von dem Vorhandenen zukomme, dessen Existenz in seinem Wesen etwas andres als sein Sein, und zwar sein actuell gedachtes Sein, wäre. Besser gesagt: er denkt von seinem Wesen aus Etwas Vorhandenes, dessen Existenz, als Gedachtes, schon als Existenz in seinem Wesen liegt. Dann aber wird dieses Wesen ein actuell [45] Intelligibles, wenn es auch, bevor es gedacht wurde, kein potentiell Intelligibles war. Vielmehr war dasselbe schon ein actuell Gedachtes, nur dass es actuell so gedacht ward, dass sein Sein selbst actuell Intellect und actuell intelligibel war, entgegengesetzt dem, wie sonst diese Dinge zuerst an sich gedacht wurden. Denn diese wurden zuerst so gedacht, dass sie von den Stoffen, worin zuerst ihre Existenz beruhte, abstrahirt wurden, dass sie also nur potentiell gedacht waren, dann aber wurden sie ein zweitesmal gedacht und war ihr Sein nicht jenes frühere Sein.

Vielmehr ist ihr Sein ein von ihren Stoffen getrenntes und zwar sofern sie Formen, die nicht mehr an ihren Stoffen sich befinden, sind, und sie somit actuell Gedachtes geworden sind.

  c. Der erworbene (bespendete) Intellect [1]).

Wenn der actuelle Intellect das Intelligible, welches ja in Formen für ihn in sofern besteht, als sie actuell gedachte sind, denkt, so wird der Intellect, den wir früher als actuell bezeichneten, jetzt zum erworbenen Intellect. Wenn es nun hier Vorhandenes giebt, welches in Formen, die weder an Stoffen sind, noch je an ihnen waren, besteht, so werden dieselben, wenn sie gedacht werden, zu Etwas Vorhandenem d. h. sie sind von gedachter Existenz. Sie hatten dieselbe schon, bevor sie gedacht wurden. Denn unser Ausspruch: dass Etwas zum ersten Mal gedacht wurde, bedeutet, dass die in Stoffen befindlichen Formen von ihren Stoffen abstrahirt und zu einem anderen Sein, als das frühere war, wurden.

Wenn es nun hier Dinge giebt, die in stofflosen Formen bestehn, so braucht dieses Wesen (d. h. der Intellect) diese gar nicht erst von den Stoffen zu abstrahiren, vielmehr findet er sie abstract vor, und so erfasst er sie ebenso wie sein Wesen, sofern dieses actueller Intellect ist, das Intelligible stofflos erfasst und es denkt. So wird denn die Existenz desselben, sofern jene (Formen) intelligible sind, zu einem zweiten Intellect und verstehen wir darunter die Existenz (der Intelligiblen) die sie schon hatten, bevor sie durch diesen Intellect gedacht wurden. Grade dies muss man darunter verstehn, wenn es heisst bei dem,

---

1) νοῦς ἐπίκτητος. Der dazu erworbene Intellect ar. mustafād beschenkt, bespendet.

was aus stofflosen Formen besteht, ist, wenn es gedacht wird, seine Existenz an sich ganz dieselbe wie seine Existenz ist, während jene nur von uns gedacht werden.

Der Ausspruch: das, was von uns aus actueller Intellect ist, und der Ausspruch: das, was in uns actueller Intellect ist, ist ein und derselbe und bezeichnet diese Formen, welche nicht in ihren Stoffen sind und nie in ihnen waren. Denn in derselben Weise wie wir in Betreff dessen, was in uns actuell Intellect ist, sagen, dass es in uns sei, muss man auch von diesen Formen sagen, dass sie in der Welt sind.

Diese Formen nun [46] können vollständig nur dann gedacht werden, wenn alles Intelligible, oder doch das meiste davon actuell Gedachtes geworden ist und der erworbene Intellect entstand. Dann sind diese Formen gedachte, und wurden sie alle zu Formen für den Intellect, sofern dieser eben der erworbene Intellect ist.

Der erworbene Intellect ist also gleichsam Substrat für jene Formen und wird derselbe gleichsam zur Form für den actuellen Intellect und ist dieser letztere somit gleichsam Substrat und Stoff für den erworbenen Intellect.

Der actuelle Intellect ist aber wiederum Form für dieses Wesen (den potentiellen Intellect) und dieses Wesen wie ein Stoff für jenen.

Hierbei beginnen nun die Formen zu den leiblichen stofflichen herabzusinken, während sie vordem sich allmählich erhoben, bis sie sich langsam von den Stoffen trennten, und dem Immateriellen, mit einander wetteifernd, zustrebten.

Wetteifern aber die Formen, welche überhaupt nie in einem Stoff waren, noch überhaupt darin sind, mit einander in Vollkommenheit und Immaterialität, so haben sie eine Ordnung im Sein und wird in dieser Weise das Vollkommnere eine Form für das Geringere, bis man zu dem Geringeren gelangt. Dies wäre nun der erworbene Intellect. Dann hören die Formen nicht auf herabzusinken, bis sie zu diesem Wesen und dem was noch darunter an seelischen Kräften steht, gelangen, dann kommen sie hierauf zu der Natur und sinken sie immer weiter herab, bis sie zu den Formen der Elemente, welche ja die niedrigste Form im Sein ist, gelangen. Auch ist das Substrat derselben das geringste aller Substrate nämlich der Urstoff.

Erheben sich aber die Formen stufenweise von dem Urstoff, so gelangen sie zu der Natur, welche aus der körperlichen Formen in hylischen Stoffen besteht, bis sie zu diesem Wesen und darüber hinaus gelangen, und zuletzt zu dem erworbenen Intellect kommen, d. h. zu dem, was den Sternen und der Grenze, bis zu welcher die Dinge, die mit der Materie und dem Stoff in Beziehung stehn, gelangen, ähnlich ist.

Erheben sie sich von hier aus weiter bis zur ersten Stufe des immateriell Vorhandenen, so ist diese erste Stufe die Stufe des taetigen Intellects.

d. Der taetige (schaffende) Intellect [1]).

Den schaffenden Intellect erwähnt Aristoteles im dritten Abschnitt seines Buchs über die Seele: Er ist eine immaterielle Form, die nie im Stoffe war, noch darin ist. Derselbe ist in einer gewissen Art actueller Intellect und hat grosse Aehnlichkeit mit dem erworbenen Intellect. Er ist's, der dieses Wesen, [47] welches potentieller Intellect war, zum actuellen, und das potentiell Intelligible zum actuell Intelligiblen machte. Der taetige Intellect steht

---

1) al'akl al-fa''āl νοῦς ποιητικός schaffende-taetige Intellect.

steht zum potentiellen in demselben Verhältniss wie die Sonne zum Auge, welches ja doch, so lange es in der Finsterniss weilt, nur potentiell blicken kann. Der Begriff von Finsterniss ist der von der potentiellen, jedoch mangelnden actuellen Durchsichtigkeit. Durchsichtigkeit bedeutet aber Beleuchtung von einem leuchtenden Gegenüber her. Kommt der Strahl dem Auge, der Luft oder dergartigen zu, so wird das Auge dadurch actuell sehend und werden die Farben actuell geschaut.

Noch mehr. Wir behaupten, dass das Auge nicht nur dadurch actuell sehend wurde, dass der Strahl und die actuelle Durchsichtigkeit ihm zukam, sondern vielmehr deshalb, weil, wenn ihm die actuelle Durchsichtigkeit zukam, die Formen des Geschauten in ihm statt hatten und grade dadurch, dass die Formen des Geschauten ihm zukamen, das Auge actuell sehend wurde.

Weil nun das Auge schon vorher mit den Sonnen- und andren Strahlen in Verbindung stand, wenn es actuell sehfähig und auch die es berührende Luft actuell durchsichtig ist, so wird dann das potentiell Erschaute (das Erschaubare) zum actuell Erschauten.

Somit ist das Princip, wodurch der Blick actuell sehend ward, nachdem er doch vorher nur potentiell sehend war, und das wodurch das Geschaute, welches nur potentiell erschaubar war, zum wirklich Geschauten wurde, jene Sehfähigkeit (Durchsichtigkeit), die dem Blick von der Sonne her zukommt.

In dieser Weise nun kommt jenem Wesen, dem potentiellen Intellect, etwas zu, das sich ebenso zu ihm verhält, wie die actuelle Sehfähigkeit zum Blick. Dies aber wird ihm von dem taetigen Intellect verliehn, und wird dieser somit zu einem Princip, wodurch das Gedachte, welches nur potentiell bestand, zu seinem actuell Gedachten wurde. Grade so wie die Sonne das Auge actuell sehend und das Geschaute zum actuell Geschauten dadurch macht, dass es ihm Strahlen verleiht, ebenso macht auch der taetige Intellect den potentiellen Intellect zum actuellen dadurch, dass er ihm von diesem Princip etwas verleiht und wird hierdurch erst das Intelligible zum actuell Intelligiblen. Der taetige Intellect ist somit eine Art vom erworbenen Intellect.

Die Formen des Vorhandenen in ihm hörten nimmer auf, noch werden sie je aufhören. Jedoch ist ihr Sein in ihm in einer anderen Ordnung, als die ist, in welcher dieselben im actuellen Intellect sich vorfinden. Dann im actuellen Intellect ordnet sich das Geringere meist so, [48] dass es dem Erhabeneren voraufgeht, (wir erfassen es) ehe wir zu den Dingen von vollkommener Existenz aufsteigen. Meistens steigen wir auch bei den Dingen vom defectesten Sein, so wie dies in dem Buch vom Beweis klargestelt ist, auf, da wir uns von dem, was bei uns das Bekannteste ist, zu dem, was unbekannt ist, erheben. Das, was an sich vom vollkommensten Sein ist, ist aber für uns das Unbekannteste, d. h. unsere Unkenntniss davon ist die stärkste.

Deshalb werden wir zu der Behauptung gedrängt, dass die Ordnung des Vorhandenen beim actuellen Intellect sich umgekehrt verhält, wie beim tätigen Intellect. Denn der tätige Intellect denkt zuerst immer das Vollkommenste des Vorhandenen. Denn die Formen, welche jetzt an den Stoffen haften, sind im tätigen Intellect zwar abstracte, jedoch nicht so, dass sie in Stoffen sich vorgefunden hätten und dann abstrahirt wurden, sondern so, dass diese Formen stets in ihm bestanden. Sie wurden nur im Reich des Urstoffs und der übrigen Stoffe dadurch mit jenen zu eins, dass die Stoffe mit den Formen, die im taetigen Intellect waren, begabt wurden.

Das Vorhandene aber, dessen Hervorrufung, so wie wir dies meinen, als erstes Ziel vorlag, das bestand eben in diesen Formen, nur dass, da ihre Schaffung hier nur in den Stoffen stattfinden konnte, diese Stoffe und diese Formen im taetigen Intellect ungetrennt waren, in den Stoffen aber getrennt wurden.

Es ist unleugbar, dass der taetige Intellect unteilbar ist, oder dass sein Wesen in unteilbaren Dingen besteht. Er verlieh dem Stoff die Abbilder von dem, was in seiner Substanz lag, aber der Stoff konnte diese nur als geteilte annehmen. Das hat Aristoteles auch im Buch von der Seele dargetan [1]).

Nun wird man fragen, weshalb, da die Formen doch ohne Stoff sein können, sie dennoch mit ihm verbunden sind und weshalb sie die vollendetere Natur verlieren und der unvollendeteren sich anpassen.

Antwortet man: Dies geschehe, damit der Stoff eine vollendetere Natur erlange, so würde daraus notwendig folgen, dass die Formen nur des Stoffes wegen existiren. Das würde aber der Ansicht des Aristoteles widersprechen.

Man kann nun sagen: Alle diese Formen existiren im taetigen Intellect nur „potentiell". Dies „potentiell" ist aber nicht so aufzufassen, dass der taetige Intellect nur mit der Kraft begabt sei, die Formen in sich aufzunehmen, welche

---

[1]) Hier endet in den beiden von mir benutzten arabischen Handschriften diese offenbar unvollendete Abhandlung. Wir geben die Ergänzung aus der Dissertation von Rosenstein: De intellectu intellectisque 1858, Breslau. Obwohl die hebraeischen Uebersetzungen vielfach vom arab. Orginal abweichen, möchte doch der ganze Gang der Abhandlung aus diesem, jener Dissertation entnommenen Excerpt, erkennbar sein.

ihm später erst innewohnen; sondern wir bezeichnen hier mit „potentiell", dass der taetige Intellect die Formen dem Stoff einpräge, d. h. er hege die Fähigkeit in sich die Formen dem Stoff zuzuteilen.

Nachdem er aber die Formen dem Stoff verliehn, bemüht er sich nach der zwischen ihnen herrschenden Lage, das Getrennte zusammen und einander nah zu bringen, sodass dieselben dem erworbenen Intellect, in welchem die menschliche Natur enthalten ist, zukommen, d. h. dass der Mensch in allem, was seine Natur herstellt, dem taetigen Intellect möglichst nahe steht. Hierin beruht denn auch das höchste Glück des Menschen und das himmlische Leben und wird hierdurch die höchste Vollendung und das Erhabenste, was seine Natur ausmacht, erreicht; d. h. das Denken desselben ist stets mit dem beschäftigt, was die höchste Vollendung bewirkt, und das ist das himmlische Leben. Denn das Denken beschäftigt sich hier nur mit dem, was in seiner Natur liegt und geht das Streben desselben nur dahin, sich selbst, seine eigne Natur, sein Wollen und Tun und das Eine (Sein) zu erfassen. Dazu aber bedarf dasselbe weder eines materiellen Substrats als Körper, noch eines materiellen Beistands, noch eines körperlichen Instruments.

Der niedrigste Zustand des Intellects ist der, dass der Intellect zu seiner Existenz des Körpers, gleichsam als eines Stoffes, bedarf und er nichts andres ist als die Form des Körpers oder überhaupt ein Körper. Im höheren Zustand aber verlangt er zu seinem Sein keinen Stoff, sondern nur die körperlichen Kräfte zum tun und handeln, d. h. die Sinne, die Vorstellungskraft und dergleichen. Dagegen ist der höchste Zustand desselben der, von dem wir oben gehandelt haben.

Dass es einen taetigen Intellect gebe, erwähnt Aristoteles im Buch von der Seele. Derselbe scheint aber nicht immerfort in Taetigkeit zu sein, sondern einmal ist er handelnd, ein andermal nicht. Die Unterbrechung des Handelns beweist aber notwendig einen Wandel des Zustands, sodass er von einem Zustand zum andern übergeht.

Wenn dies nun in der Weise stattfände, dass der Intellect seine höchste Vollendung nicht immer zeigte, so würde diese Wandlung nicht die Zustände treffen, sondern eine Aendrung der Natur sein; da ja grade die höchste Vollendung die Natur desselben ausmacht. Dann wäre derselbe einmal potentiell, ein andermal actuell und da wo er nur potentiell ist, wäre der Stoff actuell. Oben haben wir aber bewiesen, dass der taetige Intellect nie mit dem Stoff verbunden sei, und würde daraus hervorgehn, dass er immer, selbst wenn er in der höchsten Vollendung ist, doch notwendig von einem Zustand zum andern übergehn müsse.

Deshalb kann dieser Mangel nicht von seiner Natur herrühren, vielmehr wäre er darin zu suchen, dass der Intellect nicht immer die passenden Dinge vorfindet, um daran seine Taetigkeit auszuüben, sofern nämlich der Stoff das nicht hergiebt, was gewissen Formen als Substrat dienen könnte, oder aber es sind beide Ursachen da vorhanden.

Durch diese Ausführung wird klar, dass der taetige Intellect keineswegs für das Princip aller vorhandenen Dinge gelten kann, denn er bedarf ja zu seiner Action einmal, dass ein Stoff da sei und dann, dass ein Hinderniss fehle, und liegen somit in seiner Natur nicht genug Kräfte vor, um alle Dinge zu vollendeten zu machen und kann er viele Naturdinge somit nicht zur Vollendung bringen.

Dieser Mangel seiner Natur beweist aber, dass der taetige

Intellect von einem anderen Urheber ausser ihm abhänge, und muss daher ein höheres Princip und eine andre Sache dasein, welche dem taetigen Intellect in der Weise dadurch zu Hülfe kommen, dass sie ihm den Stoff, um daran zu schaffen, darbieten. Es ist nun klar, dass das, worüber der taetige Intellect Gewalt hat, entweder aus Körpern, oder aus Körperkräften besteht, welche zeitlich entstehn und vergehn. Im Buch des Aristoteles vom Entstehn und Vergehn ist's zur Genüge bewiesen, dass die ursprünglichen auf diese Körper wirkenden Principe, welche dem taetigen Intellect Stoff und Substrat zum Schaffen darbieten, die himmlischen Körper sind.

Jeder Himmelskörper wird aber von einem Beweger bewegt, welcher weder ein Körper noch eine körperliche Kraft ist, und dieser ist dann Ursache für ihn, und das, was demselben eigen ist. Es steht dieser Beweger zu jenen Himmelskörpern in einer solchen Beziehung, dass er als Ursache derselben erfasst wird.

Für die Himmelskörper wie die Meteore, (Kometen, Feuerkugeln), ist die erste Sphäre (Mondsphäre) der vollkommenste Beweger; für die anderen (Sphären) aber ist der Beweger des ersten Himmels der vollkommenste Beweger.

Des Beweger des ersten Himmels hegt somit das Princip zweier verschiedenen Naturen in sich.

Denn auch die erste Sphäre, die entweder körperlich ist, oder doch auf Körper übergeht, stützt sich auf diesen Beweger, der doch als Beweger der Fisterne weder körperlich sein, noch je aus dem Körper hervorgegangen sein kann. Diese beiden verschiedenen Naturen können somit nicht auf einem und demselben Princip beruhn, sie müssen vielmehr sich auf zwei stützen.

Von diesen zwei Principen ist das Eine vollendeter,

weil es nicht körperlich ist, und richtet es sich nach einer vollendeteren Ursache; das andre dagegen, weil körperlich, ist weniger vollendet und richtet sich nach einer geringeren Ursache. Somit besteht die Natur des Urbewegers aus zwei Naturen und muss derselbe in beiden in derselben Weise zugegen sein.

Es ist also keine Ursache da, woraus man seine Doppelnatur herleiten könnte und kann es deshalb nicht sein, dass der Beweger des ersten Himmels das höchste Princip von allen sei, er bedarf noch eines andren Princips, das wirklich noch von höherer Natur als er selbst ist.

Weil nun der Beweger des ersten Himmels weder im Stoff ist, noch mit demselben sich abgibt, folgt notwendig: derselbe ist ein Intellect, welcher sowohl sich selbst als auch das Princip seiner Natur erkennt.

Es ist also klar, dass ihm, weil er das Princip seiner Natur erkennt, eine höhere Natur zwar inne wohnt, seine eigne Natur aber viel geringer ist und dass, weil er seine Natur in zwei Principe teilt, ausser diesen beiden nichts andres angenommen zu werden braucht.

VI. Das Princip, von welchem der Beweger des ersten Himmels seine Natur empfängt, ist notwendig durchaus einfach und kann Nichts vollkommneres als es gefunden werden, auch kann dies Princip nicht noch ein andres Princip haben. Deshalb ist dasselbe für den Anfang aller Principe und den Ursprung aller Dinge zu halten. Dies ist nun der Intellect, den Aristoteles in seiner Metaphysik erwähnt.

Während Jedes von dem von uns hier Behandelten Intellect heisst, wird dieses Letztere erster Intellect und Ursprung von allem, was da ist, genannt, auch Erstes Seiende, erstes Eine, erstes Wahre.

Die anderen aber wurden nur durch dieses Princip zu Intellecten und zwar in der von uns erwähnten Ordnung.

Das aber, was über das Gesagte hinausgeht, zu berühren ist nicht unsere Sache.

Vollendet ist das Buch über den Intellect und das Intelligible, Preis ihm, dem Anfang aller Principe, der über alles hoch erhaben ist.

IV.

ABHANDLUNG DES ABU NAṢR ÜBER DIE NOTWENDIGEN VORSTUDIEN DER PHILOSOPHIE.

[**49**] Abu Naṣr al-Fārābī sagt:

Neun Dinge sind es, die man wissen und erkennen muss, bevor man die von Aristoteles herstammende Philosophie studieren kann.

I. Die Namen der Schulen, welche in der Philosophie erstanden.

II. Die Erkenntniss von der Tendenz eines jeden seiner Bücher.

III. Die Erkenntniss der Wissenschaft, mit der das Studium der Philosophie begonnen werden muss.

IV Die Erkenntniss von dem beim Studium der Philosophie anstrebten Endziel.

V. Die Erkenntniss der Methode, welche der Philosophie-Studirende befolgen muss.

VI. Die Erkenntniss von der Redeweise, welche Aristoteles in jedem einzelnen seiner Bücher anwendet.

VII. Die Erkenntniss von der Ursache, welche Aristoteles dazu trieb in seinen Büchern schwerverständliche Worte anzuwenden.

VIII. Die Erkenntniss von dem Zustand, in welchem sich der mit der Philosophie Betraute befinden muss.

IX. Die Dinge, deren der die Kenntniss der aristotelische Bücher Erstrebende bedarf.

I. Die Namen der in der Philosophie bestehenden Schulen sind von siebenerlei abgeleitet:
- *a.* vom Namen des Mannes, der die Philosophie lehrte
- *b.* vom Namen der Stadt, aus welcher dieser Lehrer hervorging;
- *c.* vom Namen des Orts, an dem derselbe lehrte;
- *d.* von der Lebensordnung, die er befolgte;
- *e.* von den Ansichten, welche seine Anhänger von der Philosophie hegten;
- *f.* von den Ansichten, welche die Anhänger von dem Endziel hegten, dem man beim Studium der Philosophie zustreben müsse;
- *g.* von den Handlungen, welche sie beim Studium der Philosophie ausführten.

a. Eine Schule, die nach dem Namen des Lehrers der Philosophie benannt wurde, ist die Schule des Pythagoras.

b. Eine Schule, welche nach dem Namen der Stadt, aus welcher der Philosoph herstammte, genannt wurde, [50] ist die des Aristipp, welcher aus Kyrene stammte.

c. Eine Schule, welche von dem Ort, in welchem die Philosophie gelehrt ward, benannt wurde, ist die Schule des Chrysippus, d. h. die Stoïker. Sie wurden also genannt, weil ihre Belehrung im Säulengang des Tempel von Athen stattfand.

d. Eine Schule, welche nach der Lebensordnung ihrer Bekenner und ihren Sitten benannt ward, ist die Schule der Anhänger des Diogenes. Sie waren bekannt unter dem Namen „die Hunde". Denn sie erstrebten die Verwerfung der in den Staaten für die Menschen festgesetzten Ordnungen, so wie auch die Verwerfung der Liebe zu den Verwandten und Brüdern; sie hassten alle andren Menschen. Diese Eigentümlichkeit findet sich aber nur bei den Hunden.

e. Eine Schule, die nach den Ansichten ihrer Anhänger über die Philosophie benannt wird, ist die, welche auf Pyrrhon und dessen Anhänger bezogen wird. Diese Schule heisst die Hindernde, denn sie meinten, man müsse die Leute von der Wissenschaft zurückhalten (Skeptiker).

f. Eine nach den Ansichten ihrer Anhänger über das in der Philosophie erstrebte Endziel benannte Schule, ist die, welche auf Epikur und seine Genossen bezogen wurd. Denn sie heisst die Schule der Lust; und zwar deshalb, weil diese Leute meinten, das in der Philosophie zu erstrebende Endziel sei die Lust, als Folge von der Kenntniss der Philosophie.

g. Eine Schule, die sich nach dem Tun, welches von ihren Anhängern ausgeführt wurde, benennt, ist die der Peripatetiker (Gänger). Dies sind die Anhänger des Aristoteles und Plato. Denn diese Beiden belehrten die Schüler, während sie umher gingen, damit die Leibes- und Seelenübung zugleich stattfinde.

II. Die Bücher des Aristoteles sind entweder particuläre, d. h. es wird in ihnen nur ein Gegenstand behandelt, oder universale, oder endlich solche, die zwischen beiden stehn.

Die particulären Werke desselben sind seine Sendschreiben.

Von den universalen, enthalten die Einen Commentare (Gedenkbücher $\upsilon\pi o\mu\nu\acute{\eta}\mu\alpha\tau\alpha$), bei deren Lesung man an das, was von seiner Lehre bekannt ist, erinnert wird; andere lehren die Philosophie als z. T. specielle, z. T. universale.

Die Speciellen seiner Bücher lehren z. T. die Wissenschaft der Philosophie, z. T. die Ausübung derselben. Aus anderen lernt man die Theologie, aus anderen die Physik und aus noch anderen die Mathematik.

Von den Büchern, welche die Physik lehren, lernt man aus einigen das, was allen Naturdingen allgemein eigen ist, aus anderen aber das, was einem jeden der Naturdinge speciell eigen ist, [51] kennen.

Das Buch aber, aus dem man das allen Naturdingen Gemeinsame kennen lernt, ist sein Buch „das Vernehmen der Natur" (ἡ φυσικὴ ἀκρόασις). — Denn er lehrt hier die Erkenntniss der Principien, die allen Dingen eigen sind, ferner die Erkenntniss der Dinge, die einen Anhang dazu bilden; endlich die Erkenntniss der Dinge, welche an Stelle dieses Anhangs treten.

Die Anfänge werden gebildet aus Grundstoff und Form, sowie aus dem, was diesen Principien zwar ähnlich, aber nicht wirklich gleich, sondern nur nahezu so ist.

Den Anhang an diese Anfänge bilden Zeit und Raum, das dem Anhang aber Ähnliche besteht in dem Leeren und dem Unbegrenzten.

Die Bücher ferner, aus denen man das, was jedem einzelnen Naturding speciell eigen ist, erkennt, lehren z. T. die Erkenntniss der Dinge, welche nicht dem Werden unterworfen sind, z. T. aber lehren sie die Erkenntniss des Gewordenen. Bei dem, was dem Werden nicht unterworfen ist, ist das Wissen derselben z. T. allen allgemein, z. T. allen speciell.

In dem Gewordenen erkennt man überall Verwandlung und Bewegung. Die Verwandlung aber wird erkannt aus seinem Buche Entstehn und Vergehn, die Bewegung aber aus den beiden letzten Capiteln seines Buchs über den Himmel.

In Betreff dessen, was einem jeden einzelnen derselben eigen ist, so giebt es solches, was dem Einfachen und solches, was dem Zusammengesetzten eigen ist. Das den einfachen Naturdingen Eigenthümliche erkennt man aus seinem Buche über die Meteore. Von dem aber, was dem

Zusammengesetzten eigentümlich ist, ist einiges universal, anderes partial. Das Universale wird aus seinem Buch über die Tiere und Pflanzen, das partiale aber aus seinem Buch über die Seele und dem von den Sinnen und dem sinn-
5 lich Wahrgenommenen erkannt. Seine Bücher, welche die mathematischen Wissenschaften behandeln, sind das Buch über die Sehobjecte, das über die Linien und das über die Mechanik.

Die Bücher des Aristoteles über die practische Anwen-
10 dung der Philosophie lehren z. T. die gute Herstellung der Sitten, aus anderen aber lernt man die Verwaltung der Städte, aus noch anderen die des Hauses kennen.

Von den Büchern, aus denen man den in der Philosophie angewandten Beweis lernt, studirt man die Einen
15 vor der Lehre vom Beweis, aus Andern dagegen lernt man den Beweis, noch andre aber muss man erst nach der Kenntniss vom Beweis lesen. Vor der Erlernung des Beweises [52] muss man aus einigen seiner Werke die Teile des Schlusses, welche einen richtigen Beweis ergeben, ken-
20 nen lernen; aus anderen seiner Bücher lernt man dann die Teile der im Beweis anzuwendenden Vordersätze kennen. Die den richtigen Beweis ergebenden Teile des Schlusses findet man in seinem Bariminias ($\pi\epsilon\rho\grave{\iota}$ $\dot{\epsilon}\rho\mu\eta\nu\epsilon\acute{\iota}\alpha\varsigma$). Die Teile des Vordersatzes aber, welche beim Beweis angewandt
25 werden, sind in seinem Buch von der Definition, welches die Kategorien heisst, enthalten.

Der Beweis wird in seinem Buch über den Beweis gelehrt. Einige Teile dieses Buchs lehren die Figur des Beweises, aus anderen Teilen desselben lernt man die Grund-
30 bestandteile, aus welchen der Beweis hervorgeht, kennen. Die Figur des Beweises lernt man aus seinem Buch über die Analogie, den sogenannten Analyticis; die Grundbe-

standteile desselben sind unter dem Namen „die Apodeictica" in seinem Buch „der Beweis" enthalten.

Die Bücher aber, welche man nach der Lehre vom Beweis lesen muss, sind die, welche zwischen dem richtigen und falschen Beweis unterscheiden.

Einige dieser Beweise sind gradezu falsch, andre aber gemischt (aus falsch und wahr). Den gradezu falschen Beweis lernt man aus seinem Werk über die Dichtkunst (Poëtik) kennen. Unter den gemischten Beweisen giebt es dann solche, bei denen „richtig und falsch" in gleichem Maass möglich ist, bei anderen überwiegt das Falsch das Richtig, bei anderen aber das Richtig das Falsch. Die halb richtigen, halb falschen Beweise lernt man aus seinem Buch über die Redekunst (Rhetorik), die aber, in denen das Falsch dem Richtig unterliegt, aus seinem Buch über das Disputable (die Topik) kennen; die Beweise aber, bei denen das Falsch das Richtig überwiegt sind aus seinem Buch von der Kunst der Sophisten (Sophistik) zu ersehen.

III. Als die Wisschenschaft, mit der man das Studium der Philosophie einleiten muss, betrachten die Platoniker die Mathematik. Sie berufen sich hierfür auf Plato, denn der hätte über die Thür seines Hauses geschrieben: wer kein Mathematiker ist, gehe nicht ein zu uns." Dies deshalb weil die in der Mathematik angewandten Beweise die richtigsten aller Beweise seien.

Die Anhänger des Theophrast dagegen meinen, man müsse mit der Ethik beginnen, denn der, welcher die Anlagen seiner Seele nicht wohl hergestellt habe, könne keine rechte Wissenschaft treiben. Dies bezeuge auch Plato mit seinem Ausspruch: nur wer rein und lauter ist, nahe sich dem Reinen, Lauteren. Dasselbe lehre auch Hippokrat, wenn er sagt: Die nicht reinen Leiber mehrst du, wenn du sie nährst, am Übel.

Boethus [53] aber aus Sidon meint, man müsse mit dem Studium der Naturwissenschaften beginnen, denn sie wären am leichtesten zu erfassen, sie lägen am nächsten, auch wären sie für uns die gewöhnlichsten.

Andronikus aber, sein Schüler, meint, man müsse mit der Logik beginnen. Denn sie wäre das Instrument, womit man bei allen Dingen prüfen könne, ob sie wahr oder falsch seien.

Keine von diesen Ansichten ist zu verwerfen, denn vor dem Studium der Philosophie, muss man die Anlagen der sinnlichen Seele so schulen, dass dieselbe nur für die Tugend, welche in Wahrheit Tugend ist, Begierde habe, nicht aber für die Tugend, welche man etwa nur für eine solche hält, wie die Lust, Liebe, Herrschsucht. Dies aber ist nur durch Herstellung des Charakters möglich und nicht mit blossen Worten, sondern auch durch Taten. Darauf erst kommt die vernünftige Seele in die richtige Verfassung, so dass sie die richtige Methode, bei der man vor Fehler und Irrtum sicher ist, erkennt. Dies letztere geschieht durch die Übung in der Wissenschaft vom Beweise.

Der Beweis aber zerfällt in zwei Arten, den mathematischen und den logischen. Also muss man zuerst von der Mathematik so viel erlernen, als man zur Übung des mathematischen Beweises gebraucht, dann erst übe man sich in der Wissenschaft der Logik.

IV. Das Endziel aber, das man beim philosophischen Studium erstrebt, ist die Erkenntniss vom erhabenen Schöpfer, dass nämlich derselbe Einer sei, sich nicht bewege, dass er die schaffende Ursache für alle Dinge ist, und diese Welt in seiner Güte, Weisheit und Gerechtigkeit ordne. Die Tätigkeit aber, welche der Philosoph ausübt, ist die Verähnlichung mit dem Schöpfer, soweit dies die menschlichen Fähigkeiten gestatten.

V. Der Weg, welchen der der Philosophie Beflissene einschlagen muss, ist das Streben zum rechten Tun und die Erreichung des Endziels. Das Streben zum Tun findet durch die Wissenschaft statt. Denn die Vollendung des Wissens ist die Tat. Die Erreichung des Endziels in der Wissenschaft wiederum findet nur durch die Erkenntniss der Natur statt, denn diese liegt unserem Verständniss zunächst, dann folgt die Mathematik. Das Endziel wird im Handeln zunächst dadurch erreicht, dass der Mensch zuerst sich selbst wohl herstelle, dann aber die Andern, die in seinem Hause oder seiner Stadt wohnen, schule.

VI. Die Redeweise, welche Aristoteles in seinen Büchern anwendet, zerfällt in drei Arten [54]. In seinen Specialwerken ist seine Rede kurz und ohne Abschnitte. In seinen Commentaren, aber wendet er eine sehr verschlossene und dunkle Redeweise an; in seinen Briefen endlich befolgt er die Grundregel, welche man in Sendschreiben anzuwenden hat. Seine Rede ist hier bei aller Kürze klar.

VII. Aus drei Gründen gebraucht er die dunkle Redeweise. Einmal um die Natur des Schüler zu prüfen, ob derselbe zur Belehrung tauglich ist, oder nicht; zweitens um die Philosophie nicht aller Welt, sondern nur dem Würdigen mitzuteilen; drittens um das Nachdenken durch mühevolles Studium zu üben.

VIII. Derjenige, von dem man die aristotelische Wissenschaft erlernen will, muss, wie schon vorher angegeben ist, in seiner Seele so beschaffen sein, dass er die Eigenschaften seiner sinnlichen Seele geläutert hat, so dass seine Begierde nur der Wahrheit, nicht aber der Lust gilt. Dabei muss er die Kraft der vernünftigen Seele wohl hergerichtet haben, so dass sein Wille lauter ist. Zu Aristoteles aber darf seine Liebe nicht so gross sein, dass dies ihn dazu brächte, ihn der Wahrheit vorzuziehn, auch darf er ihn nicht so hassen, dass er ihm fälschlich etwas aufbürde. In Betreff des Lehrers aber gilt die Norm, dass er weder eine grosse Herrschsucht, noch übergrosse Demut zeige. Denn die starke Herrschsucht treibt den Schüler zum Hass gegen seinen Lehrer, nimmt er aber an ihm eine zu grosse Unterwürfigkeit wahr, so bringt ihn das dazu den Lehrer gering zu schätzen und ihm und seiner Lehre gegenüber träge zu werden. Der Schüler bedarf aber eines grossen Eifers und grosser Ausdauer, denn es heisst ja „Der stete Tropfen höhlt den Stein aus."

Ferner darf er sich mit dem Unwissenschaftlichen nur wenig beschäftigen, denn die Beschäftigung mit vielen verschiedenen Dingen bringt den Mann ausser Reih und Ordnung. In Betreff der Lebensdauer aber gilt, dass, wenn Hippokrat lehrt, dass durch die richtige Behandlung des Körper das Leben verlängert werde, so gelte dies noch mehr bei der Pflege der Seele.

IX. Von dem, was man notwendig kennen muss, ist das Erste die Tendenz im Buch der Logik; zweitens der Nutzen ihrer Wissenschaft; drittens muss man wissen, warum Aristoteles seine Bücher grade so betitelte; viertens, ihre Integrität; fünftens die Stufenreihe derselben; sechstens die Kenntniss von der in seinen Büchern angewandten Redeweise; siebentens [55], die einzelnen Teile seiner Bücher.

Der Schluss besteht aber in zweierlei: erstens in den Vordersätzen, durch welche der Schluss stattfindet; zweitens der Figur, nach der er sich bildet. Die Kenntniss hierüber nimmt man aus dem Buch „Analytika". Die Vordersätze bestehn aus den Terminis (Begriffen). Die Figuren bilden das Ende von den Teilen der Rede.

Von den Arten der einfachen Dinge, auf welche zuletzt die Rede ausläuft giebt es zehn. Jede einzelne derselben führt auf eine der Arten (der Dinge). Diese entnimmt man aus dem aristotelischen Buch „die Kategorien". Die Figuren der Vordersätze sind seinem Buch Bariminias und die Vordersätze des Schlusses seinem Buch vom Beweis zu entnehmen. Diese Bücher muss man vor der Logik lesen, denn sie treiben dazu an den Grund zu erkennen, warum ein jedes dieser Bücher so bezeichnet wird. Dann bleibt noch übrig die Capitel kennen zu lernen, in welche ein jedes seiner Bücher geteilt wird, und ist die Kenntniss davon zum Studium der einzelnen Werke notwendig.

V.

DIE HAUPTFRAGEN VON ABU NAṢR ALFĀRĀBĪ.

[56] I. Das Wissen zerfällt in: *a*. allgemeine Vorstellungen, d. i. wenn man sich etwa die Sonne, den Mond, den Intellect und die Seele vorstellt und in *b*. Vorstellungen mit Bestätigung, so, wenn man sich vergewissert, dass
5 der Himmel aus Sphären, eine in der andern, besteht; oder auch dass man dabei erkenne, dass die Welt zeitlich geschaffen sei.

Zu den Vorstellungen aber, die nur durch eine andre voraufgegangene Vorstellung vollendet werden, gehört z. B.
10 dass man sich unmöglich einen Körper vorstellen kann, ohne vorher die Vorstellung von Länge, Breite und Tiefe zu haben.

Wenn nun auch eine Vorstellung einer anderen ihr vorhergehenden bedarf, so ist das doch nicht bei jeder Vorstel-
15 lung nötig, vielmehr muss man zuletzt zu einer Vorstellung gelangen, die feststeht, ohne dass eine ihr voraufgehende Vorstellung damit verbunden würde.

Dies gilt vom Sein, dem Notwendigen und dem Möglichen. Diese Vorstellungen verlangen nicht, dass man sich
20 vor ihnen noch Etwas, was sie mit umfasst, denken müsse. Vielmehr sind diese Drei klare, richtige, dem Verstand

angeborene Begriffe. Erstrebt nun Jemand diese Begriffe durch Worte klarzumachen, so ist dies nur eine Anregung für den Verstand, jedoch kann man sie nicht durch Etwas, was klarer als sie selbst wäre, deutlich machen.

II. Unter den Bestätigungen giebt es solche, die man unmöglich erfassen kann, ohne vorher andre Dinge erfasst zu haben. Wollen wir z. B. erkennen, dass die Welt zeitlich geschaffen sei, so müssen wir zuvor die Gewissheit davon haben, dass die Welt zusammengesetzt sei. Alles aber, was zusammengesetzt ist, ist auch zeitlich entstanden. Somit wissen wir denn auch, dass die Welt zeitlich geschaffen sei.

Zweifelsohne läuft zuletzt diese Bestätigung in einer andern aus, der dann weiter keine andre zu ihrer Feststellung vorauf zu gehn braucht.

Das sind nun die im Intellect klar vorliegenden Grundsätze, wie z. B. der, dass von den beiden Teilen eines Gegenteiles immer der Eine wahr, der Andre aber falsch sein muss; oder der, dass das Ganze grösser ist als sein Teil.

Die Wissenschaft aber, durch welche wir diese Methoden so kennen lernen, dass sie uns zur Vorstellung der Dinge bringen, sowie sie auch zu deren Bestätigung hinleiten, das ist die Logik. Wir haben nun die Absicht die beiden hier erwähnten Weisen so zu erkennen, dass wir zwischen der vollständigen und mangelhaften Vorstellung, zwischen der sicheren und nur nahezu sicheren, sowie der überwiegenden und zweifelhaften Meinung unterscheiden. Hierbei tritt uns dann aus allen diesen Teilen die vollständige Vorstellung, sowie die sichere Bestätigung, zu der der Zweifel keinen Zugang hat, hervor.

[57] III. So behaupten wir denn: Alles Vorhandene zerfällt in zwei Arten. Bei der ersten Art derselben ist, wenn

man über ihr Wesen nachdenkt, ihr Sein nicht notwendig, d. h. diese Dinge sind von möglicher Existenz. Denkt man aber über das Wesen der zweiten Art nach, so ist das Sein derselben ein notwendiges und sagt man dann: es ist von notwendiger Existenz. Setzen wir das, was von möglicher Existenz ist, als nicht vorhanden, so sagen wir damit nicht notwendiger Weise etwas absurdes, denn dasselbe kann ja zu seiner Existenz einer Ursache nicht entbehren; wird es aber zum notwendig Seienden, so gelangt es durch etwas andres, als es selbst ist, zur notwendigen Existenz.

Hieraus folgt denn mit Notwendigkeit, dass dies zu dem gehört, was seinem Wesen nach stets von möglicher Existenz war, und nur durch etwas Andres zum notwendig Seienden geworden ist.

Diese Möglichkeit ist nun entweder nie aufhörend, oder sie findet zwar zu einer Zeit, nicht aber zu einer andern statt. Das Mögliche kann sich also unmöglich immerfort als Ursache und Wirkung, wie im Kreise, bewegen, vielmehr muss es bei einem an sich Notwendigen auslaufen. Dies Letztere wäre nun das erste Vorhandene.

IV. Setzt man aber das notwendig Seiende als nicht vorhanden, so ist dies notwendig absurd. Denn das Sein desselben hat keine Ursache, auch kann dasselbe sein Sein nicht durch Etwas andres haben. Es ist vielmehr die erste Ursache für das Sein der Dinge und muss notwendig sein Sein das erste Sein sein. Man muss sich dasselbe als in jeder Weise frei von Mangel denken. Sein Sein ist somit ein vollständiges. Auch muss notwendig sein Sein das vollkommenste und ein von den Ursachen freies sein, nämlich von der Materie, der Form, dem Schaffen und dem Endziel.

V. Dies Sein hat auch kein Was, wie der Körper ein

solches hat. Sagt man von diesem, er sei vorhanden, so ist der Begriff „Vorhanden" etwas für sich und der Begriff „Körper" ebenso. Von diesem Sein allein gilt aber, dass es von notwendiger Existenz sei und darin beruht sein Sein.

Hieraus folgt nun mit Notwendigkeit, dass es weder Gattung, noch Unterschied, noch ein Bereich habe. Auch giebt es keinen Beweis für dasselbe, vielmehr ist es selbst Beweis für alle Dinge. Es liegt seine Existenz in seinem Wesen schon als ewig und unvergänglich vor, ihm mischt sich kein Nichtsein bei, auch ist sein Sein nimmer (nur) potentiell.

Hieraus nun notwendig folgt, dass es unmöglich je nichtsein kann, es bedarf weder eines Dings zur Unterstützung seiner Dauer, noch ändert es sich von Zustand zu Zustand.

Dies Sein ist „Eins" in dem Sinne, dass ein wahres Wesen keinem Anderen ausser ihm zukommt. Auch ist es in dem Sinne Eins, dass es keine Teilung annimmt, wie dies bei den Dingen, die ja eine Grösse und ein Wieviel haben, stattfindet. Man kann somit von ihm weder das Wieviel, noch das Wann, noch das Wo aussagen. Auch ist es kein Körper.

Es ist ferner Eins in dem Sinne, dass sein Wesen nimmer von Dingen ausser ihm herrührt, da dann von diesen seine Existenz herrühren würde [58]. Auch geht sein Wesen nimmer aus Begriffen wie Stoff und Form, wie Gattung und Unterschied hervor; auch hat dasselbe keinen Gegensatz.

Es ist das rein Gute, das reine Denken, rein Gedachtes und rein denkend. Alle diese Drei sind in ihm Eins. Er[1]) ist weise und wissend, lebend, allmächtig und wollend.

---

1) Wir gehn hier in der Übersetzung vom Neutrum zum Masculinum über; dem τὸ ὄν steht ja bei den Neoplatonikern das ὁ θεός sehr nah.

Er hat die höchst vollendete Schönheit, Vollkommenheit und Anmut. Er hat die grösste Freude an seinem eignen Wesen und ist er somit der erste Liebende und der Geliebte. Die Existenz aller Dinge geht von ihm aus, und zwar in der Weise, dass er den Eindruck seines Seins den Dingen so zukommen lässt, dass sie dadurch zu Vorhandenen werden. Alles Vorhandene aber steht in der Reihenfolge, welche von dem Eindruck seines Sein's aus stattfindet.

VI. Alles Vorhandene gehört von seinem Sein aus einer Klasse oder einer besonderen Stufe an. Das Sein der Dinge geht von ihm zwar aus, jedoch nicht in der Weise, dass er eine unseren Absichten ähnliche Absicht dabei gehabt hätte. Denn er hegt keine Absicht auf die Dinge. Auch gehn die Dinge nicht im Wege der Natur so von ihm aus, dass er keine Kenntniss von und kein Wohlgefallen an ihrem Hervorgehn und Stattfinden hätte. Die Dinge gehn nur in sofern aus ihm hervor, als er sein Wesen kennt, und er den Anfang für die Reihenfolge des Guten im Sein bildet, die so wie sie notwendig sein muss, auch ist. Somit ist sein Wissen Ursache für die Existenz des Dings, welches er weiss. Sein Wissen von den Dingen ist kein zeitliches. Er ist Ursache für die Existenz aller Dinge und zwar in dem Sinne, dass er ihnen das ewige Sein verleiht, und allgemein das Nichtsein von ihnen abwehrt; nicht aber in dem Sinne, dass er ihnen ein blosses Sein, nachdem sie nicht waren, verliehe. Er ist die Ursache des ersten Schöpfers (νοῦς).

Die Hervorbringung (Schöpfung) bedeutet die Bewahrung des ewigen Bestandes vom Sein des Dings, dessen Sein nicht schon wegen seines Wesens ewigen Bestand hat. Dies Letztere verbindet sich nicht mit irgend einer Ursache sondern nur mit dem Wesen des Hervorrufers.

Eine Beziehung aller Dinge auf ihn findet insofern statt, als er ihr Hervorrufer ist, das heisst: von ihm gilt, dass zwischen ihm und dem Hervorrufer jener kein Mittelding liegt (d. h. Er ist der Hervorrufer). Durch seine Vermittlung entstand die Ursache der anderen Dinge als „eine Beziehung". Er ist derjenige, für dessen Handlungen es kein Warum giebt. Denn er tut, was er tut, nicht wegen Etwas anderem.

VII. Das Erste, was aus ihm hervorgerufen wurde, war *ein* Ding der Zahl nach. Dies war der erste Intellect, so trat denn in den ersten Hervorrufer accidentell die Vielheit ein. Denn derselbe (dieser Intellect) war seinem Wesen nach nur von möglicher, jedoch durch das Erste von notwendiger Existenz. Denn er kennt sein Wesen und kennt (auch) das Erste. Die Vielheit in ihm rührt nicht von dem Ersten her. Denn das Möglichsein liegt in seinem Wesen; [59] jedoch hat er das Notwendigsein vom Ersten her.

VIII. Vom ersten Intellect aus entsteht, weil er von notwendiger Existenz und kundig des Ersten ist, ein andrer Intellect. In ihm liegt die Vielheit, aber nur in der von uns erwähnten Weise. Es entsteht nun aus diesem Intellect deshalb, weil er von möglicher Existenz ist und er sein Wesen kennt, der oberste Himmel in seinem Stoff und seiner Form, d. i. die Seele. Wir wollen damit sagen, dass diese zwei zur Ursache werden für zwei (andre) d. h. den Himmel und die Seele.

IX. Es entsteht vom zweiten Intellect ein andrer Intellect und ein andrer Himmel unter jenem obersten. Dies findet deshalb von ihm aus statt, weil ihm, wie wir dies beim ersten Intellect anfänglich angaben, die Vielheit nur accidentell zukam und so entsteht denn (immer) ein Intellect und ein Himmel von einem Intellect. Wir kennen die

Menge dieser Intellecte und Sphären nur in allgemeiner Weise, bis dass die schaffenden Intellecte zu einem solchen kommen, der vom Stoff abstrahirt ist. Hier läuft die Zahl der Kreise zu Ende.

Das Statthaben dieser Intellecte läuft also nicht in ihrer Verkettung bis ins Unendliche. Diese Intellecte sind von verschiedener Art, jeder einzelne derselben ist eine Art für sich. Der Letzte dieser Intellecte ist von der einen Seite die Ursache davon, dass die irdischen Seelen vorhanden sind, und von der andern Seite Ursache davon, dass die vier Elemente durch Vermittelung der Sphären vorhanden sind.

X. Notwendig mussten aus den Elementen die verschiedenen Mischungen und zwar in den Verhältnissen zu einander hervorgehn, in welchen sie zur Annahme der Pflanzen-, Tier- und Vernunftseele befähigt sind. Dies rührt von der Substanz her, welche Ursache für das Werden dieser Welt und der Sphären ist.

Die Bewegung dieser Letzteren ist kreisförmig um Etwas Feststehendes, Unbewegliches. Aus der geordneten Bewegung und Berührung der Einen mit den Anderen, entstehn die vier Elemente. Jeder Einzelne der Intellecte kennt die Ordnung des Guten, welches aus ihm hervortreten muss, und wird in diesem Zustand somit Ursache für die Existenz dieses Guten, welches aus ihm hervortreten muss.

Die Himmelskörper haben universale und partiale Kenntnisse, sodass der Intellect sie in einer Art von Übertragung von Zustand zu Zustand im Wege der Einbildung auffasst. [60] Hierdurch entsteht in Betreff ihrer die sinnliche Einbildung. Diese wird nun Ursache der Bewegung. So entstehn denn aus ihren zusammenhängenden Partialvorstellungen die körperlichen Bewegungen. Dann werden diese Veränderungen Ursache für die Veränderung der vier Elemente und aller, in der Welt des Werdens und Vergehens hervortretenden, Veränderungen.

XI. Die Teilnahme der Himmelskörper an einem Begriff, nämlich der von ihnen ausgehenden Kreisbewegung, wird zur Ursache, dass auch diese vier Elemente an einem Stoff teilnehmen, und wird die Verschiedenheit ihrer Bewegungen zur Ursache davon, dass vier verschiedene Formen erstehn. Dass sie sich von einem Zustand zum andern verändern, wird Ursache für die Veränderung der vier Stoffe, sowie auch dafür, dass alles, was von ihnen entsteht, wird; und alles, was von ihnen vergeht, verdirbt.

Wenn nun auch die Himmelskörper darin mit den vier Elementen Gemeinschaft haben, dass sie aus Stoff und Form zusammengesetzt sind, so ist doch der Stoff der Sphären und Himmelskörper von dem Stoff der vier Elemente und dem des Werdenden verschieden, ebenso wie auch die Formen dieser den Formen jener gegenüber stehn, obwohl sie allesammt an der Körperlichkeit Teil haben. Denn die drei Dimensionen haben bei ihnen (allen) Geltung. Da dies sich so verhält, ist es unmöglich dass der Stoff ohne die Form actuell vorhanden sei, auch kann die Form der Natur nicht ohne den Stoff existiren, vielmehr bedarf der Stoff der Form, um dadurch actuell vorhanden zu sein. Auch ist es unmöglich, dass das Eine von ihnen Ursache von der Existenz des Andern sei, vielmehr giebt es hier eine Ursache, welche beide zugleich ins Dasein ruft.

XII. Die himmlischen Bewegungen sind ursprünglich als kreisläufig gesetzt. Dagegen sind die werdenden und vergehenden Bewegungen räumlich (gradlinig) und haben sie ein Wieviel und ein Wie. Die gleichmässigen Bewegungen hängen den Elementen an und zerfallen in zwei Teile, die eine von der Mitte her, und die andre zu der Mitte hin. Die Bewegung der zusammengesetzten Dinge aber steht im Verhältniss zu dem Übergewicht der Elemente, der vier Stoffe, in ihnen.

XIII. Wenn das Princip von Bewegung und Ruhe weder von aussen noch von einem Willen herrührt, so heisst dieselbe natürlich. Die Bewegungen sind entweder einander gleich, ohne Willen hervorgehend und heissen dann Pflanzenseele, oder sie sind willentlich auf eine oder auf viele Arten, sowie sie nun grade sind, dann heissen sie Tier- und Vernunftseele.

Die Bewegung heisst, wenn sich Dinge damit verbinden, Zeit, [61] der Zeitabschnitt aber Stunde.

Es ist nun unmöglich, dass die Bewegung einen zeitlichen Anfang, und ein zeitliches Ende habe. Sonst müsste dieselbe auf diese Weise bewegt und ebenso bewegend befunden werden. Ist aber das Bewegende zugleich bewegt, so bedarf es wiederum eines Bewegers, da Bewegtes und Bewegendes nimmer von einander lassen, auch Nichts sich selbst bewegt. Somit folgt notwendig, dass dies nimmer unendlich sein kann, sondern bei einem Beweger, der nicht bewegt wird, enden muss. Sonst müsste man zwei Bewegte und zwei Bewegende, ohne Ende annehmen. Das aber ist absurd. Der Beweger aber, der selbst unbewegt ist, kann nur Einer sein, auch kann er weder Grösse noch Körper haben. Er kann auch nicht teilbar sein, noch irgend eine Vielheit in sich hegen.

XVI. Die Grenzfläche des umschliessenden und die des umschlossenen Körpers heisst Raum. Es giebt keine Leere. Die „Seite" tritt von den Himmelskörpern aus hervor, denn diese haben einen Umkreis und einen Mittelpunct. Bei dem Körper, der eine natürliche Richtung hat, kann keine Zwangsrichtung stattfinden. Denn liegt in seiner Natur die kreisförmige Richtung, so kann er nimmer die gradlinige Richtung annehmen. Alles was da wird, vergeht, da bei ihm die gradlinige Richtung vorherrscht. Im Himmelskreis aber ist die rundförmige Richtung vorherrschend.

XV. Es giebt nirgend eine bestimmte Menge, die durch Teilung dazu käme, dass sie nicht mehr geteilt werden könnte. Auch sind die Körper nicht aus Teilen, die nicht mehr geteilt werden können (Atomen) gefügt. Denn von Atomen aus kann weder die Zusammensetzung des Körpers, noch die Bewegung, noch die Zeit statthaben. Die, bestimmte Maasse enthaltenden, Dinge, wie die zugeordneten Zahlen, können nie (in Wirklichkeit) actuell endlos sein. Auch giebt es keine endlose Entfernung, weder in dem leeren noch dem vollen Raum, da es ja unmöglich ist, dass derselbe endlos sei. Eine Continuirlichkeit der Bewegung ist nur in der Rundbewegung möglich, und ist die Zeit mit dieser verknüpft. Bei den graden Bewegungen aber giebt es eine solche Continuirlichkeit nicht, weder wenn sie nach einer Seite hingehn, noch wenn sie davon abbiegen, noch wenn sie bei ihrer Abbiegung einen Winkel bilden.

XVI. Jeder Körper hat eine ihm speciell zukommende Stelle, wohin er immer wieder gezogen wird. Ist derselbe einfach, (ein Element) so muss notwendig seine Stelle und seine Figur von einer Art mit eineinder übereinstimmend sein. Dies gilt nun vom runden Körper, sowie auch die Figur eines jeden der Vier wie eine Sphäre ist [62].

Auch hat jeder Körper eine Kraft, welche zum Princip der, in seinem Wesen liegenden, Bewegung wird. Die Ursache davon, dass es verschiedene Körper giebt, ist die, dass sie verschiedene Principe in sich hegen. Die Elemente der Welt haben Stätten, in denen sie heimisch sind, aber keins derselben hat zwei Stätten.

Die Welt ist aus Elementen, die zu einer Kugel wurden, gefügt. Ausserhalb der Welt giebt es kein Ding, denn ein solches wäre dann an keiner Stelle und würde dasselbe weder zu einem leeren noch zu einem vollen Raum gelangen können.

Jeder Naturkörper kann, wenn er an seiner ihm speciell zukommenden Stätte ist, nur mit Gewalt fortbewegt werden; ist er aber dieser seiner Stätte fern, so bewegt er sich von Natur zu derselben hin.

XVII. Die Natur des Himmels ist eine fünfte Natur, dieselbe ist weder heiss noch kalt, weder schwer noch leicht. Nichts zerreisst denselben, in ihm giebt es kein Princip einer graden Bewegung, noch hegt es in seiner Bewegung einen Gegensatz.

Das Sein des Himmels hat nicht den Zweck, dass von ihm aus etwas Andres werde, vielmehr ist dieses nur ein ihm speciell eigner Zustand. Seine Bewegung ist eine seelische, keine natürliche. Auch findet seine Bewegung nicht wegen einer Begierde, noch von einem Zorn her, sondern von daher statt, dass er eine Sehnsucht hegt, sich dem Geistigen, vom Stoff Getrennten (dem Immateriellen), zu verähnlichen.

Jeder einzelne Himmelskörper hat einen besonderen, ihm speciell eignen Intellect, welchem er sich zu verähnlichen sucht. Nun ist's nicht möglich, dass die Sehnsucht aller auf ein und dasselbe, und von einer Art Seiende, gerichtet ist, vielmehr hat ein jeder derselben einen ihm speciellen Gegenstand der Liebe, der von dem des anderen verschieden ist. Jedoch haben alle das gemeinsam, dass dieser Gegenstand der Liebe zuletzt nur Einer ist, das ist der Urgeliebte (Gott).

Es muss nun die Bewegungskraft jedes einzelnen Himmelskörpers eine unendliche sein. Von den körperlichen Kräften ist aber jede einzelne endlich und ist es unmöglich, dass eine endliche Kraft einen Körper, eine unendliche Zeit hindurch, bewege, noch kann einen unendlichen Körper eine endliche Kraft bewegen. Auch ist es unmöglich, dass ein Körper Ursache sei für das Vorhandensein eines Körpers, auch kann er nimmer Ursache für eine Seele, noch Ursache für einen Intellect sein.

XVIII In den Körpern, welche aus den vier Elementen entstehn, liegen Kräfte, welche den Körpern die Bereitschaft zur Actualität verleihn, das sind Wärme und Kälte; dann aber auch andre, die ihnen die Bereitschaft zur Annahme der Actualität verleihen, sei es dass dies rasch oder langsam geschieht. Diese letzteren sind Feuchtigkeit und Trockenheit. Dann liegen noch andre handelnde und leidende Kräfte in ihnen. Dies gilt vom Geschmack, der auf der Zunge und im Mund, vom Geruch, der im Riechorgan wirksam ist; ferner von Härte und Weichheit, von der Rauhheit und Glätte [**63**]. Alles dies tritt aus diesen Vieren, als den Urdingen, hervor. Der seiner Natur nach sehr heisse Körper ist das Feuer, der seiner Natur nach sehr kalte das Wasser, der stark flüssige die Luft und der sehr festen die Erde.

Diese vier Stoffe sind die Wurzeln des Entstehns und Vergehns und nehmen dieselben die Verwandlung des Einen in den Andern an. Die werdenden und vergehenden Dinge entstehen nur aus den Mischungen, und zwar nach den verschiedenen Verhältnissen, die den Dingen die Bereitschaft verleihn, die verschiedenen Anlagen und Formen, auf welchen ihr Bestehn beruht, anzunehmen.

XIX. Aus diesen Formen treten dann die sinnlich wahrnehmbaren Qualitäten hervor. Diese Qualitäten werden dann von andren aufgehoben und andre an ihre Stelle gesetzt. Die Formen aber bleiben in ihrem Zustand bestehn.

Auch die Kräfte und Formen dessen, was von den vier Mischungen aus ersteht, bleiben und verderben nicht.

„Mischung" bedeutet, dem eigentlichen Sinne nach, die Veränderung der vier Qualitäten aus ihrem Zustand heraus und die Übertragung derselben von einem Gegensatz zum andern. Diese Mischungen erwachsen aus den Urkräften heraus, und wirkt dann eine auf die andre, bis eine Mittelqualität Platz greift.

Das bestimmte Gott der Hochzupreisende also. Denn er schuf die Urprincipe; liess aus diesen die verschiedenen Mischungen hervorgehn, und teilte einer jeden Mischung eine der Arten speciell zu. Auch setzte er fest, dass die Mischung, welche dem Gleichmaass am fernsten stehe, zur Ursache einer jeden der Arten werde, die von der Vollkommenheit am weitesten ab sei.

Als die dem Gleichmaass am nächsten stehende Mischung bestimmte er dann die des Menschen, sodass dieselbe fachig war, die vernünftige Seele anzunehmen.

Jede Pflanzenart hat eine Seele, welche eben die Form dieser Art ist, und treten aus dieser Form die Kräfte hervor, welche in dieser Art eine Vollkommenheit erreichen.

Dies geschieht durch Organe, mit denen diese Kräfte wirken.

Dasselbe gilt von einer jeden Art von Getier.

XX. Der Mensch hat vor allem Getier Specialeigenschaften voraus; und zwar deshalb weil er eine Seele hat, von der aus Kräfte hervorgehen. Durch dieselben schafft die Seele ihr Werk mit körperlichen Organen. Dazu hat er noch eine Kraft, nämlich die, dass er auch ohne körperliche Organe schaffen kann. Diese Kraft ist die der Vernunft, zu jenen (andern) Kräften gehört die nährende, mehrende und erzeugende. Eine jede dieser Kräfte hat eine andre als Dienerin. Zu den erfassenden Kräften der Seele gehören ihre hervortretenden Kräfte, sowie die inneren vorstellenden Sinne wie Vermutung, Erinnrung, Nachdenken, dann folgen die bewegenden Kräfte der Begierde und des Zorns, sowie endlich die, die Glieder bewegende, Kraft. Jede Einzelne dieser von uns erwähnten Kräfte [64] schafft durch ein Organ und nur so. Keine dieser Kräfte ist somit immateriell.

XXI. Zu diesen Kräften gehört die practische Vernunft, die das, was man vom menschlichen Tun verrichten muss, hervorbringt. Ferner gehört zu den Kräften der Seele die theoretische Vernunft. Durch dieselbe wird die Substanz der Seele vervollständigt und zu einer actuell geistigen Substanz gemacht. Der Intellect hat somit verschiedene Stufen. Einmal ist er stofflicher Intellect, ein andermal habitueller (δ $\kappa\alpha\vartheta$' $\xi\xi\iota\nu$), ein drittesmal erworbener ($\dot{\epsilon}\pi i \kappa \tau \eta \tau o \varsigma$). Diese Kraft aber, welche das Intelligible erfasst, besteht in einer einfachen unkörperlichen Substanz. Dieselbe geht nie von der Potentialität zur Aktualität über und wird somit nie zum vollständigen Intellect, es sei denn durch einen gesonderten (immateriellen) Intellect. Dies ist nun der schaffende Intellect, der ihn (d. h. jene Substanz) zur Actualität bringt.

Das Intelligible kann nicht durch etwas Teilbares, oder eine Lage habendes, beschränkt sein. Es ist vielmehr ein vom Stoff getrenntes, das auch nach dem Tod des Leibes verbleibt. In ihm liegt nicht die Kraft das Verderben anzunehmen, und ist es vielmehr eine Substanz von einem einheitlichen Wesen.

So verhält es sich nun mit dem Menschen im eigentlichen Sinne.

Er hat Kräfte, die von ihm aus in die Glieder dringen; der Mensch ging von dem Spender der Formen hervor und zwar damals, als das, was im Stande war ihn (d. h. seine Gestaltung) anzunehmen, hervortrat.

XXII. Dies war nun der Körper, der damals zum Hervortreten reif war. Derselbe besteht aus dem Leibe und aus dem im Innern des Herzens, also in einem Teil des Körpers, bestehenden Geist ($\pi\nu\varepsilon\tilde{v}\mu\alpha$). Somit ist der Körper das erste Substrat für die Seele.

Es kann nicht die Seele vor dem Leibe vorhanden gewesen sein, wie Plato behauptet. Auch kann nimmer die Seele von Körper auf Körper übertragen werden, wie dies die Anhänger der Seelenwanderung meinen.

Die Seele hat nach dem Tode des Leibes Freud und Leid zu tragen. Dies sind ja nur verschiedene Zustände für die Seelen, auch sind dies Dinge, die ihr nach Verdienst zukommen.

Auch wird dies den Seelen mit Notwendigkeit und nach Gerechtigkeit zu Teil, so wie auch der Mensch durch Pflege die Gesundheit des Leibes herstellt, so dass man sagen kann von da und da her rührt die Krankheit seines Leibes. Das Wohl aller Dinge ruht aber in der Hand Gottes und alles gelangt zu dem Ziel, wozu er es schuf.

Die Fürsorge Gottes umfasst alle Dinge und ist mit jedem einzelnen verbunden.

Alles, was da wird, entsteht nach seinem Entscheid und seiner Bestimmung, auch die Uebel rühren von seiner Macht und seinem Entscheid her. Denn die Uebel sind wie eine Folge von den Dingen, denen das Uebel notwendig ist. Die Uebel treffen das Werdende und Vergängliche. Sie sind also accidentell zu loben [**65**], da, wenn diese Uebel nicht wären, das viele Gute nicht Bestand haben würde. Wenn aber das reichliche Gute, welches dieser Welt zukommt, wegen des geringen notwendigen Uebels schwände, würde das Uebel das Uebergewicht haben.

VI.

DIE PETSCHAFTE DER WEISHEITSLEHRE.

[**66**] 1. Bei allen vorhandenen Dingen begegnen wir einem Was und einem Dass. Ihr Was ist nicht ihr Dass, noch fällt es unter dasselbe. Denn wäre das Was des Menschen sein Dass, so würde deine Vorstellung vom Was des Menschen zugleich auch die von seinem Dass sein. Man würde dann bei der Vorstellung von: „Was ist der Mensch" zugleich auch die Vorstellung: „dass der Mensch ist" haben. Dann würde man wissen, dass derselbe existire und würde eine jede der beiden Vorstellungen ein Fürwahrhalten beanspruchen.

Desgleichen fällt auch das Dass nicht unter das Was dieser Dinge, denn sonst wäre dasselbe sein constituirendes Merkmal und wäre die Vorstellung vom Was ohne dies Dass unvollständig; dann würde es absurd sein in der Vorstellung dasselbe vom Was hinweg zu heben.

Wäre das Dass des Menschen gleich dem: „Körperlich und creatürlich Sein" so würde man, sowie man den Menschen als einen solchen erfasste, nicht zweifeln, dass derselbe ein

Körper oder ein Tier sei. Dann würde man auch ebenso bei der Erfassung von „Körper oder Tier" nicht zweifeln, dass der Mensch vorhanden sei. Dem ist aber nicht so, vielmehr zweifelt man daran, bis eine Wahrnehmung oder ein Beweis dafür da ist.

Somit gehört nach dem, was wir vom Vorhandenen dartaten, die Existenz und das Dass nicht zu den constituirenden Merkmalen, noch zu den notwendigen Accidenzen, auch nicht zu den Dependenzen, die nach der Washeit sind. Denn von dem Dependenz gilt, dass es entweder dem Wesen von seinem Wesen her anhängt und ihm also mit Notwendigkeit folgt (sein Consequenz ist), oder ihm von etwas Anderem her anhängt.

Es wäre nun absurd, dass dem, was kein Sein hat, ein Consequenz im Sein folge und ist es somit absurd, dass der Washeit etwas wirklich stattfindendes, bevor sie selbst stattfindet, als Consequenz folge. Auch ist es unmöglich, dass das Stattfinden ihm, dem Was, als Consequenz folge, ehe es selbst stattfand und ebenso das Sein nach dem Sein desselben, denn dann wäre dies ja schon vor sich selbst gewesen. — Somit ist es unmöglich, dass das Sein zu den, dem Was von sich selbst aus angehörenden Dependenzen gehöre. Denn das Dependenz kann dem Dinge von sich selbst aus nur dann anhängen, wenn dasselbe stattfindet, da erst dann, wenn es stattfindet, ihm das zukommt, was es selbst erst herstellt.

Denn das, was eine notwendige Folge notwendig erfordert, ist Ursache für das, was ihm notwendig folgt. Die Ursache verlangt aber nur dann notwendig das Verursachte, wenn sie selbst notwendig ist. Vor ihrer Existenz aber konnte sie nicht etwas als notwendig setzen.

Somit gehört die Existenz nicht zu dem [6?], was die

Washeit notwendig erfordert, sofern auf irgend eine Weise die Existenz desselben ohne die Washeit desselben sein kann, und ist somit der Anfang, von dem das Sein hervorgeht, etwas andres als die Washeit. Dies verhält sich so, weil alles was notwendig, oder bedingt oder accidentell ist, entweder von ihm selbst oder von etwas anderem herrührt.

Gehört nun das Dass nicht dem Was, welches nicht von selbst das Dass ist, an, so kommt ihm dies von etwas anderem zu. Bei allem aber, dessen Dass weder sein Was, noch ein das Was herstellendes Merkmal ist, rührt das Dass von Etwas Anderem her und läuft dies, bei dem Anfang, der keine von der Dassheit gesonderte Washeit hat, aus.

2. Das Sein der verursachten Washeit ist ihrem Wesen nach nicht unmöglich, sonst würde sie nicht existiren, auch ist ihr Sein nicht ihrem Wesen nach notwendig, sonst würde sie nicht verursacht sein. Die Washeit ist somit ihrem Wesen nach zwar nur von möglicher Existenz, jedoch ist sie notwendiger Existenz unter der Voraussetzung ihres Anfangs; unmöglich aber unter der Voraussetzung ihrer Anfangslosigkeit. Somit ist sie zwar von Seiten ihres Wesens vergänglich, in Bezug auf ihren Anfang aber in zwingender Notwendigkeit bestehend. „Alles andre aber, ausser ihr ist vergänglich (sur 28, 88)."

3. Der verursachten Washeit kommt es von ihrem Wesen her zu, dass sie nicht sei, doch kommt es ihr von einem Anderen her zu, dass sie vorhanden sei. Das nun, was vom Wesen herrührt, ist vor dem, was nicht vom Wesen herrührt. Somit gebürt der verursachten Washeit eher, dass sie nicht sei, als dass sie vorhanden sei. Sie ist somit zeitlich erstanden und war nicht in einer früheren Zeit.

4. Jede Washeit wird von Vielen ausgesagt, doch geschieht diese Aussage nicht deshalb, weil sie eine Washeit ist. Sonst würde dieselbe ja einem Einzelding nicht zukommen, sondern müsste dies von Etwas anderem herrühren, und wäre dann ihr Sein ein verursachtes.

5. Bei jedem Individuum einer gemeinsamen Washeit gilt, dass diese Washeit nicht zusammenfällt mit diesem Einen. Sonst wäre ja diese Washeit ohne dies Eine nicht zu denken. Dann aber würde, dass diese Washeit dieses Eine ist, ihr nicht von ihrem Wesen aus zukommen, dies würde somit wegen Etwas ausser ihr statthaben und wäre sie somit verursacht.

6. Der Unterschied ($διαφορά$) gehört nicht zur Washeit der Gattung, denn gehörte er dazu, so würde er der Wesenheit derselben angehören, d. h. die Natur der Gattung würde sich actuell in diesem Unterschied herstellen. Besser gesagt: Das durch diesen Unterschied Hergestellte besteht darin, dass es als ein vorhandenes in diesem Unterschied bestehendes Wesen unter den Individuen statt hat z. B. das Tier im absoluten Sinn wird nur dadurch [68] ein Vorhandenes, dass es entweder ein Vernünftiges oder ein Unvernünftiges ist. Jedoch ersteht bei ihm nicht die Washeit des Tiers dadurch, dass es ein Vernünftiges ist.

7. Das in seinem Wesen notwendige Sein lässt sich durch die Unterschiede nicht zerlegen. Denn hegte es einen Unterschied in sich, so würde derselbe es als ein Vorhandenes herstellen und würde er somit zum Was von jenem gehören. Das aber wäre absurd, weil die Washeit des Seins eben das Sein selbst ist. Das notwendige Sein lässt sich auch nicht dadurch zerlegen, dass man es auf viele der Zahl nach verschiedene bezieht, sonst wäre es ja ein Verursachtes. Dies ist auch Beweis für die obige Behauptung.

Das notwendige Sein lässt sich auch nicht in Teile seines Bestandes zerlegen weder quantitativ noch begrifflich (logisch). Denn sonst würde entweder jeder seiner Teile ein notwendiges Sein haben und gäbe es dann eine Mehrheit im notwendigen Sein, oder aber dasselbe wäre von nicht notwendigem Sein. Es ginge dann dem Wesen nach der Gesammtheit vorauf und stünde die Gesammtheit ihm im Sein nach.

8. Das seinem Wesen nach notwendige Sein hat weder Gattung, noch Unterschied, weder Art, noch dem ähnliches. Das notwendige Sein hat kein dasselbe herstellendes Merkmal, noch ein Substrat, noch Accidenzen, noch eine Verhüllung. Es ist rein und klar.

Das notwendige Sein ist ferner der Anfang einer jeden Emanation, es ist seinem Wesen nach durch sein Wesen klar, ihm ist das All eigen, sofern keine Vielheit in ihm ist. Sofern es an sich hervortritt, erfasst es auch von seinem Wesen aus das All.

Sein Wissen vom All ist somit erst nach seinem Wesen, und ist das Wissen von seinem Wesen bei ihm sein Wesen selbst, somit wird sein Wissen vom All zu einer Vielheit nach seinem Wesen und wird das All in Beziehung auf sein Wesen zu Eins.

Er [1]) ist somit das All in seiner Einheit (τὸ ἕν, τὸ πᾶν) d. h. der Wahre, wie sollte er nicht! er ist notwendig seiend während er verborgen ist, wie sollte er nicht! dann tritt er hervor und ist sichtbar, sofern er verborgen, und verborgen, sofern er sichtbar ist. So zieh denn hin von seiner Verborgenheit zu seiner Sichtbarkeit, sodass er dir verborgen und zugleich sichtbar ist.

---

1) Wir sind hier vom unpersönlichen Es zum persönlichen Er übergegangen, beides entspricht dem huwa.

9. Alles, dessen Ursache, als die dasselbe notwendig setzende, erkannt wird, wird auch selbst erkannt. Reiht man nun die Ursachen aneinander, so laufen die letzten bei den individuellen Teildingen aus und zwar auf dem Wege der Notwendigkeit.

Alles Universale und Partiale ist sichtbar von seiner ersten Sichtbarkeit aus, jedoch erscheint nichts davon als Etwas von seinem Wesen her in Zeit und Moment eintretendes. Vielmehr rührt dies von dem Wesen und der Ordnung, die bei ihm herrscht, her, so dass dies Individuumweise, endlos, geschieht.

Somit ist der, welcher sein Wissen nach seinem Wesen erkennt, das zweite All. Das hat weder Ende noch Grenze und dort ist das Ding an sich [69].

10. Unser Wissen von dem, seinem Wesen nach Ersten, unterliegt keiner Teilung. Denn wenn auch das zweite Wissen, das von seinem Wesen ausgeht, zu einer Vielheit wird, so liegt doch diese Vielheit nicht in seinem Wesen, sondern sie erst ist nach demselben. Es fällt kein Blatt (vom Baum), ohne dass er es weiss (sur. 6, 59). Von dort (seinem Wissen) aus läuft das Schreibrohr auf der wohlbewahrten Tafel seinen Lauf bis zum Tag der Auferstehung. Ist dann die Weide deines Blicks jenes Paradies und schmeckst du die klare Flut, so bist du im Wohlsein und nimmer mehr verwirrt.

11. Geh fern hin zur Einheit, staune an die Ewigkeit, und wirst du nach ihr befragt, so antworte: Dies ist eine nahe Nachbarschaft, welche die Einheit beschattet, auch geschieht es bisweilen, dass sie das All beschattet. Dann wird dies zu einer Tafel und läuft das Schreibrohr über dieselbe mit der Schöpfung, (sie ihr einzeichnend).

12. Verneine: Das Unendliche ist nicht in allen Dingen,

besser gesagt: nicht in der Schöpfung und dem was Reihenfolge und Ordnung hat. Notwendig ist dasselbe bei dem Ding an sich, dort ist des Unendlichen, so viel du willst.

13. Betrachtest du die Einheit, so wird sie zur Allmacht; betrachtest du die Allmacht, so ist ihre notwendige Folge das zweite, die Vielheit umfassende Wissen. Dort ist die Sphäre von der Welt der Gottesherrschaft, ihr nah liegt die Welt seines Befehls. Hier läuft das Schreibrohr über die Tafel, so dass die Einheit zur Vielheit wird, dort wo den Lotos das bedeckt, was ihn umhüllt (sur. 53, 16) und man den Geist und das Wort findet. Dort ist die Sphäre von der Welt des Dings an sich, bei ihr steht der Sessel und der Thron, sowie die Himmel und was in ihnen ist. Alles was darin ist, ruft: Preis ihm! und kreist dann um den Anfang. Dort ist die Welt der Schöpfung, von ihr wendet sich alles zur Welt des Dings an sich und kommen sie alle einzeln zu ihm.

14. Betrachte die Welt der Schöpfung. Dann siehst du an ihr die Zeichen des Kunstwerks, auch kannst du dich davon abwenden und die Welt des reinen Seins betrachten. Du erkennst dann, dass es ein wesenhaftes Sein geben muss, auch weisst du, wie es bei ihm ein wesenhaftes Vorhandenes geben muss. Betrachtest du nun die Welt der Schöpfung, so tust du das aufsteigend, betrachtest du aber die Welt des reinen Seins, so tust du dies absteigend.

Am Abstieg erkennst du, dass dies nicht jenes ist, am Aufstieg aber erkennst du, dass dies jenes sei. Du zeigst ihnen dann unsere Zeichen in den Himmelskreisen und in ihren Seelen, bis es ihnen klar wird, dass Er der Wahre ist. Oder genügt es etwa in Betreff deines Herrn nicht, dass er von einem jeden Ding Zeuge ist (sur 41, 53). [70]

15. Wenn du zuerst das Wahre erkennst, erkennst du sowohl das Wahre, als auch das, was nicht wahr ist. Erkennst du aber zuerst das Nichtwahre, so erkennst du zwar das Falsche, aber nicht das Wahre, sowie es wirklich ist. So schau denn hin auf das Wahre, denn nimmer liebe die versinkenden Sterne (sur. 6, 76), wende vielmehr dein Antlitz dem Antlitz dessen zu, der selbst, einzig und allein, ewig bleibt.

16. Ist's dir etwa nicht klar geworden, dass das notwendig Wahre sich nicht dem Worte nach auf Viele verteilen lässt, auch keinen Gleichen zum Genossen hat, auch keinem Gegensatz gegenübersteht, sich auch nicht nach Maass und Grenze teilen lässt; dass sein Was und sein Dass sich nicht unterscheidet, auch sein äusseres und inneres Wesen nicht von einander verschieden ist, so betrachte, ob das, was deine Sinne dir zutragen und deine Gedanken bilden, also ist. Du wirst das nicht also finden. Somit muss dies von ihm gesondert und ihm fern sein. So gieb dies auf, wende dich ihm zu, dann hast du ihn erkannt.

17. Alles Verständniss betrifft entweder Etwas Entsprechendes oder Nichtentsprechendes, oder besser gesagt Etwas zu meidendes. Lust ist die Erfassung des Entsprechenden, Unlust die des zu Meidenden. Eine jede dieser Erfassungen hat eine Vervollkommnung und ist somit die Lust des Menschen die Erfassung dessen, was ihm lieb ist; beim Zorn besteht sie in der Ueberwindung, bei der Vermutung ist's die Hoffnung und für einen jeden Sinn das für ihn Bereitete. Bei dem aber, was höher steht, d. i. dem Wahren, und besonders dem seinem Wesen nach Wahren, sind alle diese Vollkommenheiten sowohl ersehnt als auch erreicht.

18. Bei der beruhigten Seele besteht die Vollendung in der rechten Erkenntniss des Urwahren. Somit ist ihre Erkenntniss des Urwahren (d. h. Gottes), während sie, dem Wahren, wie es sich ihr offenbart hat, gemäss, rein und heilig geworden ist, die höchste Lust.

19. Der Erkennende verähnelt sich von einer Seite mit dem, was er erkannte, in der Weise der Annahme und Verbindung. Die befriedigte Seele vermischt sich mit dem Begriff der wahren Lust nach der Weise der Verbindung. Dann sieht sie den Wahren und beschäftigt sich nicht mit ihrem Wesen. Wenn dann aber die Seele zu ihrem Wesen zurückkehrt, ruft sie: wie schlecht bist du.

20. Nicht jeder, der sich die (wahre) Lust denkt, erkennt sie recht; auch ist nicht jeder, der der Gesundheit bedarf, in Betreff derselben, einsichtig; vielmehr verabscheut er dieselbe oft und ist gegen die Heilung.

Findet doch der Gallsüchtige das Süsse so hässlich, dass er es verabscheut; verachtet doch der an der Bulimie (Heisshunger) Leidende die Speise, während sein Leib vor Hunger schwindet. Nicht jeder, der mit etwas Schmerzendem zu tun hat, nimmt dasselbe wahr. Ist's nicht also, dass dem Erstarrten weder der Brand des Feuers, noch der Frost der Eiskälte wehe tut?

21. Wie ist nun der Zustand des Gallsüchtigen, wenn von ihm jene Decke der schlechten Mischung genommen wird, und der Zustand des an der Bulimie [?1] Leidenden, wenn der Schaden von seinem Magen weicht, oder der des Starren, wenn die Kraft der Empfindung von aussen in ihn dringt? Findet nicht der Erste dann das Süsse lieblich, ergreift dann nicht den Zweiten heftiger Hunger, und fühlt dann nicht der Dritte empfindlichen Schmerz? So ist's mit Dir, wenn die Decke von dir genommen und dein Blick dann neu ist.

22. Du hast von Dir aus noch eine Decke ausser deinem Körperkleid. So beeifre dich denn die Hülle hinweg zu heben, auf dass du von derselben loskommst. Dann hängst du Ihm an und fragst nicht nach dem, was du bisher getrieben. Empfindest du dann Schmerz, so wehe Dir! empfindest du aber Heil, dann Wohl Dir. Du bist dann in deinem Leibe, als wärst du nicht darin. Es ist Dir als wärst du im Bereich des Himmels. Du siehst dann, was kein Auge je gesehn, noch ein Ohr je gehört hat, und was nie in das Herz eines Sterblichen kam. So nimm denn von ihm das Wahre als Unterpfand, bis du allein (leiblos) zu ihm kommst.

23. Was meinst du von dem Wahren, das bei dem erhabenen Gott ist? Dort ist die Form der Liebe, so dass er wegen seines Wesens geliebt ist. Liebst du aber weder das Liebliche, was bei seinem Wesen ist, noch hängst du demselben an, so gilt: Siehe dort ist sein Sein über aller Vollendung, so dass er Ueberfülle hat, um den Geschöpfen wohl zu thun.

24. Wenn Jemand den Wahren erschaut, so hängt er ihm notwendig an, oder er lässt von ihm aus Schwäche. Zwischen diesen beiden Stätten giebt es nur noch die Stätte der Dunkelheit. Wer nun aus Schwäche den Wahren verlässt, aber eine Entschuldigung bringt, dem offenbart sich Gott, er wird ihm so klar, dass jener ihm eilig anhängt. Gott aber hält den Lohn derer die wohltun nicht zurück (sur 9, 121).

25. Es betet der Himmel bei seinem Umschwung, die Erde aber bei ihrem Uebergewicht (Schwere), das Wasser bei seinem Fliessen und der Regen bei seinem Tröpfeln. Sie alle beten zu Gott, ohne es zu wissen. Drum gedenke auch du Gottes, des Höchsten.

26. Dein Geist, welcher von der Substanz der Gotteswelt ist, ist weder nach einer Form gebildet, noch nach einem Typus geschaffen, auch lässt er sich nicht durch ein Kennzeichen specialisiren, noch schwankt er zwischen Bewegung und Ruhe hin und her. Deshalb kannst du das Nichtmehrseiende, das dahin ging, sowie auch das zu Erwartende, was da kommt, erfassen. Du kannst in der Himmelswelt dich bewegen und Dir das Siegel des Allmächtigen einprägen lassen.

27. Du bist zusammengesetzt aus zwei Substanzen. Die Eine, die mit Gestalt und Form in Qualität und Quantität begabt ist und in Ruhe und Bewegung besteht, ist körperlich und teilbar. Die Andre aber ist in diesen Eigenschaften von der Ersten gesondert und hat nichts mit ihr, [72] im eigentlichen Wesen gemein. Ihr wird der Intellect (das Erkennen) zu teil, und bleibt die (blosse) Vermutung von ihr fern. So bist du zusammengefügt aus der creatürlichen und der göttlichen Welt. Denn dein Geist stammt aus dem Wesen deines Herrn, dein Körper aber aus der Schöpfung desselben.

28. Die Prophetie ist in ihrem Geist der heiligen Kraft speciell zugetheilt, ihr gehorcht die Grundnatur der grossen creatürlichen Welt, sowie deinem Geist die Grundnatur der kleinen creatürlichen Welt gehorcht. So bringt denn auch die Prophetie Wunder hervor, die ausserhalb der Grundnatur und Gewohnheit liegen. Ihr Spiegel ist nicht verrostet und hindert somit nichts die Propheten sich das einprägen zu lassen, was auf der bewahrten Tafel von der unvergänglichen Schrift steht. Die Engelwesen, welche ja die Boten sind, tragen von dem, was bei Gott ist, der ganzen Schöpfung zu.

29. Die Engel sind Wissensformen und ihre Substanz

besteht in den erfindenden Wissenschaften. Die Engel sind weder wie Tafeln mit Zeichnungen, noch wie die Brust voll Wissenschaften, vielmehr sind sie erfindende in ihrem Wesen bestehende Wissenschaften. Sie schauen auf das oberste Wesen und prägen ihrer Wesenheit das, was sie erschauen, ein. Sie sind unabhängig, frei, jedoch redet sie der heilige Geist im Wachen an, und verkehrt der menschliche Geist mit ihnen im Schlaf.

30. Der Leib des Menschen zerfällt in Offenbares und Geheimes. Offenbar ist dieser in seinen Gliedern und Dimensionen sinnlich fassbare Leib. Denn die sinnliche Wahrnehmung erfasst das Sichtbare, und lehrt die Anatomie das Innere desselben kennen. Geheim aber sind die Kräfte vom Geist des Menschen.

31. Die Kräfte des menschlichen Geistes zerfallen in zwei Teile; der Eine derselben ist betraut mit dem Tun, der andre mit dem Erkennen. Das Tun aber zerfällt wiederum in drei Teile, es ist pflanzlich, tierisch und menschlich. Das Erkennen aber besteht aus zwei Teilen, es ist tierisch oder menschlich. Diese fünf Teile finden sich nun beim Menschen vor, bei vielen derselben nimmt mit dem Einen noch Etwas andres Teil.

32. Das pflanzliche Tun hat den Zweck das Individuum zu erhalten und zu entwickeln. Ferner muss dasselbe die Art erhalten und durch Fortpflanzung derselben Beständigkeit verleihn. Eine der Kräfte des menschlichen Geistes beherrscht sie. Die Leute nennen dieselbe die pflanzliche Kraft und brauchen wir dies nicht weiter zu erklären.

Das tierische Tun besteht in der Herbeiziehung des Nützlichen, wie dies die Begierde verlangt, und in dem Wegstossen des Schädlichen, so wie dies die Furcht erheischt, und der Zorn über ihn waltet [**73**]. Dies gehört auch zu den Kräften des menschlichen Geistes.

Das menschliche Tun beruht in der Wahl des Schönen und des Nützlichen, um dadurch zu dem, dem irdischen Leben gesteckten, Ziel, zu gelangen. Oft hat die Thorheit Gewalt über das Rechte. Doch führt zu diesem ein von der Erfahrung unterstützter Intellect. Derselbe verleiht erst dem Menschen Lebensart und ziert ihn mit Bildung, nachdem er durch den ursprünglichen Intellect wohl dazu hergerichtet ist.

33. Das Erkennen ist der Einprägung zu vergleichen. Sowie das Wachs zuerst dem Siegel gegenüber fremdartig ist, bis dass, wenn dasselbe eingeprägt wird, das Wachs jenes Siegel eng umschliesst und von dem Siegel Kennzeichen und Bild in ihm zurückbleibt, ebenso steht der Erkennende der Form fremd gegenüber. Wenn er aber die Form desselben sich angeeignet hat, so verbindet sich ihm die Erkenntniss davon. So entnimmt auch die sinnliche Wahrnehmung vom Wahrgenommenen ein Bild, welches sie der Erinnerung so anvertraut, dass dieselbe, auch wenn sie das Wahrnehmbare nicht mehr vor sich hat, es doch dem Gedächtniss einzeichnet.

Die creatürliche Erkenntniss findet entweder am Sichtbaren oder am Unsichtbaren statt. Das Sichtbare wird durch die fünf Sinne, welche die „Angeber" heissen, erfasst. Die Erfassung des Unsichtbaren aber heisst bei der Creatur Vermutung (Ahnung).

34. Jeder der äusseren Sinne nimmt von dem Wahrgenommenen ein Bild von der Qualität desselben auf. Ist das Wahrgenommene stark, so lässt es in dem Sinne (Organ) eine Zeit lang sein Bild zurück. So bildet sich z. B. im Auge, wenn es die Sonne beschaut, der Umriss

der Sonne ab. Wendet sich dasselbe dann von der Sonne ab, so verbleibt dieses Abbild im Auge eine Weile, ja bisweilen gewinnt dasselbe eine solche Macht über die Grundnatur des Augapfels, dass es ihn verdirbt. Dasselbe gilt vom Ohr; wendet sich dasselbe von einem starken Schall ab, so empfindet es eine Weile hindurch ein ermüdendes Getön. Dasselbe gilt vom Geruch und Geschmack. Beim Tastsinn ist dies am klarsten.

35. Das Auge ist ein Spiegel, in welchem sich das Bild des Gesehenen, während es ihm gegenüberstand, abspiegelte, dann aber, wenn dasselbe aufhörte und nicht kräftig war, hinschwindet.

Das Gehör ist eine Höhle, in welcher die Luft, die zwei sich einander stossenden Körpern entwichen ist, in ihrer Form sich bewegt, so dass du es hörst.

Der Tastsinn ist eine Kraft in einem wohl proportionirten Gliede. Er nimmt eine Veränderung in demselben wahr, die ihm von einem Eindruck machenden, ihm Begegnenden zukommt. Dasselbe gilt vom Geruch und Geschmack.

36. Hinter den äusseren Organen liegen Netze und Jagdseile für das, was die sinnliche Wahrnehmung an Formen ergab. Hierzu gehört eine Kraft, welche die formgebende heisst, sie liegt wohl geordnet im Vorderteil des Hirns [74]. Sie ist es, welche die Formen des Wahrgenommenen festhält, nachdem dieselben von den Berührungspuncten der Sinne oder ihren Treffpuncten geschwunden und somit die Wahrnehmung gewichen ist. Es bleibt in ihnen eine Kraft, welche Ahnung (Fantasie) heisst. Sie ist's, welche von dem Wahrgenommenen das erfasst, was nicht direct wahrgenommen wird. Dies gilt z. B. von jener Kraft im Schaf. Bildet sich die Form des Wolfs im Sinn des Schafs ab, so entsteht in demselben das Bild seiner Feindschaft und

Bosheit, obwohl die Wahrnehmungskraft dies nicht erfasst. Ferner giebt es eine Kraft, welche die bewahrende heisst, sie ist die Schatzkammer für das, was die Ahnung erfasste, sowie die formbildende Kraft die Schatzkammer für das von den Sinnen Erfasste ist. Dann giebt es eine Kraft, welche die nachdenkende heisst, diese beherrscht das, was in der Schatzkammer der formbildenden und bewahrenden Kraft niedergelegt ist. So mischt sich und trennt sich das Eine mit und von dem Andern. Diese Kraft heisst aber die nachdenkende nur, wenn der Geist des Menschen und der Intellect sie anwendet, wendet dagegen die Ahnung sie an, so heisst sie die Einbildungskraft.

37. Der äussere Sinn (das Organ) erfasst nicht den reinen Begriff des Wahrgenommenen, sondern nur den vermischten. Auch kann derselbe nicht das Wahrgenommene, nachdem es entschwunden, festhalten. So erfasst unser Sinn nicht den Zaid, sofern er rein Mensch ist, sondern er erfasst einen Menschen mit einer Menge von Zuständen im Wieviel, Wie, Wo, der Lage u. a. Gehörten diese Zustände zu dem eigentlichen Wesen des Menschen, so würden alle Menschen daran teilnehmen; die Wahrnehmung aber löst sich hierbei von dieser Form los, wenn sich das Wahrgenommene von ihr getrennt hat. Dieselbe aber erfasst die Form nur im Stoff, oder doch mit den Anhängen des Stoffs.

38. Auch die Ahnung und der innere Sinn erfassen den Begriff nicht rein, sondern vermischt, jedoch halten sie denselben fest, nachdem ihm das Wahrgenommene entschwunden. Denn auch Ahnung und Vorstellung dringen nicht ins Innere der reinen Menschenform, sondern ähnlich wie die Wahrnehmung von Aussen stattfand, gemischt mit Zusätzen und Hüllen vom Wieviel, vom Wie, vom Wo und der Lage. Erstrebt die Ahnung sich das Mensch-

liche als solches, ohne andre Zusätze, vorzustellen, so ist ihr das unmöglich, sie kann vielmehr die Menschenform nur gemischt, und von der Wahrnehmung hergenommen, erfassen, auch wenn sie von dem Wahrgenommenen getrennt ist.

39. Dagegen kann der menschliche Geist sich den Begriff in seiner Definition und seinem eigentlichen Werth, befreit von den fremdartigen Anhängen und von dem, woran das Viele Teil hat, vorstellen [75]. Dies geschieht durch eine Kraft, die er hat und die der theoretische Intellect heisst. Dieser Geist ist nun wie ein Spiegel und dieser theoretische Intellect wie sein Polierer. Das Gedachte (die Noūmena) wird nun demselben durch die göttliche Emanation, so wie die Umrisse auf dem glatten Spiegel eingezeichnet. Im Fall, dass der Schliff nicht von einer Naturanlage her verdorben ist, auch die Politur irgend wie von obenher keinen Zufall erlitt, beschäftigt sich der Geist mit dem, was er von der Begierde, dem Zorn, der Wahrnehmung und der Einbildungher waornahm. Wendet er sich dann davon ab und der oberen Welt zu, so erschaut er die obere Gotteswelt und verbindet er sich mit der überirdischen Lust.

40. Beim heiligen Geist hält das Unten das Oben nicht zurück, und hindert der äussere Sinn nicht den inneren, auch gehn die Eindrücke von ihm auf die Körper der Welt und was darin ist, über. Er nimmt das Gedachte vom Geist und den Engelnher ohne eine Belehrung von den Menschen auf.

41. Den gewöhnlichen, schwachen Geistern ist, wenn sie sich dem Inneren zuneigen, das Aeussere verborgen; neigen sie sich aber dem Aeusseren zu, das Innere. Stützen sie sich auf das Aeussere, so entweicht den Sinnen das An-

dere; kommen sie vom inneren Sinn her mit einer Kraft zusammen, so entgeht ihnen eine andre. Dasselbe gilt vom Auge, es wird verwirrt durch das Gehör. Die Furcht hindert die Begierde und die Begierde den Zorn. Das Nachdenken hindert die Erinnerung und die Erinnerung wendet vom Nachdenken ab. Beim heiligen Geist aber hindert Eins das Andre nicht.

42. Auf der zwischen dem Innern und dem Aeussern liegenden gemeinschaftlichen Grenze giebt es eine Kraft, welche das, was die Sinne zutragen, sammelt. In derselben liegt im eigentlichen Sinne die Wahrnehmung, und ist an ihr die Form eines Organs kenntlich, welches sich eilig bewegt, so dass in ihr die Form enthalten bleibt, wenn auch jene Wahrnehmung entschwunden ist. So nimmt z. B. diese Kraft etwa eine grade oder eine Kreislinie wahr, ohne dass dieselbe also sei. Nur hat das nicht lange Bestand. Diese Kraft ist nun auch eine Stätte um die inneren Formen beim Traum zu bestimmen. Denn bei dem, was im eigentlichen Sinne erfasst wird, ist es in Betreff dessen, was vorgestellt wird, gleich, ob es von aussen darauf nieder-, oder von Innen heraus davon aufsteigt. Das was in ihm sich formt, wird erblickt.

Gewinnt der äussere Sinn darüber Macht, so wird diese Kraft [76] des Inneren entkleidet; lässt aber der äussere Sinn von ihm, so gewinnt der in ihm nimmer ruhende innere Sinn die Macht. — Dann gestaltet sich in ihr eine Form ähnlich der, welche im Innern statt hatte, bis dass sie erblickt und wie im Schlaf erschaut wurde.

Bisweilen zieht irgend ein starker Anziehungspunct das Innere an, dann wird die Bewegung des Inneren so mächtig, dass es zur Herrschaft gelangt. Dann kann nur einer der zwei Fälle stattfinden. Entweder setzt der Intellect die Bewegung ins rechte Maass und wird die Aufwallung schwach, oder der Intellect ist dazu zu schwach und entweicht aus der Nähe.

Trifft es sich nun, dass der Intellect schwach wird, die Fantasie aber stark vorherrscht, so bildet sich in der Fantasie eine Kraft, die auf diesem Spiegel sich so kund tut, dass sich in demselben die fantastische Form bildet und erschaut wird. Dieselbe ist so wie das, was dem begegnet, in dessen Innerm ein Drang zur Verkündung von Etwas stattfindet, oder bei dem eine Furcht Macht gewinnt, so dass er Töne hört und Personen sieht. Diese Herrschaft wird bisweilen so mächtig über das Innere und die Kraft des äusseren Sinns so schwach, dass Etwas vom oberen Gottesreich jenem erschimmert und er das Verborgene kundgiebt, sowie man im Schlaf, wenn die Wahrnehmung ruht und die Sinne schlafen, Traumgestalten sieht. — Bisweilen ergreift dann die bewahrende Kraft das Traumbild so wie es ist und bedarf dasselbe dann keiner Deutung. Bisweilen aber geht die Fantasie-Kraft bei ihren jenem Erschauten ähnlichen Bewegungen selbst über auf die Dinge, die dem Erschauten gleich geartet sind. Dann bedarf man einer Ausdeutung und beruht diese in der Vermutung des Auslegers, wodurch er von dem Zweige aus auf die Wurzel zu schliessen sucht.

43. Im Wahrgenommenen liegt es an sich nicht, dass es gedacht werde, auch liegt im Intelligiblen an sich nicht, dass es sinnlich wahrgenommen werde. Die Sinneswahrnehmung wird nur durch ein körperliches Organ vollführt. In demselben bilden sich die Formen des Wahrgenommenen in solcher Weise ab, dass damit fremdartige Anhängsel verbunden sind.

Die geistige Erkenntniss wird dagegen nicht durch ein

körperliches Organ ausgeführt. Denn das durch diese Vorgestellte ist etwas specielles. Der welcher beides erkennen will, kann nicht in einem Teilbaren stehn bleiben, vielmehr ist es der menschliche Geist, welcher das Intelligible dadurch erfasst, dass er eine unkörperliche Substanz annimmt. Dieselbe lässt sich weder zerteilen noch ist sie räumlich, sie fällt der Vermutung nicht anheim, auch wird sie durch die sinnliche Wahrnehmung, da sie zum Bereich der göttlichen Welt gehört, nicht erfasst.

44. Der Wirkungskreis der Sinne liegt in der Schöpfungswelt, der Intellect aber hat seinen Wirkungskreis in der Geisteswelt und dem, was über der Schöpfung steht. Das Ding an sich ist also den Sinnen verhüllt, [？？] doch beim Intellect kann die Verhüllung enthüllt werden. Dies ist wie bei der Sonne; wenn sie auch ein wenig verschleiert ist, ist sie doch zum grössten Teil hoch stehend (klar).

45. Das einheitliche Wesen (Gott selbst) zu erfassen, giebt es keinen Weg, vielmehr wird derselbe nur in seinen Eigenschaften erkannt. Am weitesten führt hierbei die Erkenntniss, dass es keinen Weg dazu giebt und er erhaben ist über das, womit die Thoren ihn beschreiben.

46. Die Engel haben einmal ein ihnen eigentliches Wesen, dazu aber haben sie auch ein dem Menschen analoges Wesen; ihr eigentliches Wesen gehört der Geisteswelt an. Von den menschlichen Kräften steht ihnen nur der menschliche heilige Sinn nahe; verkehrt derselbe mit ihnen, so wird der innere und äussere Sinn des Menschen nach oben gezogen, so dass sich in ihm von dem Engel eine Form, so wie du sie ertragen kannst, bildet. Dann siehst du wohl einen Engel aber in einer andern Form, als er ist, und du hörst seine Rede, nach seiner Offenbarung. Offenbarung aber ist eine Tafel (Schrift) von der Willens

äusserung des Engels an den menschlichen Geist, ohne dass eine Vermittlung da wäre. Das ist die eigentliche Rede. Denn mit der Rede wird doch nur die Einzeichnung von dem, was im Innern des Anredenden enthalten ist, auf das Innere des Angeredeten bezeichnet, damit es jenem gleich werde.

Ist aber der Angeredete zu schwach, mit dem Innern des Andern so in Berührung zu treten, wie dies das Siegel mit dem Wachs tut, das jenes sich gleich macht, so nimmt er sich für das, was zwischen den beiden Innern stattfindet, einen sichtbaren Sendling. Derselbe redet mit Stimmen, oder schreibt oder giebt sonst eine Hindeutung. Ist dagegen der Angeredete ein Geist, so giebts keine Hülle zwischen ihm und dem (offenbarenden) Geist, er steht klar vor ihm wie die Sonne über klarem Wasser und nimmt von ihm die Zeichnung von allem, was dem Geist sich einzeichnen kann, an. — Es ist nun das Wesen desselben, sich dem inneren Sinn des andern, im Fall dieser stark ist, von ferne zu zeigen und sich der Erinnerungskraft so einzuprägen, dass er erschaut wird. Dann verbindet der, dem die Offenbarung zukam, sich mit dem Engel in seinem Innern, er nimmt die Offenbarung im Innern auf und bildet er sich in Beziehung auf den Engel eine sinnlich fassbare Form, und für die Rede desselben hörbare Töne. Dann rufen der Engel und der, dem die Offenbarung zukam, jeder von ihnen, ihre Erfassungskraft, von beiden Seiten her, an. Die sinnlichen Kräfte sind dann wie in Betäubung und den, welchem die Offenbarung wird, befällt etwas wie Ohnmacht, dann aber kann er es erschauen.

47. Denke nicht, das Schreibrohr sei ein concretes Werkzeug, die Tafel eine ausgebreitete Fläche, und die Schrift geschriebene Züge. Vielmehr ist das Schreibrohr ein gei-

stiger Engel und gilt dasselbe von der Tafel, die Schrift aber besteht in einer Zeichnung vom eigentlichen Wesen der Dinge. Das Schreibrohr empfängt die im Reich des Geistes vorhandenen Begriffe und vertraut dieselben der Tafel in der geistigen Schrift an, so dass der Entscheid vom Schreibrohr und die Bestimmung von der Tafel her entsteht. Der Entscheid [78] enthält den Inhalt vom Reich des Einen, die Vorherbestimmung aber den Inhalt der Offenbarung im bestimmten Maass. Von da geht sie zu den Engeln im Himmel, dann spendet sie den Engeln auf den Erden, und erst dann tritt das zum Sein Bestimmte ein.

48. Alles, was nicht war und dann ward, hat eine Ursache, auch kann nimmer das Nichtseiende Ursache davon sein, dass das Werdende ins Sein trat.

Die Ursache aber, wenn sie nicht Ursache war, dann aber Ursache ward, ward dazu durch eine andre Ursache. Dies endet dann bei einem Anfang, von dem aus sich die Ursachen der Dinge nach der Ordnung seines Wissens davon reihen.

Wir finden in der Welt des Werdens weder eine Naturanlage, die neu entstünde, noch einen hervortretenden freien Willen; es sei denn dies geschehe von einer Ursache her, und das geht dann so fort bis zur Ursache der Ursachen. Es ist unmöglich, dass der Mensch eine uranfängliche Tat tue, denn er muss sich beim Tun auf Aussenursachen, die nicht in seinem Willen liegen, stützen. Diese Ursachen aber stützen sich auf die Anordnung, diese wieder auf die Vorherbestimmung, die Vorherbestimmung endlich auf den Entscheid Gottes. Der Entscheid aber geht hervor vom Reich Gottes. Jedes Ding ist also vorherbestimmt.

49. Glaubt Jemand er tue, was er will, und erwähle, was er wolle, so mache er sich in Betreff seines freien Willens klar, ob derselbe wirklich in ihm neu entstand, nachdem er vorher nicht da war, oder ob dies nicht der Fall war. Entstand derselbe nicht neu in ihm, so folgt notwendig, dass ihn dieser freier Wille schon seit dem Anfang seines Seins begleitete. Notwendig musste er also auf denselben hin geschaffen sein, und konnte dann derselbe nimmer von ihm weichen. Dann würde aber consequent daraus der Ausspruch folgen, dass der freie Wille in ihm von einem andern her bestimmt sei.

Ist dagegen der freie Wille neu entstanden, so gilt, dass doch jedes Neuentstehende eine es hervorrufende Ursache hat, und rührt somit sein freier Wille von einer Ursache her, die denselben erforderte, oder von einem Neuschaffenden, das denselben neu schuf.

Dasselbe könnte nun entweder er selbst oder etwas andres sein. Ist er es selbst, so muss notwendig sein ins Dasein Rufen eines freien Willens durch einen freien Willen stattgefunden haben, und würde sich dies wie eine Kette bis ins Unendliche reihen. Oder aber es müsste der Bestand des freien Willens im Menschen nicht durch den freien Willen selbst stattfinden, dann aber ist er von etwas andrem her diesem freien Willen aufgebürdet, und endete dies bei Ursachen ausser ihm, die nicht in seinem freien Willen liegen, so dass dies bei dem ewigen freien Willen, welcher die Ordnung des All, sowie sie jetzt ist, als notwendig setzte. Denn endete die Reihe bei einem neu entstandenen freien Willen, so würde die Rede wieder von vorn beginnen müssen. Es ist somit hieraus klar, dass alles Gute und alles Böse, was da wird, [79] sich auf Ursachen stützt, die von dem ewigen Willen ausgehn.

50. Das Verständniss betrifft entweder etwas Specielles, wie Said, oder etwas Allgemeines, wie Mensch. Beim Allgemeinen hat weder eine Überlegung statt, noch ist damit eine Sinneswahrnehmung verbunden. Beim Speciellen dagegen wird das Vorhandensein desselben entweder mit, oder ohne Beweis erfasst. Das Anschauungsnomen findet da Anwendung, wo das Vorhandensein eines Specialwesens an sich, ohne Vermittlung eines Beweises feststeht. Der Beweis aber hat bei dem Nichtanwesenden seine Geltung und wird das Nichthierseiende durch den Beweis erreicht. Das aber, was zwar nicht bewiesen werden kann, dem aber trotzdem die zweifellose Wesenheit zugesprochen wird, ist noch kein Nichtvorhandenes. Alles Vorhandene aber, das nicht ein Verborgenes ist, ist bezeugt und klar. Das Verständniss des Bezeugten liegt in der Anschauung und findet die Anschauung durch eine Berührung oder ein Gegenübertreten oder ohne diese beiden statt. In diesem Fall geschieht sie durch eine Prüfung.

Vom Wahren, Ersten gilt, dass sein Wesen ihm nicht verborgen ist. Doch findet diese Erkenntniss nicht durch einen Beweis statt und ist es somit seinem Wesen möglich, dass es, von sich aus, seine Vollkommenheit anschaue. Dann ist es aber auch dem Anderen ohne einen Beweis klar, und geschieht dies ohne Berührung und Gegenübertreten. Es wird von diesem Andern so erschaut, dass, wenn die Bezeugung möglich wäre — es ist aber darüber hoch erhaben — es mit dem Tastsinn, oder Geschmack, oder einem andern Sinn erfassbar wäre.

Wenn es nun in der Macht des Schöpfers liegt, dass er die Kraft dieser Erfassungen in das Auge, das nach der Auferstehung sein wird, legt, so liegt es nicht fern, dass der Erhabene am Tage der Auferstehung ohne Vergleichung, ohne Eigenschaftlichkeit, ohne Berührung und ohne ein Gegenübertreten erschaut wird.

Gott aber ist hoch erhaben über alles, was man ihm als Genossen zuteilt. Er ist somit ohne Hülle, rein und sichtbar in allem, was verborgen ist.

Sei es nun, dass, weil er in das Reich des Vorhandenen eintritt, seine Existenz eine schwächere wird, wie dies bei dem schwachen Licht stattfindet, oder dass bei seiner starken Kraft, die Schwäche in der Kraft des ihn Erfassenden eintritt, jedoch sein Anteil am Sein stark ist, so ist dies, wie wenn beim Licht der Sonne oder vielmehr dem der Sonnenscheibe es geschieht, dass, indem das Auge beim Beschauen derselben stumpf wird, die Gestalt der Sonne ihm verborgen bleibt.

Wenn nun ihre Scheibe in einem Schleier ist, so ist dieser Schleier entweder etwas Trennbares, wie eine Mauer oder ein Zwischenwall zwischen dem Blick und dem was dahinter liegt, oder etwas Untrennbares. Dies letztere wäre dann etwas dem eigentlichen Wesen der Sache vermischtes oder als unvermischt ihm Anhängendes.

Das Beigemischte verhält sich zum Ding selbst wie das Accidenz zum wahren Wesen des Menschen, dessen Herz d. h. Verborgenes in ihm liegt, [so] während auch noch anderes, wahrnehmbares an ihm ist.

Den Intellect (Begriff) aber muss man aus ihm herausschälen, bis das Wesen desselben rein ist. Dagegen ist das nur Anhängende etwas dem Kleid ähnliches und gehört dies zu dem Trennbaren. Das Anhängende und das Gesonderte haben beide das speciell eigen, dass die Erfassung bei ihnen wohl gelingt, da beide dem Erfassenden näher liegen.

51. Das Substrat verbirgt sein eigentliches klares Wesen, weil demselben die anhängenden, fremdartigen Wirkungen

gleich folgen. Hierfür dient der Saamentropfen als Beispiel, der die Menschenform umhüllt; ist derselbe voll und ebenmässig, so wird das Individuum von starkem Bau und schöner Form, ist er aber trocken und dürftig, so findet das Gegenteil davon statt. Ebenso haben auch die verschiedenen Naturanlagen verschiedene Zustände zur Folge.

52. Die Nähe ist eine örtliche oder eine begriffliche. Der Wahre (Gott) ist nicht örtlich und kann man sich bei ihm örtlich weder Ferne noch Nähe vorstellen.

Die begriffliche Nähe ist entweder eine Verbindung von Seiten des Seins oder von Seiten der Washeit. Mit dem Ersten, Wahren hat in Betreff der Washeit kein Ding, weder eine fernere noch eine nähere Beziehung. Die Verbindung im Sein aber erheischt keine grössere Nähe als die, welche schon in ihm besteht. Wie sollte das nicht so sein! Gott aber ist der Anfang alles Seins, sowie auch der Verleiher desselben. Denn wenn Gott durch eine Vermittlung schüfe, so setzte diese wieder eine andre Vermittlung voraus. Somit giebt es in Betreff des Anhängenden und Trennbaren kein Verborgensein im Ersten, Wahren. Der Erste, Wahre ist frei von der Vermischung mit dem Ding, er ist frei von allen Accidenzen sowie fremdartigen Anhängseln und liegt in seinem Wesen keine Unklarheit.

53. Kein Sein ist vollendeter als das Sein Gottes, und kann es somit in ihm keine, von den Mängeln des Seins herrührende, Verborgenheit geben. So ist er denn in seinem Wesen sichtbar und wegen der Stärke seines Hervortretens verborgen. Durch ihn tritt alles, was erscheinen kann, hervor, ebenso wie die Sonne alles Verborgene hervortreten lässt. Er ist auch unsichtbar, aber nicht etwa deshalb, weil ihn etwas verbirgt.

Die Erklärung dieser Sprüche ist: Das was nach ihm folgt, bildet weder eine Vielheit im Das des Wesens Gottes, noch hat es eine Vermischung mit ihm. Vielmehr steht er allein da, ohne eine Hülle und rührt daher seine Klarheit.

Alle Vielheiten und Vermengungen treten erst nach seinem Selbst und Hervortreten hervor, und zwar von seinem Wesen her, sofern es ein Einiges ist. Dies Einige ist von seiner Sichtbarkeit her sichtbar, somit tritt es recht eigentlich durch sein Wesen hervor, und erst von seinem Sichtbarsein her, sind alle Dinge sichtbar (offenbar). Somit erscheint er ein zweites Mal für jedes Ding in jedem Ding.

Dies ist nun ein Erscheinen in den Anzeichen und zwar (erst) nach seinem Erscheinen im Wesen.

Erst sein zweites Erscheinen verbindet sich mit der Vielheit und wird dies erst [81] von seinem ersten Erscheinen, d. i. der Einheit aus, entsandt.

54. Man kann nun nicht behaupten: der Urwahre erfasse die von seiner Allmacht aus neu erschaffenen Dinge von Seiten dieser Dinge, sowie das sinnlich Wahrnehmbare von Seiten seines Gegenwärtigseins und seines Eindrucks auf uns erfasst wird, so dass dann die Dinge die Wissensursachen für den Wahren (Gott) wären. Vielmehr muss man wissen, dass Gott von seinem Wesen, dem heilig gepriesenen, aus, die Dinge erfasst. Denn wenn Gott auf sein Wesen schaut, so schaut er die erhabene Allmacht, und erschaut er somit von der Allmacht aus das durch dieselbe Bestimmte, dann erschaut er das All. Somit wird sein Wissen von seinem Wesen Ursache davon, dass er jenes Andre (das All) weiss. — Es kann ja doch ein Teil des Wissens Ursache für den andern Teil desselben sein.

Denn, wenn der Urwahre weiss, dass der Knecht, dessen Gehorsam er vorausbestimmte, auch wirklich gehorsam ist, so ist dies die Ursache davon, dass er weiss, jener werde sein Erbarmen erreichen. Da Gott nun ferner weiss, dass die Belohnung desselben nicht verkürzt werde (ihm sicher zu Teil werde), so ist dies die Ursache davon, dass Gott weiss, er werde jenen, wenn derselbe das Paradies betrete, nicht in die Hölle senden.

Dies bedingt nun aber nicht ein Früher oder Später in der Zeit, sondern das Früher und Später, was im Wesen liegt. „Vor" (oder „Früher") wird auf fünf Arten gebraucht: *a.* „Vor" der Zeit nach, wie der Alte war vor dem Jungen; *b.* Früher der Natur nach. Dies ist nun jenes, ohne welches das Andre sich nicht vorfindet, während es selbst ohne das Andre vorhanden ist. Dies gilt von der Eins und der Zwei. Auch redet man *c.* von einem Vor in der Anordnung wie: Die erste Reihe steht vor der Zweiten, wenn man sie von vorne auffasst. *d.* Vor im Rang, wie Abu Bekr kommt vor (steht höher als) Omar. *e.* Redet man von einem Früher in Beziehung auf das Wesen und die Würdigkeit zum Sein. So spricht man vom Willen Gottes und dem Werden des Dings. Beide sind zugleich und ist das Werden der Dinge nicht später als der Wille Gottes, der Zeit nach, jedoch steht letzteres später im eigentlichen Wesen. Denn man sagt: es wollte Gott, da ward das Ding; jedoch sagt man nicht: es ward das Ding, da wollte Gott.

55. Sein Wissen von seinem Wesen ist bei ihm von seinem Wesen nicht getrennt, vielmehr ist es sein Wesen selbst. Sein Wissen ist die vollkommenste Eigenschaft für sein Wesen. Diese Eigenschaft ist nicht sein Wesen (selbst), vielmehr ist sie demselben notwendig anhängend. In die-

sem Wissen liegt die unbegrenzte Vielheit je nach der unbegrenzten Vielheit des Intelligiblen und je nach dem Verhältniss der Kraft und der unbegrenzten Macht.

Somit giebt es hier keine Vielheit im Wesen, vielmehr nur nach dem Wesen, denn die Eigenschaft folgt nach dem Wesen, zwar nicht der Zeit aber der Anordnung des Seins nach. Jedoch hat diese Vielheit eine Ordnung, durch die sie sich zum Wesen [82] (Gottes) erhebt. Dies auszuführen würde hier zu weitläufig sein.

Die Ordnung umfasst die Vielheit in einer Reihe und diese Reihe ist eine Einheit. Betrachtet man Gott als ein Wesen mit Eigenschaften, so besteht er als ein All in einer Einheit. — Dann stellt sich das All dar in seiner Allmacht und seinem Wissen, und ergiebt sich aus beiden das All als ein von allen Anhängseln freies. Dann umkleidet sich dasselbe mit den Stoffen und wird es zum All des Alls vermöge seiner Eigenschaften. Dasselbe wird umfasst durch die Einheit seines Wesen.

55 a. Erklärung des folgenden Spruchs „Er ist der Wahre". „Wahr" wird ausgesagt von dem Praedicat, das dem Subject genau entspricht; auch wird, wahr, für das Subject gebraucht, im Fall dasselbe der Aussage congruent ist. Auch bezeichnet man mit „wahr" das statthabende Vorhandene, und nennt endlich wahr das, wozu die Vernichtung keinen Weg findet.

Sagen wir vom Urwahren, dass er wahr sei, so geschieht Dies, weil er der Notwendigseiende ist, dem sich keine Vernichtung beimischt. In ihm ist die Existenz Alles Nichtigen bedingt, denn alles ausser Gott ist nichtig.

Er ist verborgen, denn er ist von so mächtiger Sichtbarkeit, dass dieselbe über der Fassungskraft steht (nicht erfasst werden kann). Somit ist er verborgen.

Er ist sichtbar, sofern seine Wirkungen mit seinen Eigenschaften in Beziehung stehn, diese notwendig von seinem Wesen ausgehn und durch dasselbe wahrhaft sind. Dies gilt von seiner Allmacht und von seinem Wissen. Das heisst in dem Begriff „Allmacht und Wissen" liegt Zulassung und Weite (d. h. die Möglichkeit sie zu erfassen). Aber das Wesen Gottes zu erfassen, ist verwehrt, man erfasst es nimmer in wahrhafter Weise (wie es sein müsste). Somit ist Gott in einer Hinsicht zwar verborgen, jedoch nicht wegen Etwas ihn verhüllenden, und ebenso ist er in andrer Hinsicht sichtbar.

Wenn wir nun einen Schatten von seinen Eigenschaften erfassen, so trennt uns dies von den Eigenschaften der Menschheit und reisst dies unsere Wurzel von der Pflanzstätte der Körperlichkeit los.

Dann gelangst du dazu das Wesen zu erfassen insofern es unfassbar ist, und freust du dich, dass du erkennst, dass es unerkennbar ist.

Somit musst du von seiner Verborgenheit seine Sichtbarkeit hernehmen, dann wird Dir die obere Welt und die Welt der Gottesherrschaft von der unteren Sphäre d. h. der Menschenwelt aus, klar.

56. Die Definition wird zusammengesetzt aus Gattung und unterscheidendem Merkmal (διαφορά). So sagt man der Mensch ist eine vernünftige Creatur. Dann ist „Creatur" die Gattung und „Vernünftig" das Unterscheidende.

57. „Substrat" ist das die verschiedenen Eigenschaften und Zustände Tragende. So ist das Wasser Träger des Gefrierens und des Kochens. Das Holz aber ist Träger für die Stuhl- und Thorform und das Kleid für die Schwärze oder Weisse.

[83] 58. Er (Gott) ist der Erste, sofern er von sich

selbst ist. Von ihm geht alles hervor, was wegen eines Anderen vorhanden ist.

Er ist ein Erster, sofern er der Erste im Sein ist. Er ist ein Erster, sofern alles Zeitliche in seinem Sein auf ihn bezogen wird. Somit gab es eine Zeit, in der dies Ding nicht bei ihm war, dann ward es d. h. bei ihm, nicht in ihm. Er ist ein Erstes, denn stellt man sich irgend Etwas vor, so war als ein Erstes der Eindruck davon in ihm und ein Zweites war seine Annahme desselben, jedoch nicht in der Zeit.

Er ist ein Letztes. Denn wenn man bei den Dingen die Ursachen und Anfänge derselben auf ihn bezieht, so bleibt bei ihm diese Beziehung stehn. Somit ist er ein Letztes, denn er ist das eigentliche Endziel bei einem jeden Streben.

Dies Endziel ist nun z. B. das Glück. Fragt man, warum trinkst du das Wasser? so ist die Antwort, um meine Constitution zu ändern. Fragt man dann, warum willst du denn, dass deine Constitution anders werde? so ist die Antwort, wegen der Gesundheit. Dann kann man fragen: Warum erstrebst du denn die Gesundheit? dann ist die Antwort, zum Glück und Heil. Dann kann man keine Frage mehr stellen, die notwendig beantwortet werden müsste, denn das Glück und das Gute wird seiner selbst wegen, nicht aber wegen etwas Anderen erstrebt.

Von dem Urwahren empfängt jedes Ding eine Grundanlage und einen seiner Fähigkeit entsprechenden Willen. So erkennen dies die in der Wissenschaft Sicheren, wenn sie das Gesammtwissen wohl teilen und führen sie dies weiter aus.

Gott ist somit der Urgeliebte und ist er deshalb das Ende eines jeden Ziels. Ein Erstes im Gedanken, ein Letztes, sofern man bei allem Zeitlichen sagen muss, es gab eine

Zeit, nach der es stattfand, dagegen giebt es keine Zeit, die früher war als der Wahre. (Er ist ja ewig).

Er ist erstrebend d. h. das All erstrebend, damit dasselbe von ihm seinen Teil erhalte.

5 Er ist überwindend, das heisst, er hat die Macht das Nichtsein als ein solches zu setzen und die Washeiten aufzuheben, soweit dieselben an sich die Vernichtung verdienen.

Alles aber ist vergänglich, Er allein ausgenommen.

10 Ihm sei Preis, dass er uns seinen Weg geführt und uns seiner Gnade und Güte nah gebracht hat.

VII.

DIE ANTWORTEN ALFĀRĀBĪ'S AUF EINZELNE VORGELEGTE FRAGEN.

[84] 1. Frage: Wie entstehen die Farben an den Körpern und an welchen Körpern?

Antwort: Die Farben entstehen nur an den werdenden und vergehenden Körpern. Die überirdischen Körper haben keine Farben und ebensowenig die Elemente oder einfachen Körper. — Dies ist die Ansicht der meisten Alten, wenige ausgenommen. — Denn die Alten behaupteten, die Erde sei unter den übrigen Elementen von schwarzer Farbe, dem Feuer aber sei die Leuchtkraft eigen und entstünden die Farben nur aus der Mischung der Elemente an den zusammengesetzten Körpern. Bei dem zusammengesetzten Körper nun, bei welchem das Feurige überwiege, sei die Farbe weiss, bei den Körpern aber, wo das Erdige überwiege, sei die Farbe schwarz. Dem gemäss entstünden die Mittelfarben je nach dem Maass, welches die Mischung erheische.

2. Frage: Was ist die Farbe?

A. Die Farbe ist das Endziel, welchem der durchsichtige Körper als solcher zustrebt. Die Farbe tritt nur an der Oberfläche des Körpers hervor. Der Körper hat nur zwei Endziele, einmal die Oberfläche und diese gebürt ihm, sofern er ein Körper ist, und zweitens die Farbe und diese hat er, sofern er sichtbar ist.

3. Frage: Was ist die Vermischung?

Antwort: Die Vermischung ist die Tätigkeit und der Eindruck zweier Qualitäten, der Einen auf die Andre.

4. Welche Meinung hegen einige Leute vom Begriff "Djinn" (genius), und was sind dieselben?

A. Djinn ist ein lebendes, unvernünftiges, unsterbliches Wesen. So würde es die durch Einteilung gewonnene Definition ergeben, welche als klar und deutlich bei den Leuten vom Begriff „Mensch" anerkannt ist. Danach ist der Mensch ein lebendes, vernünftiges, sterbliches Wesen. Denn der Begriff „lebendes Wesen" zerfällt in vernünftig und sterblich — das ist der Mensch — und in vernünftig und unsterblich, das ist der Engel; [85] dann in unvernünftig und sterblich, das ist das Tier, und in unvernünftig und unsterblich, das ist der Djinn.

Da erwiederte der Frager „das, was im Koran steht, widerspricht dem", denn es heisst 72, 1: „Eine Schaar von Djinnen hörte mir aufmerksam zu, dann sprachen sie: fürwahr wir hörten eine Vorlesung wunderbarer Art". Wie kann nun ein Unvernünftiger hören und reden?

Da antwortete Alfārābī: Das ist dem nicht widersprechend. Das Hören und Reden kann sich bei einem lebenden Wesen vorfinden, sofern es lebend ist. Denn das Reden und Worte sprechen ist etwas andres als die logische Unterscheidung, welche die vernünftige Rede bedeutet.

Man sieht ja, dass viele Tiere keine Rede haben (stumm sind) und doch leben. Der silbenartig gegliederte Laut ist aber dem Menschen angeboren, sofern er ein lebendes Wesen von dieser Art ist. Wie jede Art der lebenden Wesen aber Laute hat, die denen der anderen Arten nicht gleich sind, so ist die dem Menschen eigne Silbensprache verschieden von den Lauten der andern Creaturen. Wenn wir aber sagen: Die Genien sind unsterblich, so wird dies durch den Koranspruch bewiesen 71, 3: Ach Herr gieb mir Frist bis zum Tag der Auferstehung, worauf Gott spricht „fürwahr du gehörst zu denen, die Frist erhalten".

5. Was ist der Begriff von „locker und dicht," was sind beide, und unter welche Kategorie fallen beide?

A. Sie fallen beide unter die Kategorie der Lage (Κεῖσθαι) Locker bedeutet den Abstand der Teile des Körpers in ihrer Lage zu einander, so dass man bei ihnen zwischen diesen Teilen andre Teile von einem andern Körper vorfindet. Dicht dagegen bedeutet die Annäherung der Teile zu einander hinsichtlich ihrer Lage.

6. Was bedeutet „rauh und glatt" und unter welche Kategorie fallen beide?

A. Beide fallen unter die Kategorie der Lage. Denn beide Begriffe bedeuten eine gewisse Lage, welche die Teile der Oberfläche einnehmen. So bedeutet „Rauh" die Lage von den Teilen der Oberfläche in Hoch und Niedrig, und „Glatt" die Lage von den Teilen des Körpers ohne Erhebung.

7. Welches Dichte verbindet sich der Härte und welches der Weichheit?

A. Wenn unter den Teilen des Dichten (Festen) Einheit und gegenseitige Verbindung nach bestimmten Gesetzen stattfindet, so entsteht an ihm Härte, giebt es aber bei jenen Teilen weder Einheit, noch bestimmte Gesetze, [86] so entsteht am Körper die Weichheit. Die Eigenschaft des Harten ist die, dass es nur schwer Eindruck empfängt, rasch aber Eindruck macht. Eigenart des Weichen aber ist, dass es leicht Eindruck erhält, doch schwer einen solchen ausübt.

8. Verdient das Gedächtniss oder der Verstand den Vorzug?

A. Der Verstand ist dem Gedächtniss vorzuziehn. Denn das Gedächtniss richtet sein Tun zumeist nur auf Worte, d. h. auf Teil- und Individualsachen. Das sind aber Dinge, die kaum zum Ziel führen, sie schaffen weder Genüge noch Nutzen, weder in ihren Arten noch Individuen so dass der, welcher sich mit ihnen befasst, nicht zu Ende kommt. Es ist, als wenn er vergebens liefe. Dagegen richtet sich der Verstand bei seinem Wirken auf Begriffe, auf Allgemeines und auf Grundsätze. Diese aber sind bestimmt, begrenzt, und einheitlich für das Gesammte. Wer diesem nachstrebt, hat reichlichen Lohn.

Ferner ist das dem Menschen speciell eigene Tun der Schluss, die Anordnung, Verwaltung, und der Blick auf die Folgen. Beruht aber das Vertrauen des Menschen in allem, was er erfasst und was ihn betrifft, auf Teildingen, so ist sein Gedächtniss nicht frei von Fehlern und Irrtum, da bei den Dingen in ihren Einzelerscheinungen nicht eins dem andern in jeder Beziehung gleich ist. Auch kann es sein, dass das, was ihm begegnet, nicht zu der Gattung gehört, die er im Gedächtniss bewahrte. Ist aber sein Vertrauen auf Grundsätze und Allgemeines gerichtet und kommt ihm dann eins von den Dingen zu, so ist es möglich, dass er in seinem Verstand dies auf die Grundsätze zurückführe, und eins am andern messe. Somit ist klar, dass das Verständniss vorzüglicher als das Gedächtniss ist.

9. Ist die Welt vergänglich oder nicht? Wenn sie aber vergänglich ist, ist dann ihr Werden und Vergehn wie das der übrigen Körper, oder bildet es eine andre Art davon? Wie geschieht dies?

A. „Werden" bedeutet dem eigentlichen Sinn nach

eine gewisse Zusammenfügung oder etwas Derartiges. „Vergehen" aber eine gewisse Auflösung oder dem Aehnliches. Sagt man nun anstatt „Zusammenfügung und Auflösung" „Vereinigung und Trennung", so ist auch dies erlaubt.

Alles, was aus vielen Teilen zusammengesetzt ist, braucht zu seiner Zusammenfügung längere Zeit. Dasselbe gilt auch von dem, dessen Auflösung in mehr Teile stattfindet, seine Auflösung bedarf einer längeren Zeit. — Was aber von jenen beiden weniger Teile hat, braucht nur kürzere Zeit, die wenigste Zeit aber ist nötig bei der Zusammenfügung und Auflösung von zweiteiligen Dingen. Das aber, was nur aus Einem besteht, erleidet weder Zusammenfügung noch Auflösung.

Die Zusammenfügung und Auflösung kann nur in der Zeit stattfinden. Die Zeit aber ist ein Anfangen, dessen Anfang wiederum das Rein-Eine ist. [87] Somit ist der Anfang des Dings etwas andres als das Ding.

Die Zusammenfügung und Auflösung, die an nur zwei Dingen (Teilen) stattfindet, hat nur im reinen Augenblick statt. Die aber, welche, bei dem aus mehr als aus zwei Teilen Bestehenden, statthat, kann nur in einer Zeit statthaben. Die Länge und Kürze dieser Zeit ist dem Viel oder Wenig dieser Teile entsprechend.

Die Teile der Welt sind nun z. B. Tier, Pflanze und Anderes. Dieselben sind aus mehr als zwei Teilen zusammengesetzt, und findet somit ihr Werden und Vergehn, wegen der in ihren Teilen und Grundbestandteilen (Elementen) vorhandenen Menge, in einer Zeit statt.

Die ganze Welt ist aber im eigentlichen Sinne nur aus zwei Grundbestandteilen nämlich aus Stoff und Form, welche beide ihr speciell eigen sind, zusammengesetzt. — Deshalb geschah das Werden der Welt auf einmal, zeitlos, wie wir dies dartaten. Ebenso findet auch ihr Vergehn zeitlos statt. Es ist klar, dass alles, was ein Werden hat, zweifelsohne auch ein Vergehn habe. Somit haben wir klar gestellt, dass die Welt ihrer Gesammtheit nach werdend und vergehend ist, doch ihr Werden und Vergehn nicht in eine Zeit falle (zeitlos sei), dass dagegen ihre Teile so werdend und vergehend sind, dass ihr Entstehn und Vergehn in die Zeit falle. Gott aber er sei hoch gepriesen. Er ist der Eine, Wahre, der Hervorrufer des Alls, bei ihm ist weder Werden noch Vergehn.

10. Wie und in welcher Weise existiren die allgemeinen Dinge?

A. Alles was actuell wegen der Existenz eines andern Dings da ist, das existirt wegen des zweiten Zwecks (nicht um seiner selbst willen) und hat somit nur ein accidentelles Sein.

Die allgemeinen Dinge, d. h. die Universalien, existiren nur in Folge der Existenz der Einzeldinge und ist somit ihre Existenz nur accidentell. Ich verstehe aber unter dieser meiner Behauptung nicht, dass die Universalien selbst Accidenzen seien, sodass daraus notwendig folgen würde, dass auch die allgemeinen Substanzbegriffe Accidenzen wären, ich behaupte nur, dass ihr actuelles Sein schlechthin nur accidentell sei.

11. Ist die Kategorie „Leiden" und das bei der Qualität erwähnte „Leiden" ein und dasselbe, oder sind beide verschieden? Sind aber beide eins, warum werden sie dann einmal als eine Obergattung (Kategorie) und ein andermal als unter eine Kategorie fallend, gesetzt?

A. Beide haben gemeinsam Teil an einem Begriff, doch sind sie von einander in anderen Begriffen differirend. Gemeinsam haben beide Teil am Accidenz in der Weise des gemeinsamen Namens (homonym). Die Begriffe aber, worin beide differiren, fasst Ar. in den Kategorieen da zusammen, wo er die Kategorie „Leiden" behandelt, [ss] sowie auch in einigen Ausprüchen über die Qualität. Darauf erklärt er dies weiter und sagt: Die Substanz hat mit der Qualität einen Zustand gemein und das ist die Ruhe, in derselben beginnt sie von dem Nichtseienden, das ja „der Form" gegenüber steht, und hört sie in der Form mit der Annahme (derselben) auf. Auch sagt er kurz gefasst: Die Substanz entwickelt sich von der Potentialität zur Actualität. Die Ruhe nun sei ein Leiden; nur wenn dieselbe in der Form oder die Form in ihr statt hat, dann müsse die Form zu einer bestehenden werden, und heisst sie dann eine aufs Leiden bezügliche Qualität. Die schnell schwindende Qualität aber heisst ein Leiden.

Da nun Ar. fand, dass diese Weise vielen Dingen gemeinsam sei, setzte er sie wegen ihrer Allgemeinheit als eine Obergattung und brachte er die Kategorie „Leiden" in Beziehung zu der von der Qualität, sodass die aufs Leiden bezügliche Qualität als eine Art der Qualität bezeichnet wird.

12. Was ist ein zweideutiges Nomen?

A. Die Nomina zerfallen in zwei Arten. Es giebt *a*. Nomina, welche zwar Dinge benennen, doch wird mit dieser Benennung nicht *ein* bestimmter Begriff erzielt, das sind die Homonymen (gemeinsame) oder analoge (übereinstimmende) Nomina. *b*. die andre Art besteht aus Nominibus, womit Dinge so bezeichnet werden, dass damit bestimmte Begriffe erzielt werden.

Diese Letzteren zerfallen ebenfalls in zwei Teile *a*. in Nomina für Dinge, sodass bei dieser Benennung bestimmte Begriffe erzielt werden, doch so, dass bei dem damit Benannten kein Früher oder Später in diesem Begriff stattfindet —

das sind die Synonymen — und *b*. in Namen für Dinge, so dass bei ihrer Benennung bestimmte Begriffe zwar erzielt werden, doch bei dem damit Benannten, diesem Nomen gemäss ein Früher oder Später statt hat. Das sind die doppelsinnigen wie Substanz und Accidenz, Potentialität und Actualität, Verbot und Befehl und dergleichen.

13. Wie wird das Accidenz von den allgemeinen Gattungen im Früher und Später praedicirt?

A. Das Wieviel und Wie sind beide ihrem Wesen nach Accidenzen, welche zur Feststellung ihres Was nur der sie tragenden Substanz bedürfen. Da nun aber z. B. bei Feststellung des Wesens der Relation dieselbe entweder zwischen Substanz und Substanz, oder zwischen Substanz und Accidenz, oder zwischen Accidenz und Accidenz stattfinden kann, so bedarf es zur Feststellung ihres Wesens mehrerer Dinge als einer Substanz oder einer Sache.

Alles aber, was zur Feststellung seines Wesens einer geringeren Anzahl von Dingen als ein andres bedarf, existirt in seiner Wesenheit früher und ist des Namens eines solchen würdiger als das, was dazu deren mehrerer bedarf.

[89] 14. Wie wird das Was „Substanz" in Betreff des Früher und Später von den Substanzen praedicirt?

A. Die ersten Substanzen, d. h. die Individuen, bedürfen zu ihrem Sein nichts ausser sich selbst. Die zweiten Substanzen aber, wie die Arten und die Gattungen, bedürfen zu ihrem Sein der Individuen. Folglich kommt der Begriff Substanz den Individuen früher zu und sind sie dieses Namens „Substanz" würdiger als die (Alldinge) Universalien.

Eine andre Weise der Betrachtung ist nun aber die: Die allgemeinen Begriffe der Substanzen sind, da sie bestehend, bleibend und während, die Individuen (Einzelerscheinungen) dagegen vergehend und schwindend sind, des Namens „Substanz" würdiger als die Individuen.

Bei beiden Theorieen ist klar, dass die Substanz von dem, wovon sie ausgesagt wird, im Früheren und Späteren praedicirt werde und ist „Substanz" daher ein Wort mit Doppelsinn.

15. Wie gewinnt man die Prämissen für jedweden Schlusssatz. Wie muss man dieselben gewinnen und worauf muss man dabei sehn?

A. Für jeden Schlusssatz giebt es ein Prädicat und ein Subject. Diese beiden sind die zwei Termini, oder die zwei Teile derselben. Das was von den Dingen praedicirt wird zerfällt in sieben Teile: Die Gattung des Dings, das Unterscheidende, seine Eigenheit, sein Accidenz, seine Definition, seine Umschreibung und seine Washeit.

Grade diese Sieben sind es, die dem Dinge beigelegt werden. Aus der Verbindung derselben entstehn achtundzwanzig Verbindungen. Dann werden zwei der Vereinigungen ausgestossen, weil der allgemein verneinende Satz sich in sich selbst umkehren lässt, und er, wenn er nicht ausgestossen würde, zweifach gesetzt wäre. So bleiben denn 26 Verbindungen. Dieselben geschehen so, dass das Prädicat des Prädicats mit dem Prädicat des Subjects, oder das Subject des Prädicats mit dem Prädicat des Prädicats, oder das Prädicat des Prädicats mit dem Subject des Subjects, [oder das Subject des Prädicats mit dem Subject des Prädicats,] oder das Subject des Prädicats mit dem Subject des Subjects verbunden werden.

Ist nun das Subject des Schlusssatzes eine von den Arten, so wird es auf das Subject des Subjects geworfen, denn dasselbe besteht in Einzeldingen. Die Philosophen sprechen darüber nicht viel.

Ist aber das Subject des Schlussatzes sein Einzelding, so muss man das Urteil auf die Art desselben übertragen und wird dies dann auf diese Stelle zurückgeführt, dann ist der Nutzen der zweiten Form oder der Nutzen dessen, was die Form der zweiten Figur hat, klar. Wenn man nämlich die Unterschiede des Prädicats und der Prädicate des Schlussatzes betrachtet, oder auch die Umkehrung davon, so ist dies die zweite Figur. Dasselbe gilt von der Erschliessung des negativen und positiven Partialurteils und findet dies in [90] der dritten Figur oder bei dem, dessen Form die der dritten Figur ist, statt. Verhielte sich dies nicht so, so hätten diese beiden Figuren keinen Nutzen, während doch der Weise (Aristoteles) dartat, dass es vier Schlusssätze gäbe, nämlich positiv universalis, negativ partialis — negativ universalis und positiv partialis — wie dies in der ersten Figur klar hervortritt.

16. Hat der Satz „der Mensch ist vorhanden" (der Mensch ein vorhandener) ein Prädicat oder nicht?

A. Dies ist ein Problem, worüber die Früheren und die Späteren streiten. Die Einen sagen: Dieser Satz hat kein Prädicat, die andern dagegen behaupten, er habe ein solches. Nach meiner Meinung sind beide Urteile je in einer Beziehung richtig. Bei dem Naturforscher nämlich, der nur die Dinge betrachtet, hat dieser und ähnliche Sätze kein Prädicat. Denn das Sein des Dings ist nichts andres als das Ding und muss hier das Prädicat ein befriedigendes Urteil über Sein und Nichtsein geben. Von dieser Seite aus betrachtet wäre dies kein Urteil mit Prädicat. Wenn aber ein Logiker dies Problem betrachtet, so behandelt er dasselbe als aus zwei Ausdrücken zusammengesetzt, die beide die Teile desselben bilden, und kann dasselbe wahr und falsch sein. Dann aber hat dieser Satz, von dieser Seite her betrachtet, ein Prädicat. Somit sind beide Aussprüche richtig, jedoch jeder nur in je einer Beziehung.

17. Fr. handelt über den Gegensatz. — Bedeutet das Weisse das Nichtsein des Schwarzen oder ist dies nicht der Fall?

A. Das Weisse bedeutet nicht das Nichtsein des Schwarzen. An sich ergiebt irgend ein beliebiger Gegensatz nicht ein Nichtsein seines Gegensatzes. Dennoch aber liegt in jedem der Gegensätze deshalb ein Nichtsein des andern, weil der Körper von einem Gegensatz zum andern übergeht.

18. Über die Kategorie „Leiden und Tun." Fr. Wenn es nicht möglich ist, dass das Eine von diesen Beiden sich ohne das Andre vorfinde und es z. B. uns unmöglich ist, ein Tun ohne ein damit verbundenes Leiden und ein Leiden ohne ein damit verbundenes Tun uns vorzustellen, müssen wir dann nicht fragen, ob nicht beide zum Capitel der Relation gehören oder etwa nicht?

A. Nein. Nicht jedes Ding existirt so mit einem andern, dass beide in Relation stünden. So giebt es kein Atmen ausser mit der Lunge, auch kann es nur beim Aufgang der Sonne Tag werden. Es giebt überhaupt kein Accidenz, [91] es sei denn mit einer Substanz, auch keine Substanz, sie sei denn mit einem Accidenz verbunden. Auch giebt es keine Rede, es sei denn mit der Zunge.

Nun gehört aber nichts von alle dem zum Capitel der Relation, vielmehr zu dem Capitel von der notwendigen Folge. Diese ist nun aber z. T. accidentell, z. T. (essentiell) wesenhaft. So ist wesenhaft das Vorhandensein des Tags mit dem Aufgang der Sonne verbunden, zufällig ist dagegen das Kommen Amrs beim Gehn Saids. Auch giebt es hier die vollständige Notwendigkeit und die mangelhafte.

Die vollständige Notwendigkeit besteht darin, dass das

Ding durch das Sein eines anderen Dings existire und dies Andre wiederum durch das Sein des Ersten, so dass sie beide sich einander im Sein entsprechen, z. B. Vater und Sohn, Doppelt und Halb. Mangelhaft notwendig aber bedeutet, dass Etwas zwar durch das Sein von Etwas Anderem da ist, aber wegen des Seins des Letzteren das Erstere nicht zu sein braucht, z. B. Eins und Zwei. Zwei kann zwar ohne die Eins nicht dasein, jedoch braucht zweifelsohne, wenn auch die Eins da ist, die Zwei nicht da zu sein.

19. Entsprechen sich die beiden Kategorien Tun und Leiden im notwendigen Sein einander so, dass wenn Eins derselben vorhanden ist, auch das Andre vorhanden sein muss?

A. Nein. Denn oft finden wir ein „Tun" ohne dass dabei ein „Leiden" stattfinde. Dies findet dann statt, wenn dasjenige der Beiden, welches das Empfangende sein sollte, den Eindruck nicht annimmt. Findet dagegen ein Leiden statt, so muss es auch ein Tun geben.

Man fragt: Warum setzte der Philosoph, wenn doch der Begriff vom Tun der ist, dass es einwirke und der Begriff vom Leiden der, dass es Eindruck erleide, nicht beide unter eine Kategorie, sondern vielmehr beide als zwei einfache Obergattungen (Kategorieen).

A. Nicht jede der zehn Kategorieen ist, wenn man die Eine mit der Andern misst, einfach, vielmehr ist sie dies nur, wenn man sie mit dem, was ausser ihr liegt, misst. Rein einfach sind von den zehn Kategorieen nur vier, die Substanz, das Wieviel, das Wie und die Lage. Tun und Leiden finden aber nur zwischen der Substanz und dem Wie statt. Wann und Wo dagegen zwischen der Substanz und dem Wieviel. „Haben" aber liegt zwischen einer Substanz und einer andern, die ihr ganz oder teilweise entspricht. Die Relation aber findet zwischen je zwei der zehn Kategorieen oder zwischen je zwei Arten von einer der zehn Kategorieen statt. Sie fällt deshalb in einer oder in mehreren Hinsichten unter die (verschiedenen) Kategorieen. Er (Aristoteles) spricht dies nicht so aus, denn dann [92] würde er erklären müssen, dass die Relation eine Art entweder einer oder aller Kategorieen sei. Vielmehr sagt er, dass die Relation in allen Gattungen sich verfinde.

20. Zerfällt die Kategorie „Relation" in wesentliche Arten oder nicht, wenn sie aber in solche zerfällt, fragt es sich in welche? Bezeichnen wir die Relation dessen von dem Einiges auf das Andre zurückgeht mit b. und das in dem Einiges nicht auf das Andre zurückgeht mit a. und endlich das, was bei dem zurückgehn darauf während die Beziehung dieselbe ist, bleibt, mit c und das, wobei sie sich verändert (mit d). Bei dieser Einteilung haben die Arten dem Worte nicht aber dem Begriff nach statt.

A. Das hier Aufgezählte bildet nicht, wie einige Leute meinen, die Arten der Kategorie „Relation"; auch lässt sich die Kategorie der Qualität nicht in die vier im Buch der Kategorieen erwähnten zerlegen, nämlich nicht in Zustand und Haben, Kraft und Nichtkraft, in leidende und nichtleidende, in Form und Anlage. Auch lässt die Kategorie des Wieviel sich nicht in das zerlegen, was bei den Kategorieen angegeben wird nämlich Zahl, Zeit, Fläche, Körper, Linien und Raum. Denn der Zustand der Arten ist bei der Teilung derselben durch die dieselben constituirenden Unterschiede ein andrer als dieser.

Die Gattung nämlich lässt sich bei richtiger Teilung nur in zwei Arten teilen, dann aber zerfällt jede der beiden Teile in zwei andre und in dieser Ordnung geht es fort, bis man zur Art der Arten gelangt. Diese aber sind bei jeder einzelnen Kategorie aufgezählt und sind sie mehr als zwei. Das Beste wäre bei der Teilung der Kategorie „Relation" zu sagen: Die Relation entsteht zwischen den Arten mehrerer Kategorieen. Dann aber darf man die Arten der Relationen nicht auf diese Weise und mit der Aufzählung der die Arten constituirenden Unterschiede durchforschen. Wir werden diese Unterschiede in unserem Commentar zum Buch der Kategorieen, so wie es die genaue Einzelforschung in diesem Buch mit sich bringt, so Gott will, erklären.

21. Was ist die Definition von „Bewegung"?

A. Die Bewegung hat keine Definition, denn sie gehört zu den zweideutigen Worten. Man bezeichnet mit Bewegung sowohl die Ortsveränderung, als die Verwandlung, beim Werden, und Vergehn, jedoch gilt bei ihr die Umschreibung: Bewegung ist das Hervorgehn des Potentiellen zum Actuellen.

Man fragt: Gehört die Bewegung zu den Polyonymen (mehrere Begriffe bezeichnenden Worten) oder ist sie eine Gattung für die sechs Begriffe, welche der Weise (Aristoteles) [93] in den Kategorieen erwähnt. Ist sie aber eine Gattung, würde sie dann nicht zu den Oberbegriffen (Kategorieen) gehören?

A. Das Wort „Bewegung" gehört nicht zu den Polyonymen. Denn diese werden nicht von einigen ihnen unterstehenden Begriffen mit mehr Recht gebraucht als von andern, auch nicht im Früher und Später. Das Wort „Bewegung" wird nun von der Ortsveränderung mit demselben Recht gebraucht wie von der Verwandlung. Da nun der Weise fand, dass die Verwandlung eine Veränderung sei, die der Substanz in ihrer Qualität, im Mehr und Weniger zukomme, und dass dies zwei Veränderungen seien, die der

Substanz in ihrem Wieviel zustiessen, er auch fand, dass
die Ortsveränderung ebenfalls eine Veränderung der Substanz
in ihrem Orte sei, so setzte er diese Veränderung mit jener
gleich und nannte er sie zusammen „Bewegung". Somit ist
„Ortsveränderung" würdiger des Namens „Bewegung" und
kommt sie demselben früher zu. Die andren übrigen (Begriffe)
aber haben erst nachher an dem Namen teil und weniger
Recht dazu. Somit gehört die Bewegung zu den Nominibus, welche von den unterstehenden Begriffen im Früher
und Später ausgesagt werden. Die Bewegung ist aber nicht
eine Gattung für das ihr Unterstehende, da ein Teil davon
dem Wie, ein andrer aber dem Wo zufällt. Keine Gattung
giebt es, die diese drei Gattungen umfasste.

22. Was für Nomina sind „Prädicat und Subject", die
beide im Buch vom Schluss (Analytika I) gebraucht werden.

A. Beide gehören zu den übertragnen Nominibus, denn
da die Philosophen fanden, dass ein Teil der Körper ursprünglich gesetzt, ein andrer Teil derselben aber darauf
bezogen werde, so übertrugen sie diesen Begriff auf ihre
Kunst und nannten die Substanz ein Subject (ὑποκείμενον)
und das ihm zukommende Accidenz „Prädicat". Als sie dann
die Kunst der Logik neu begründet und gefunden hatten,
dass das Urteil und das Beurteilte mit der Substanz und
dem darauf bezogenen Accidenz Aehnlichkeit habe, nannten sie beide „Subject und Prädicat", ohne dabei an Substanz und Accidenz zu denken. Vielmehr sind beide einmal
Substanz ein andermal Accidenz. In der Logik werden
das Urteil und das Beurteilte durch die Ausdrücke Prädicat (Aussage) und Subject (das, worüber prädicirt
wird,) erklärt.

23. Gehören die unterscheidenden Merkmale zu der
Kategorie, zu welcher auch Gattung und Art gehören, oder

stehn sie ausserhalb derselben, und gehören jene beiden zu einer andern Kategorie.

A. Jede Gattung und jede Art gehört ohne Zweifel zu derjenigen Kategorie, unter die grade diese Gattung und Art fällt. Was dich nun zu der Ansicht bringt, dass das unterscheidende Merkmal bisweilen zu einer andern Kategorie [94] gehöre als die ist wozu Gattung und Art gehört, istdies, dass du z. B. das „Sich nähren" und die vernünftige Rede an der Substanz vorfindest. Dann meinst du, dies wären zwei unterscheidende Merkmale an der Substanz. Beide sind aber ihrem Wesen nach nur zwei Accidenzen und verhält sich die Sache nicht so wie du meinst. Dann das unterscheidende Merkmal ist hier vielmehr „das Nährende und das Vernünftige" nicht aber „das Vernünftigsein und das sich Nähren."

Nun meint wohl mancher „Nährend und Vernünftig" seien zwei Arten, aber die Sache ist nicht so, vielmehr ist die Art: der sich nährende, lebendige und vernünftige Körper. Wenn nun aber jemand die Art des Lebendigen Vernünftigen mit dem Namen „Vernünftig" allein bezeichnet, so geschieht dies nur in der von mir erwähnten Weise, dass nämlich der Mensch, wenn er eine der Arten erfasst und davon aussagen will, dabei aber zur Kürze neigt, das Ganze nur durch einen Teil davon bezeichnet. Denn wir finden ja das Ganze nur im letzten Merkmal, welches diese Art constituirt. Solches gehört aber zu dem, was der Zweideutigkeit anheimfällt.

24. Ist Gleich und Ungleich speciell dem Wieviel, ist „Aehnlich und Unähnlich" speciell dem Wie zufallend?

A. Nach meiner Meinung liegt es am nächsten, dass alle diese Ausdrücke nicht speciell dem Gebiete einer der beiden Kategorieen, Wieviel und Wie, angehören. Denn das Specielle ist immer nur eins wie Lachen, Wiehern, Sitzen und dergleichen. Nur dass, wenn wir es Umschreibung nennen, dies ein Ausdruck ist für das, was das Wesen eines Dings speciell constituirt. Denn sowohl Gleich als Ungleich sind speciell dem Wieviel und sind ebenso Aehnlich und Unähnlich beide speciell dem Wie eigen. Unser Gesammtausdruck „Gleich und Ungleich" ist eine Umschreibung für das „Wieviel" und unser Gesammtausdruck „Aehnlich und Unähnlich" eine Umschreibung für das Wie.

25. Wie verhält es sich mit der Kategorie „Haben" und der Umschreibung davon: sie sei die Beziehung zwien der Substanz und dem, was ihr im Ganzen oder z. T. so entspräche, dass es mit ihrer Ortsveränderung mit übertragen werde. Ist dies eine richtige Umschreibung, die alles, was unter diese Kategorie fällt, zusammenfasst?

A. Dies ist eine richtige Umschreibung. Sagt man, er hat Kenntniss, Stimme, Farbe, so ist dies Wort „er hat" ein gemeinschaftliches Nomen, und wird durch irgend ein „Gemeinschaftliches Sein" jedes Ding (Teil) der Substanz auf das, wofür sie Substanz ist, bezogen. Es herrscht somit die Kategorie „Haben" zwischen diesen Beiden. Sie ist die Beziehung, welche zwischen der Substanz und dem, was derselben im Ganzen oder teilweis entspricht, wie Ring, Schuh, Kleid, besteht. [95] Das Haben gehört also zu den sechs Gattungen (Kategorieen), deren Begriffe zwischen zwei Dingen entstehn ebenso wie die Relation, das Wo, das Wann.

Die Kategorie „Haben" d. h. das Vorhandensein der Stimme, des Wissens, der Farbe und dergleichen, gehört eigentlich zu der Kategorie des Wie oder zu einer anderen, dem entsprechenden.

Kurz, da der Weise nach dem eigentlichen Wesen des

Vorhandenen forschte, und darin eine, in ihrem Wesen bestehende, Substanz fand, welcher Accidenzen zustiessen, und dann wieder von ihr wichen, während sie doch selber bleibend war, so setzte er dieselbe als eine Trägerin der Accidenzen. (Das Seiende = Substanz). Darauf forschte er nach den Accidenzen, wieviel Gattungen dieselben hätten, und fand, dass die Substanz mit einem Maass begabt sei. Dies Accidenz setzte er dann als ein „Wieviel" und machte dasselbe zur Kategorie.

Dann fand er, dass die Substanzen Zustände hätten, von denen der eine sich zum andern hin verändre, so hätten sie z. B. eine Farbe, ein Wissen, eine Kraft, ein Leiden, einen Vorzug, einen Charakterzug, eine Gestalt. Jede Einzelerscheinung der Substanz sei einer andern in einem hier Erwähnten ähnlich oder unähnlich. So setzte er dies nun als eine Gattung nämlich als das Wie und machte dies zur Kategorie.

Dann fand er, dass eine Substanz zu einer andern eine Beziehung (Relation) habe und zwar im Namen und Ausdruck, so dass, wenn man diesen Ausdruck ausspräche, mit der Substanz eine andre so verbunden sei, dass bei der Erkenntniss der ersten zugleich auch diese einträte, so dass diese Substanz, da sie mit jener andern in diesem Wort einheitlich zusammentraf, das Ding ward, wovon ausgesagt wurde. Dies gilt z. B. vom Vater und Sohn, vom Freund und Genoss, vom Herrn und Diener und dergleichen mehr. Der Weise setzte dies ebenfalls als eine Gattung und machte es zu einer Kategorie.

Dann fand er die Substanz in irgend einer Zeit vor, so dass man nach der Zeit derselben frage und somit auf die Zeit hingewiesen werde, in der diese Substanz war. Er setzte dies auch als eine Gattung und machte sie zur Kategorie „Wann".

Dann fand der Weise, dass die Substanz auch an einem Orte sei, so dass man nach ihrem Ort frage und man dann mit dem antworte, wodurch auf die Substanz an ihrem Orte hingewiesen wird. Er setzte dies auch als Gattung und machte es zur Katogorie „Wo".

Dann fand er, dass die Substanz, was ihre Lage anbetrifft, sich in verschiedenen Lagen befinden könne, sodass einige Teile derselben an Stellen von dem sie umschliessenden Raum in einer Lage wären, dass aber dann die Stellen dieser Teile sich veränderten und mit einer andren Lage dieser Teile sich vertauschten. Er setzte diesen Begriff ebenfalls als Gattung und machte ihn zur Kategorie „Lage".

Dann fand er, dass die Substanz auf andre Substanzen, welche individuell andre sind, einwirke. Er machte diesen Begriff zu einer Gattung und stellte denselben ebenfalls als eine Kategorie „Tun" auf.

Dann fand er, dass mit einer Substanz eine andre entweder ganz oder doch zum Teil [96] sich so decke, dass sie mit der Ortsveränderung jener zugleich mit übertragen werde. Er setzte diesen Begriff ebenfalls als eine Gattung und machte ihn zur Kategorie „Haben".

Denn der Ring am Finger des Menschen, oder das Kleid, das ihn umhüllt, gehört von der Seite her, dass es ein Besitz für ihn ist, zwar zur Kategorie Relation, so fern es aber einen Teil oder das Ganze umschliesst und mit seiner Ortsveränderung mit übertragen wird, zur Kategorie „Haben".

Dies wären nun die zehn (Gattungen) Kategorieen.

26. Sind die Beweise in ihrer Wirkung einander gleich, sodass für die Sache und ihr Gegenteil zugleich ein vollgültiger Beweis da ist, und wird bei dem Beweis für die Sache ein in Kraft und Richtigkeit gleicher Beweis

gewonnen, wie beim Beweis vom Gegenteil, oder ist es nicht so.

A. Beantwortete man diese Frage mit einem schlechthinigen Nein oder Ja, so wäre das nicht richtig. Das Nächstliegende ist, dass man bei den Dingen einen Unterschied macht und zusieht, ob sie bei diesem Begriff in *eine* Klasse vom Urteilen fallen oder verschiedenen Klassen angehören

Nun behaupten wir: die Dinge sind entweder notwendig oder nur möglich. Eine dritte Abteilung giebt es nicht. Auch sind alle Wissenschaften auf eine dieser Aussagen begründet und fallen sie alle in diese beiden Bezirke.

Bei allem, was in das Bereich des Möglichen fällt, basirt man die Aussage darüber auf das Bekannte, das Genügende, auf den guten Glauben, auf Traditionen und dergleichen, die ja alle in das Bereich des Möglichen und dergleichen fallen. Hierbei nun ist es nicht absurd zu behaupten, dass die Beweise (für das Für und Wider) einander gleich seien. Es kann ja ein Beweis für Etwas und ein Argument für die Beziehung desselben in gleicher Kraft, Richtigkeit und Schönheit so statthaben, dass ihm der Beweis und das Argument für das Gegenteil gleich kommt.

Fallen aber die Fragen und Wissenschaften ins Bereich des Notwendigen, so basiren und stützen sie sich auf Dinge, die entweder notwendig vorhanden oder nicht notwendig vorhanden waren. Dann ist der Beweis für die Aussage richtig und kräftig und ebenso das Argument dafür, dagegen ist dann der Beweis für das Gegenteil hinfällig, falsch und schwach.

27. Wie und in welcher Weise bildet sich im Geist die Vorstellung von dem, was ausserhalb ist und zwar so wie dies sich wirklich verhält?

A. Die Vorstellung im Geist besteht darin, dass der Mensch Etwas von den ausser ihm befindlichen Dingen wahrnimmt. Dann arbeitet der Intellect (Geist) an der Formung dieses Dings und bildet diese Form seiner Seele so ein, dass [**97**] das draussen Befindliche in Wirklichkeit nicht ganz congruent dem ist, was sich der Mensch in seiner Seele vorstellt, denn der Intellect ist das Feinste aller Dinge und ist, was er sich vorstellt, somit die feinste der Formen.

28. Auf wieviel Arten gelangt die Form zum Ding?

A. Die Form gelangt zu den Dingen auf drei Arten:

a. Das Gelangen der Form zur sinnlichen Wahrnehmung; *b*. das Gelangen der Form zum Intellect; *c*. das Gelangen der Form zum Körper.

Die Form gelangt zum Körper durch ein Erleiden. Denn die Form des Dings kommt ihm von etwas Anderem, ausser ihm Befindlichen, zu und zwar durch eine Annahme von ihm. Dies gilt z. B. vom Eisen, das dem Feuer nahe gebracht wird. Zu ihm gelangt die Form des Feuers, d. i. die Hitze. Dies geschieht aber dadurch, dass das Eisen jenes Feuer annimmt, sodass es zum Träger desselben wird und ist das Feuer im Eisen dann ein Getragenes (Attribut). Auch geht vom Eisen in dieser Form das aus, was von dem, das Feuer in sich hegt, ausging oder doch dem Aehnliches.

Die Form gelangt zur sinnlichen Wahrnehmung, weil die Form des Dings nur durch einen von den Sinnen erlittenen Eindruck derselben zukommen kann. Doch nimmt dieselbe jene Form nur in dem Zustand, wo sie mit dem Stoff verbunden ist, nicht aber in einem andern Zustand wahr.

Die Form gelangt zum Intellect und zwar allein ohne die Umkleidung vom Stoff und nicht von dem Zustand, wie sie aussen vorhanden war, sondern in einem andern; auch allein für sich, ohne Zusammensetzung, auch ohne ein Substrat und entblösst von allem, was sie umhüllte.

Kurz gefasst: Die Sinnlich Wahrnehmbaren ist nicht das Gedachten, vielmehr besteht das Sinnliche nur in Abbildern des Gedachten und ist's ja bekannt, die Abbilder sind etwas andres als die Originale (das was abgebildet wird).

Die einfache nur gedachte Linie, welche man sich als Grenze des Körpers vorstellt, ist draussen nicht vorhanden. Vielmehr ist sie etwas, was der Intellect denkt.

Man glaubt nun wohl, dem Intellect kame die Form der Dinge so zu, wie die Wahrnehmung das sinnlich Wahrnehmbare erfasse und zwar ohne Vermittelung. Doch verhält sich die Sache nicht so, denn zwischen beiden liegen Mitteldinge. Nämlich so: Die Wahrnehmung erfasst das Sinnliche, dann kommen die Formen desselben ihr zu, und führt sie dieselben dem gemeinschaftlichen Sinn zu, sodass sie in ihm statthaben. Dieser gemeinschaftliche Sinn bringt nun jene zur Vorspiegelungskraft und diese sie zur Unterscheidungskraft hin, damit diese letztere an ihnen schaffe mit Berichtigung und Säuberung und diese Formen gesäubert dem Intellect zuführe, und dann dieser [98] ihnen seine Sorge zuwende.

29. Wessen und wie vielerlei bedarf man um das Unbestimmte zu bestimmen.

A. Die geringste Zahl von Bekannten, deren man zur Bestimmung eines Unbekannten bedarf, sind zwei. Besser gesagt: ich behaupte dass, wenn man es genau ansieht und prüft, es unmöglich ist, das Unbekannte aus weniger, aber auch nicht aus mehr, als aus zwei Bekannten zu bestimmen. Denn wenn man drei oder mehr Bekannte voraufschickt, um ein Unbekanntes zu bestimmen, so geschieht es, dass, wenn man dieselben genau durchgeht, entweder eins der Drei zur Bestimmung dieses Unbekannten überflüssig erscheint, und somit, nach dem Wegfall desselben, durch zwei vollkommen Bekannte das Unbekannte bestimmt wird, oder aber es ist dies Dritte eine notwendige Folge jener zwei Bekannten. Dann lässt man aber das Eine der beiden vollkommen Bekannten nicht wegfallen, so dass nur das Andre mit dem Dritten in der Form der Bestimmung für das Unbekannte übrig bliebe. Kein Ding aber ist durch sich selbst klar noch wird durch ein Ding ein Unbekanntes bestimmt.

30. Was ist der Begriff von Kräften, Eigenschaften und freien Taten?

A. Die Kräfte, Eigenschaften und freie Taten, welche, wenn sie im Menschen statthaben, denselben hindern das Ziel zu erreichen, weswegen der Mensch in der Welt vorhanden ist, das ist das menschliche Böse. Die Kräfte aber, Fertigkeiten und Taten, welche, wenn sie dem Menschen zukommen, ihn befähigen das Ziel, weswegen der Mensch in der Welt vorhanden ist, zu erreichen, das ist das menschliche Gute. Dies wäre also die Definition vom menschlichen Guten und Bösen. Aristoteles definirt im Buch der Rhetorik beide so: Das Gute ist das, was seines eignen Wesens wegen erwählt wird, denn das ist das, was ein andrer seinetwegen erwählt, auch ists das, was jeder mit Verständniss und Wahrnehmung Begabte für sich ersehnt. Das Übel ist hiervon das Gegenteil.

31. Welches ist der Unterschied zwischen Willen und Wahlfreiheit?

A. Die Wahlfreiheit besteht darin, dass der Mensch den Vorzug hat, das was möglich ist, zu wählen. Dagegen kann sein Wille sich auch auf das Unmögliche richten, wie z. B. ein Mensch wünschen kann, nicht zu sterben. Der Wille ist allgemeiner als die Wahlfreiheit, denn jede Wahlfreiheit ist auch Wille, jedoch nicht jeder Wille Wahlfreiheit.

[99] 32. [Was ist die Seele?]

Aristoteles definirte die Seele als die erste Entelechie (Endzweck) für den natürlichen, organischen, potentiell (nur der Kraftnach) lebenden Körper.

33. [Was ist die Substanz?]

Er sagte: Die Substanz zerfällt in zwei Teile, in die materielle und die formelle (Stoff- und Formsubstanz). Auch der Körper zerfällt in zwei Teile, in Natur- und Kunstkörper. Die Naturkörper zerfallen ebenfalls in zwei Teile, einmal in Körper mit Leben, wie die Creatur und in Körper ohne Leben wie die Elemente. Kunstkörper aber sind z. B. Stuhl, Kleid und dergleichen.

34. [Was sind die Elemente?]

Die Anfänge der zusammengesetzten Substanzen rühren von den Elementen, Feuer, Luft, Wasser, Erde her. Die zusammengesetzten Substanzen bestehen aus Natur- und Kunstkörpern. Die Elemente sind also die einfachen Bestandteile der zusammengesetzen Substanzen, denn sie sind die Anfänge für dieselben.

35. [Was ist die Materie (der Stoff)?]

A. Der Stoff ist die letzte und geringste aller Wesenheiten. Hätte derselbe nicht die Annahmefähigkeit zur Form, so hätte derselbe *keine* actuelle Existenz. Er war also potentiell nichtseiend. Dann aber nahm der Stoff die Form an und wurde Substanz, diese nahm dann Hitze, Kälte, Trockniss und Feuchtigkeit an, und ward zu Elementen. Dann erzeugten sich aus diesen letzteren die verschiedenen Producte und Zusammensetzungen.

36. [Was sind die Sphären?]

A. Die Sphären sind in ihrer Gesammtheit ein Begrenztes, hinter ihnen giebt es weder Substanz noch Ding, weder Leere noch Fülle. Beweis dafür ist, dass sie actuell vorhanden sind, denn alles actuell Vorhandene ist begrenzt und wäre dasselbe nicht begrenzt, würde es nur potentiell (möglicherweise) vorhanden sein. Die himmlischen Körper sind alle actuell vorhanden, ohne eines Mehr oder einer Vervollkommnung fähig zu sein. Plato soll von Sokrates berichtet haben, derselbe hätte den Geist seiner Schüler damit geprüft, dass er sagte: „Wäre das Vorhandene unbegrenzt, so könnte es nur potentiell nicht aber actuell sein."

37. Ist der Ausspruch: „Das Wissen der Gegensätze ist nur eins" richtig oder nicht? hält man aber diesen Satz für richtig, so gilt die Frage: in wiefern ist derselbe richtig.

A. Diese Frage gehört zu den Streitfragen und fallen die Streitfragen meistenteils in das Bereich des Möglichen. Alles aber, was hierzu gehört, wird immer nur je von einer Seite aus betrachtet. Bei allem aber, was von verschiedenen Seiten her betrachtet wird, urteilt man [**100**] durchweg, dass es in einigen Beziehungen richtig sei, dass aber das Gegenteil dies Urteils ebenfalls von andrer Seite her richtig sei. Wer diese Frage behandeln will, muss somit auf das Wesen der beiden Gegensätze sehn und ist dann das Wissen der beiden offenbar nicht Eins. Das Wissen vom Schwarz ist ein andres als das Wissen vom Weiss und das vom Gerechten ein andres als das vom Ungerechten. Betrachtet man aber den einen Gegensatz sofern derselbe Gegensatz seines Gegensatzes ist, so richtet sich die Betrachtung desselben nur auf einige Relationen, da der Gegensatz, sofern er seinem Gegensatz gegenübersteht, zum Capitel des Relativen gehört. Beim Relativen aber gilt, dass das Wissen von beiden (von dem Bezognen und dem worauf bezogen wird) nur eins sei. Denn das Eine von Beiden kann nimmer genügend ohne das Andre erkannt werden, und ist in dieser Beziehung das Wissen von den beiden Gegensätzen nur eins.

Manche Leute glauben nun der Sinn des Ausspruchs: „Das Wissen von den beiden Gegensätzen ist nur eins" sei der, dass der, welcher den einen Gegensatz kennt, damit auch zugleich von selbst den anderen kenne. Sie bezeich-
5 nen mit ihrer Rede, dass das Wissen als solches bei allen Dingen nur eins sei.

Fragt man sie dann, weshalb behauptet ihr, dass das Wissen von zwei Relativen eins sei und ebenso das Wissen von dem Gegenteil eins, auch das Wissen von dem von
10 einander Verschiedenen eins sei, und hebt dann speciell das der beiden Gegensätze hervor, so antworten sie: „Der Unterschied zwischen den beiden Gegensätzen ist der grösste. Ist aber der Satz für das, was zumeist verschieden ist gültig, so gilt er auch für das weniger verschiedene."
15 Dies ist nun nach meiner Ansicht schwach und ist das Erste richtiger.

38. [Was ist „Einander gegenüberstehend"?]

A. Einander gegenüberstehend sind je zwei Dinge, welche unmöglich an einem Ort, in einer Beziehung und zu einer
20 Zeit zugleich vorhanden sein können. Es giebt dieser Gegenüberstehenden vier: *a.* die beide Relativen, wie Vater und Sohn; *b.* die beiden einander Entgegengesetzten wie Grad und Ungrad; *c.* Haben und Nichthaben wie blind und sehend sein; *d.* Bejahung und Verneinung.

25 39. [Was sind die Alldinge (Universalien)?]

A. Die Universalien zerfallen in zwei Arten: *a.* in solche, bei denen aus ihren Substraten ihr Wesen nicht erkannt wird, und man nie etwas, was ausser ihrem Wesen liegt, erkennen kann, dergleichen ist der Substanz nach universell und *b.* in
30 solche, bei denen man aus ihren Substraten ihr Wesen erkennt, dies ist universell dem Accidenz nach. Dies ist nun das, welches sich in einem Substrat als Substrat desselben vorfindet.

40. [Was sind die Einzeldinge?]

A. Die Einzeldinge (Specialia) zerfallen in zwei Arten:

a. in solche, bei denen man aus ihren Substraten weder ihre Wesen noch etwas, was ausser ihren Wesen liegt, erkennt. Das ist nun die Individualsubstanz, welche weder von einem Substrat ausgesagt wird noch in [**101**] einem Substrat ist. Diese Individualsubstanzen sind nur denkbar in ihren Allheiten (Universalia) und ihre Allheiten nur vorhanden in ihren Individuen. Die Individualsubstanzen sind nun die, welche erste Substanz heissen, ihre Universalia aber heissen zweite Substanzen. Denn die Individualsubstanzen sind würdiger Substanzen zu sein. Denn sie sind von vollendeterer Existenz als ihre Universalia, sofern sie nämlich eher durch sich selbst qualificirt werden, als dass sie vorhanden sind, auch eher unzertrennbar sind in ihrer Existenz auf etwas andres hin. Denn sie bedürfen zu ihrem Bestehn überhaupt keines Substrats, weil sie weder in noch an einem Substrat sind. — Die Artsubstanzen sind ebenfalls würdiger Substanzen zu sein.

b. Eine zweite Art bilden diejenigen Specialia, bei denen man aus ihren Substraten nicht erkennt, was ausser ihrem Wesen liegt. Dies sind die Einzelheiten des Accidenz. Das hier erwähnte Accidenz ist aber allgemeiner als das früher in der Isagoge erwähnte Accidenz. Denn das hier erwähnte ist eine Gattung aber jenes vorher erwähnte Accidenz besteht in zwei Arten desselben.

40. [*a.* Was sind die einander gegenüberstehenden Urteile?]

A. Jedes Paar von zwei einander gegenüberstehenden Urteilen besteht nun entweder in *a.* zwei individuellen oder zwei unbestimmten [universellen], oder *b.* in zwei entgegengesetzten oder doch darunter fallenden, endlich *c.* sie sind einander widersprechend oder nicht einander widersprechend.

Die einander entgegengesetzten Urteile betreffen allesamt das Mögliche, das aber, was dazu gehört, kann hinsichtlich der Möglichkeit wahr sein.

Der Rest nun besteht in je zwei entgegengesetzten Urteilen, bei denen Wahrheit und Falschheit in jeder Beziehung gleich verteilt ist.

Das Gegenüberstehn von Bejahung und Verneinung ist noch allgemeiner als das Gegenüberstehn der beiden Gegensätze. Hier ist Wahr und Falsch nicht gleich verteilt, so lange ihr Subject nicht vorhanden ist.

Auch ein Gegenüberstehn von Ja und Nein, wobei Ja und Nein einander gleich verteilt ist, kann sich vorfinden, wenn auch ihr Substrat nicht vorhanden ist. Ja und Nein ist möglich im Ausspruch: „Said ist weiss und Said ist nicht weiss" oder in dem: „Der Mensch ist ein Tier" und „der Mensch ist kein Tier".

Ein Gegenüberstehn von bejahenden Urteilen, deren Prädicate Gegensätze sind, ist z. B. der Ausspruch: „Said ist weiss", und: „Said ist schwarz", oder aber „diese Zahl ist gleich, jene Zahl aber ist ungleich."

Somit müssen die Urteile, deren Prädicate Gegensätze bilden, zwei oder mehrere bestimmte Dinge haben.

Ein bejahender und verneinender Ausdruck ist z. B. jede Zahl ist ungrad, und: jede Zahl ist grad, derselbe ist richtig, wenn das Bejahte oder das Verneinte zutrifft, falsch aber, wenn dieses unrichtig ist.

Somit ist nicht nötig die Fragen mit bejahenden Prädicaten als Gegensätze [102] zu setzen, vielmehr sind sie nur Gegenbehauptungen.

Auch ist nicht nötig, dass sich ein Widerspruch (hierbei) im Schluss für das Verständniss vorfinde, es sei denn, dass zur Anwendung (d. h. zur Annahme) desselben ein zwingender Grund vorliege. Da ihre Kraft (Möglichkeit) zur Bejahung und Verneinung, die ja beide einander gegenüberstehn, darin liegt, dass die erwähnten Bedingungen sich vorfinden, wie dies von der Geometrie gilt, wenn man sagt: Dies ist nun entweder grösser oder kleiner oder gleich.

41. [Was sind die nicht reinen Nomina?]

Der nicht reinen Nomina giebt es dreierlei:

a. Den Begriff des Nichthabens habende wie: jener ist unwissend, jener ist blind. *b.* Allgemeiner als diese sind solche, die Etwas einem vorhandenen Dinge absprechen. Hierbei gilt von dem, dem es abgesprochen wird, dass das ihm Abgesprochne entweder an ihm (selbst) oder an seiner Art oder seiner Gattung und zwar in notwendiger oder möglicher Weise sich vorfinde. So sagen wir „eine nicht grade Zahl". Dies ist eine schwankende (indirecte) Bejahung. *c.* Noch allgemeiner als dies ist der Fall, dass man Etwas einem Vorhandenen abspricht, während dasselbe überhaupt nicht zu ihm gehört weder im Ganzen noch zum Teil.

So wenn man von Gott sagte: Er ist nichtbestehend und vom Himmel er ist weder leicht noch schwer (unleicht und unschwer).

Das, wovon wir eine nichtreine Aussage machen, muss notwendiger Weise vorhanden sein. Ist nun irgend Etwas vorhanden, und wird etwas von demselben verneint, so hat die Kraft desselben die Kraft einer schwankenden Bejahung und ist im Ausdruck kein Unterschied, ob man ihn als schwankende Bejahung oder als Verneinung auffasst.

Findet sich aber an irgend einem Ding etwas vor, welches erheischt, dass Etwas von ihm negirt werde und ist seine Stelle eine solche, dass es zum Schluss dient, so muss man es ändern und als schwankende Bejahung setzen, bis ein solcher Schluss zurückgewiesen wird. Wenn wir z. B.

in Betreff des Sokrates gefragt werden, ob er ein weiser sei und auch ob er vorhanden sei, so ist dies, als ob er kein Weiser wäre.

Dies hier von uns Gesagte muss sorgfältig in der Wissenschaft beobachtet werden, und bringt die Nichtbeachtung desselben grossen Schaden. Somit muss man sich darin üben. Die Verneinung hat eine allgemeinere Form als das nicht reine Nomen, denn die Verneinung umfasst die Wegnahme von dem, was an jenem befunden werden muss, und von dem, was sich nicht daran befindet; das nicht reine Nomen aber umfasst nur die Wegnahme von dem, was daran gefunden werden müsste. — Sagen wir dieser Schneider ist geschickt und jener Schneider ist ungeschickt, so ist wahr und falsch gleich möglich. Denn die Negation ist die Wegnahme von Etwas und zwar von dem, woran etwas sein könnte, und von dem, woran es nicht sein könnte. Dagegen ist das unreine Nomen die Wegnahme desjenigen, was jenes haben müsste.

42. [Was ist die Analogie?]

[103] A. Die Analogie kann dadurch stattfinden, dass Etwas an einem Teilding wirklich vorgefunden wird, oder doch von ihm gewusst wird, dass dasselbe an einem Teilding stattfinde. Dann aber überträgt man es von diesem Dinge auf ein dem Ersten ähnliches Teilding und spricht es ihm zu.

Dies geschieht weil die beiden Teildinge von dem Begriff umfasst werden, welcher als universaler, sofern der Ausspruch für das erste Teilding galt, am ersten klarer und deutlicher ist, am zweiten aber undeutlicher.

Im Ersten beruht somit die Analogie und wird das Zweite dem Ersten gleich gesetzt und schliessen wir hierdurch, dass das Zweite dem Ersten analog sei. Z. B. Der Körper ist das Umgebende, das Umgebende ist aber etwas Geschaffenes, somit ist der Körper geschaffen. Oder aber: Der Himmel ist ein Körper, jeder Körper aber ist geschaffen, somit ist auch der Himmel geschaffen.

Ein Schluss kann aus vielen (einander folgenden) Vordersätzen hervorgehn. So wenn man sagt: Jeder Körper ist zusammengesetzt. Von allem Zusammengesetzten gilt aber, dass es mit einer Neubildung, die nie von ihm weicht, verbunden sei. Dann gilt aber auch vom Körper, dass er mit einer nie von ihm weichenden (d. h. einer in die Zeit fallenden) Neubildung behaftet sei. Das mit der Neubildung so Behaftete kann aber nie von derselben frei kommen und muss dies somit auch für den Körper seine Geltung haben.

Alles aber, was mit der Neubildung so behaftet ist, dass es nie davon loskommt, kann nimmer dem Neubilder voraufgehn (früher sein) und gilt das auch vom Körper. Bei allem aber, was dem Neubilder nicht vorausgehn kann, gilt dass seine Existenz mit der Existenz von jenem zusammenfällt. Somit gilt von einem jeden Körper, dass seine Existenz mit der des Neubilders zusammenfällt. Von allem aber, dessen Existenz mit der des Neubilders zusammenfällt, muss man sagen, dass seine Existenz nach seiner Nichtexistenz stattfand. Von allem aber, bei dem dieser Vorgang stattfand, sagt man: es ist neu entstanden. Die Welt ist nun aber ein Körper und ist somit die Welt neu entstanden. Beim dialektischen Verfahren führt man das Ding auf das zurück, was mit ihm eine gemeinschaftliche Ursache hat, damit du dies so beurteilst wie dies von seiner Ursache als notwendig erheischt wird. Das ist nun die Analogie (Gleichsetzung) im eigentlichen Sinne.

VIII.

BEMERKUNGEN DES ABU NAṢR ÜBER DIE RICHTIGEN UND FALSCHEN ASTRONOMISCHEN ENTSCHEIDE.

Abū Isḥaḳ Ibrahîm ibn ʿAbdullah aus Bagdad erzählt: ich hatte eine grosse Begierde die Entscheide der Gestirne kennen zu lernen und ein aufrichtiges Streben mir ein Wissen darüber zu erwerben. Ich bemühte mich sehr sie
5 zu erfassen und studirte andauernd die darüber verfassten Bücher, denn ich war entzückt davon und aufmerksam darauf und vertraute, ohne einen Zweifel zu hegen, auf die Richtigkeit derselben.

Denn ich meinte, dass die Fehler, welche dabei entstän-
10 den, nur davon herrührten, dass die Gelehrten zu schwach wären, das dazu Nötige zu erfassen, auch die Berechner (Arithmetiker) und die mit den Instrumenten umgehenden Gelehrten (Astronomen) zu wenig Sorgfalt auf ihre Beschäftigung verwendeten; ich glaubte nun, dass, wenn
15 diese Hindernisse wichen, und diese Hemmnisse fielen, in allem hier Erwähnten Sicherheit herrschen würde. Die Entscheide würden richtig ausfallen und würde man vom Fortschritt dieser Wissenschaft Nutzen haben, um durch diese Wissenschaft das Zukünftige zu erfassen, das Verbor-
20 gene zu enthüllen und das Verhüllte klar zu legen.

Bei dieser Meinung blieb ich eine Weile und suchte

mich in der Berechnung sicher zu machen, ich forschte dabei nach dem Zustand der Beobachtung und fragte nach der Art der Instrumente, ich betrieb dies alles eifrig, wie es sich im Innern und in seinen Anfängen verhielte, doch kam ich dabei immer weiter von meinem Ziel ab und verzweifelte immer mehr, so dass ich ängstlich und ungewiss wurde. Dann griff ich zu den Büchern der Alten und durchforschte dieselben, um darin etwas zu finden, was mir bei diesem Zustand Heilung brächte. Ich fand aber, dass die Bücher der Weisen und die Schriften derer, welche das eigentliche Wesen der Dinge behandelten, nichts darüber gäben. Ihre Aussprüche sind unerklärlich und kann man sich nicht danach richten. So ward denn auch das, was bisher mir sicher schien, zweifelhaft, und mein Glaube zu einer blossen Meinung, das Vertrauen zur Vermutung und die vermeinte klare Erkenntniss zum Scrupel. Als nun mir in diesem erwähnten Zustand die Tage vergingen und die Zeit lang ward, traf es sich, dass ich dem Abū Naṣr Muḥammed ibn Muḥammed al Fārābī aus Tarḫān begegnete und ihm meinen Zustand klagte. Ich tat ihm meine aufrichtige Begierde kund, das Maass dieser Wissenschaft zu erkennen, und zu erfahren, was davon sicher sei und was nicht, und bat ihn mir klar zu machen, was hieran wahr sei. Er erklärte mir nun, was ihm in Betreff der Lehrweise der ersten Gelehrten klar sei, und beantwortete mir das, wonach ich ihn fragte. [105] Auch stellte er mir jedes Grundprincip und jede Grundregel vom demjenigen fest, zu dessen eigentlichen Wesen und Wert man gelangen könnte. Er opponirte mir und ich ihm, er erwiderte mir und ich ihm über diesen Gegenstand.

Eines Tags nun zog er eine Schrift, die er geschrieben, hervor und enthielt dieselbe Abschnitte und Notizen, die er in Zeiten, wo er sich damit beschäftigte, gesammelt und zusammengestellt hatte, so dass er sie, wie er gewöhnlich tat, zu einem Buch oder Sendschreiben verfasst hatte. Dies schrieb ich nun ganz ab, stellte darüber Betrachtungen an und erreichte dabei mein Ziel, so dass ich die eigentliche Frage, nach der ich mich so abgemüht hatte, erfasste und die Macht der Verwirrung, von der ich bisher nicht loskam, gehoben wurde.

So ward mir denn die Methode klar, welche bewies, welche astronomischen Urteile für das Mögliche und Unmögliche den Beweis lieferten. Diese in jenem Bande enthaltene Schrift habe ich Dir nun abgeschrieben, dass du sie wohl betrachtest und dessen froh werdest.

1. Abu Naṣr sagt: Der Vorzug der Wissenschaften und Künste beruht auf dreierlei: *a.* der Erhabenheit ihres Gegenstandes; *b.* dem genauen Durchgehn der Beweise; *c.* dem reichen Nutzen derselben, wobei es gleich ist, ob derselbe erst zukünftig oder schon gegenwärtig verliehn wird.

Zu dem, was vor dem andern als Vorzug einen grossen Nutzen gewährt, gehört die Religionswissenschaft so wie auch die Kunstfertigkeiten, deren man zu verschiedenen Zeiten und bei verschiedenen Völkern bedurfte. Wegen der genauen Beweise hat die Geometrie den Vorzug. Wegen ihres erhabenen Gegenstandes verdient die Sternkunde den Vorzug. Bisweilen sind aber alle drei Vorzüge, oder doch zwei derselben in einer Wissenschaft vereinigt, wie in der Theologie.

2. Die Menschen hegen eine gute Meinung von dieser einen Wissenschaft (d. Sternkunde). Man hält sie für die reichste, schönste und an sich offenbarste. Jedoch könne der Mensch wegen eines Mangels oder eines Widerwillens, die beide in seiner Natur liegen, den wahren Sinn derselben nicht

erfassen, sei es weil das, was in ihm derselben widersteht, diese Wissenschaft nicht zur Vollendung kommen lässt, sie es dass die Leute, welche diese Wissenschaft bearbeiten und sich damit befassen, so vorzüglich sind, oder weil es deren soviele giebt (dass die Wahl schwer wird), oder weil die Menschen dem, was sie von dieser Wissenschaft zu erreichen hoffen, deshalb nachlaufen, weil sie grossen Vorteil und allgemeinen Nutzen haben würden, wenn dieselbe wahr und richtig wäre, oder weil viele dieser Gründe zusammen in ihnen Platz greifen.

Der gute Glaube verleitet die Menschen dazu, dass sie das, was nicht allgemein gilt, für allgemein geltend annehmen, und dass sie Sätze für schlussfähig halten, die es nicht sind und sie somit etwas [106], was keinen Beweis gewährt, für beweisfähig halten.

3. Wenn zwei sich einander ähnelnde Dinge sich vorfinden, und es sich zeigt, dass ein drittes die Ursache von einem der beiden ist, so herrscht die vorgefasste Meinung, dass man dasselbe auch für Ursache des Andern halte. Aber das passt nicht für alle sich einander ähnelnden Dinge. Denn die Aehnlichkeit beruht bisweilen in einem der Accidenzen, und nur bisweilen im Wesen. Der Schluss aber, wie er sich in der Vermutung bildet, so dass er zu dem erwähnten Resultat zwingt, ist ein aus zwei Schlüssen zusammengesetzter. So sagt man z. B. Der Mensch ist ein Fussgänger und der Mensch ist ein Tier — dann sagt man: Das Pferd gleicht dem Menschen darin, dass es ein Gänger ist, somit ist dasselbe ein Tier. Dergleichen ist aber nicht immer richtig. So ist der Igel weiss, auch ist er ein Tier, dagegen ist der Gips zwar weiss, aber er ist kein Tier.

4. Die Dinge der Welt und ihre Zustände zerfallen in zwei Arten; die Eine derselben besteht in solchen, die Ur-

sachen haben, aus denen sie hervorgehn und an denen sie befunden werden. So geht die Wärme z. B. vom Feuer und von der Sonne hervor. Sie findet sich an den Körpern, die jenen beiden nah oder gegenüberliegen und gilt dasselbe von allem, was jenen beiden ähnlich ist.

Die andre Art der Dinge besteht aus den zufälligen, die keine allbekannte Ursache haben, so z. B. ob der Mensch beim Sonnenaufgang oder beim Sonnenuntergang stirbt.

Jedes Ding, das eine bekannte Ursache hat, hat die Eigenschaft, dass es erkannt, erfasst und sicher gewusst wirde; bei den zufälligen Dingen aber hat man durchaus keine Methode dieselben zu erkennen, zu erfassen und sie fest zu stellen. Die himmlischen Dinge sind Grund und Ursache für diese Letzteren, aber nicht Grund und Ursache für die Ersteren.

5. Gäbe es in der Welt keine zufälligen Dinge d. h. solche die keine erkennbaren Ursachen haben, so würde die Furcht und Hoffnung aufhören; geschähe aber dies, so würde in den menschlichen Dingen durchaus keine Ordnung stattfinden, weder in der Religionslehre noch in der Verwaltung. Denn gäbe es weder Furcht und Hoffnung, so würde keiner etwas für morgen erwerben, auch würde der Untergebene dem Befehlshaber nimmer gehorchen. Ebenso würde kein Befehlshaber mit dem Untergebenen zufrieden sein, auch würde keiner dem andern wohltun. Man würde weder Gott gehorchen, noch das Gute vorziehn, da der, welcher weiss, dass das Morgende zweifelsohne sein und seinen Lauf nehmen werde, ein Tor [107] und Narr wäre, da er ja sich abmühen würde, das zu tun, wovon er weiss, dass es keinen Nutzen bringt.

6. Alles, was vor seinem Vorhandensein auf irgend eine Weise erkannt und erfasst werden kann, gleicht den zum Ziel führenden Wissenschaften, wenn auch Hindernisse

sie zurückhalten oder eine Weile verzögern. Was aber unmöglich vorher erkannt werden kann, das kann man unmöglich, bevor es ist, sicher erfassen.

7. Vom Möglichen, dessen Sein und Nichtsein gleich steht, liegt das Eine nicht näher als das Andre. Wir haben für dasselbe keine Schlussform, da es beim Schluss immer nur einen Schlusssatz, der bejahend oder verneinend sein kann, giebt. Jeder Schlusssatz aber, der Etwas zugleich mit seinem Gegenteil ergiebt, liefert kein Wissen. Denn man bedarf ja des Schlusses nur um ein Wissen vom Sein oder Nichtsein von Etwas zu erreichen, und kann der Verstand sich, nach dem Vorhandensein des Schlusses, nicht den sich entgegenstehenden Enden zugleich zuneigen. Denn der Mensch steht in seinem Verstand zwischen Sein und Nichtsein, solange er das Eine von beiden noch nicht erfasst hat. Jeder Gedanke aber und jeder Ausspruch, welcher weder eins der beiden Enden erfasst noch das andre Ende verneint, ist eitles Geschwätz.

8. Die Erfahrung hat nur bei den Dingen, die zumeist möglich sind, einen Wert. Das nur selten Mögliche und das zu gleichen Teilen Mögliche hat für die Erfahrung keinen Wert. Dasselbe gilt für die Überlegung, die Vorbereitung und die Zurüstung. Sie alle finden nur bei dem zumeist Möglichen nicht aber für das sonst noch Mögliche Anwendung. Beim Notwendigen und dem Unmöglichen aber ist klar, dass Überlegung, Zurüstung und Vorbereitung ebenso wie die Erfahrung nicht anwendbar ist. Ein jeder, der solches erstrebt, ist nicht recht vernünftig. Der feste Entschluss ist aber bei dem nur selten oder nur halb und halb Möglichen bisweilen von Nutzen.

9. Man glaubt, dass die Taten und Wirkungen der Naturdinge notwendig seien, so das Brennen beim Feuer,

Befeuchtung beim Wasser, Abkühlung beim Schnee. Dem ist aber nicht so, vielmehr sind dieselben nur zumeist möglich, denn ihr Wirken findet nur statt, wenn zwei Begriffe zusammenkommen, nämlich einmal, wenn das Wirkende wohl bereit ist, Eindruck zu machen und das andre, das Erleidende, wohl bereit ist, den Eindruck zu empfangen. So oft aber diese beiden Begriffe nicht zusammenkommen [108], findet weder ein Tun noch eine Wirkung statt; so findet beim Feuer z. B., wenn es auch ein Zündendes ist, ein Entbrennen nur dann statt, wenn es etwas zum Brennen Bereites vorfindet. Dasselbe gilt von allem was dem ähnlich ist. Ist die Bereitschaft im Wirkenden und Annehmenden eine vollendetere, ist auch das Tun ein vollkommneres. Findet nun keine Hinderung bei dem die Wirkung Erleidenden statt, so sind fürwahr die Taten und Wirkungen der Naturdinge notwendig.

10. Da das Mögliche unbekannt ist, so nennt man alles Unbekannte möglich. Jedoch verhält sich die Sache nicht so, da die Umkehrung dieses Urteils halb und halb unrichtig ist, je nachdem nämlich der Ausspruch speciell oder allgemein ist. Alles was möglich ist, ist unbekannt (= unerkennbar), aber nicht alles, was unbekannt ist, ist möglich. Weil man nun in der Vermutung die vorgefasste Meinung hegt, dass das Unbekannte möglich sei, so gebraucht man das Wort „möglich" nach zwei Seiten hin. Einmal ist es das, was seinem Wesen nach möglich ist, und zweitens ist es das, was möglich ist in Beziehung auf den, der es nicht kennt. Dieser Begriff ist nun Ursache von grossen Fehlern und schädlicher Vermischung, so dass die meisten Menschen zwischen Möglich und Unbekannt keinen Unterschied machen, und sie die Natur des Möglichen nicht kennen.

11. Die meisten Menschen, die ungeübt sind, forschen, wenn ein Unbekanntes ihnen vorliegt, danach, sie streben es zu erkennen und gehn sie den verschiedenen Ursachen nach, um dieselben kennen zu lernen, damit das Unbekannte ihnen ein Bekanntes werde. Sie haben den guten Glauben, jenes sei seiner Natur nach möglich und meinen, sie erkennten es nur deshalb nicht, weil ihre Kräfte nicht hinreichten, die Ursachen desselben zu erkennen, doch würden sie es wohl durch irgend eine Untersuchung und Nachforschung erfassen. Sie wissen aber nicht, dass dies seiner Natur nach deshalb unmöglich ist, weil man es durchaus nicht und in keiner Weise erkennen kann und zwar deshalb nicht, weil es nur von möglicher Natur ist (d. h. seiner Natur nach nur möglich ist). Was aber nur möglich ist, das ist seiner Natur nach unfassbar und unbeurteilbar, gleichviel ob es ein Sein und einen Bestand oder kein Sein hat.

12. Gemeinsame Namen (Synonyma) sind öfters Ursache grosser Verwirrung, so dass man deshalb öfter über Dinge die keine Existenz haben, sein Urteil fällt, und zwar deshalb, weil sie (mit einem wirklichen Dinge) einen gemeinschaftlichen Namen haben, und man so das Urteil für diese Letzteren auch für sie für richtig hält. Dies gilt nun auch von den astronomischen Urteilen. Dies Wort gilt gemeinsam für das, was notwendig bei den Sternen statt hat, wie Berechnungen und Messungen, so wie auch für das, was bei ihnen nur zumeist möglich ist, wie die Einwirkungen [**109**] derselben auf das Wie (der Dinge). Diese Letzteren haben nur nach Meinung und Annahme, nach Gutheissung und Schätzung auf jene (Sterne) Bezug und sind beide in ihrem Wesen von verschiedener Natur, nur im Namen haben sie Gemeinschaft. Wenn nun jemand

einige Sternkörper, und ihre Distanzen kennt und darüber spricht, so ist er sich bewusst ein Urteil über die Sterne auszusprechen. Dies aber gehört zu dem Notwendigen, da dies immer so besteht. Wenn jemand dann erkannt hat, dass ein Gestirn, wie etwa die Sonne, wenn sie irgend einem Ort grad gegenübersteht, diesen Ort erwärmt, und dieser, wenn nicht etwa ein Hinderniss da ist, die Wärme annimmt, und jener darüber redet, so hat er auch ein astronomisches Urteil gefällt. Dies aber gehört zu den zumeist möglichen Dingen. Wer dann aber glaubt, dass, wenn der oder der Stern sich mit irgend einem Stern verbindet (Conjunction), einige Menschen sterben, und irgend ein Ereigniss eintreten werde, und darüber spricht, der giebt auch ein astronomisches Urteil ab, doch gehört dies nur zu den Dingen, die man glaubt und conjecturirt. Die Natur dieser drei Fälle ist aber verschieden von der des ewig Bleibenden und besteht somit ihre Gemeinschaft nur im Namen. So ist denn den meisten Menschen diese Sache unklar und verwirrt, da sie sich weder zügeln noch warnen lassen, sie auch in den eigentlichen d. h. sicher beweisbaren Wissenschaften keine Übung haben.

13. Hierfür liefern die leuchtenden oberen Körper den Beweis. Sie wirken auf die irdischen Körper je nachdem diese von ihnen annehmen. Dies ist klar bei der Wärme des Sonnenstrahls und dem Defect (Verfinsterung) des Mond- und Venusstrahls. Alles was von ihrem Tun hervortritt, geschieht nur durch Vermittlung ihrer gemischten Strahlen und nie anders.

14. Die Alten sind in Betreff der Himmelskörper verschiedener Ansicht, ob nämlich dieselben durch ihr Wesen leuchtend sind oder nicht. Einige behaupten: es giebt kein andres seinem Wesen nach leuchtendes Gestirn als nur die

Sonne und alle Gestirne ausser ihr empfingen von ihr das Licht. Als Beweis ihrer Ansicht führen sie den Mond und die Venus an, denn diese verfinstern die Sonne, wenn sie zwischen ihr und unserem Auge vorübergehn. Dagegen behaupten andre, dass alle Fixsterne zwar ihrem Wesen nach leuchten, dass aber die Planeten von der Sonne beleuchtet würden. Nach welcher von diesen beiden Weisen es auch sein mag, so findet ihre Einwirkung vermittelst ihrer wesenhaften [110] oder erworbenen Leuchtkraft statt. Das ist weder zu verkennen noch abzuweisen.

15. Es ist bekannt, dass die Sterne, wenn ihr Lichtstrahl mit dem Sonnenlicht sich auf einem der irdischen Körper vereinen, eine andre Wirkung ausüben, als wenn sie einzeln wirken. Dies geschieht in verschiedener Weise bald mehr, bald weniger, bald stärker, bald schwächer, bald voller, bald geringer, je nachdem dieser Körper in den verschiedenen Zeiten mehr bereit ist, diesen Eindruck anzunehmen. Denn zwischen den Körpern ist eine Differenz in der Annahme und dies sind ihre Eigentümlichkeiten, welche sich vorfinden und wirken, wenn sie auch in ihren Maassen und inneren Eigenschaften nicht genau und vollständig bestimmbar sind.

16. Die Gründe und Ursachen liegen entweder nah oder sie stehen fern. Die nahliegenden sind erkennbar und fest bestimmbar, so z. B. dass die Wärme der Luft davon herrührt, dass die Sonnenstrahlen darin ausgestreut sind. Bei dem Fernliegenden trifft es sich wohl, dass es erfassbar, erkennbar, und fest bestimmbar ist, bisweilen ist es aber auch unbekannt. Fest bestimmbar und erfassbar ist z. B. dass, wenn der Mond im Vollstrahl und im Zenith des Meeres ist, dies sich ausdehnt (Flut) und die Erde tränkt, dass das Kraut erspriesst, die Tiere es abweiden und fett-

werden, dass der Mensch dann davon Gewinn hat und reich wird und dergleichen mehr.

17. Es ist nicht unbekannt, dass in der Welt Dinge stattfinden, die sehr ferne Ursachen haben, so dass man sie deshalb nicht wohl bestimmen kann. Von diesen Dingen meint man, sie seien zufällig und fielen in das Bereich des nur Möglichen und Unbekannten. Hierher gehört, dass, wenn die Sonne einige feuchte Stellen vom Zenith aus bestrahlt, sich viele Dämpfe erheben und sich daraus Wolken bilden. Dann fallen davon Regengüsse nieder, und wird die Luft dadurch unrein. In Folge dessen kommen die Leiber in Fäulniss und sterben. Dann betrauern die Leute sie und fragen nach der Ursache des Todes. Wer aber meint, dass es eine Methode gebe, die Zeit und Weise vom Tode dieser Leute zu bestimmen, ohne den von mir erwähnten Weg zu beschreiten, also etwa eine Loose Befragung anstellt oder die Folge einer Strafe oder eine Schlussfolgerung aus Berechnung oder eine Beziehung zwischen den Körpern und den Accidenzen annimmt, behauptet etwas, was durchaus die gesunde Vernunft nicht zulässt.

18. Es giebt der Dinge in der Welt und der Zustände des Menschen in ihr gar viele. Sie sind z. T. gut, z. T. schlecht; liebens- oder verabscheuenswert, schön oder hässlich, [111] nützlich oder schädlich. Wenn nun jemand der Menge seiner Handlungen eine Menge von Weltdingen gegenüberstellt z. B. die Bewegungen der Grosstiere, die Stimmen der Vögel, geschriebene Worte, gefertigte Petschafte oder zerstreute Pfeile oder bekannte Namen, oder Sternbewegungen und dergleichen, was eine Vielheit enthält, so findet er bisweilen zwischen diesen Zuständen eine Beziehung, in der er diese durch jene misst. Dann kommen dort zu-

fällig Namen vor, worüber der sie Betrachtende und Beobachtende staunt, ohne dass der Einsichtige sich notgezwungen darauf stützen müsste, vielmehr ist es nur eine zufällige Übereinstimmung, auf welche sich der stützt, in dessen Geist eine wesentliche oder zufällige Schwäche Platz griff. Wesentlich ist dieselbe bei einem jungen Mann, der noch keine Erfahrung deshalb hat, weil er sehr jung, oder dessen Natur noch einfältig ist. Accidentell ist sie aber bei dem Menschen, sobald ihn einige seelische Affecte wie maasslose Begierde, Zorn, Trauer, Furcht, Freude und dergleichen beherrschen.

19. Die Bewegungen der Himmelskörper und ihre gegenseitigen Beziehungen gleichen den Stimmen der Vögel, den Bewegungen der Grosstiere, den Schulterlinien und den Linien der Handfläche, den Zuckungen der Glieder und allem übrigen, woraus gewahrsagt und vorherverkündet wird. Dies alles hat aber nur zwei Bedeutungen, einmal die, dass die überirdischen Körper Einwirkung auf die irdischen Körper hinsichtlich ihrer Qualitäten ausüben. Deshalb meint man dann, dass in ihren Verbindungen und Trennungen, in ihrem Sichtbar- und Verborgenwerden, in ihrem sich Nähern und Entfernen, eine Einwirkung liege. Die zweite Bedeutung ist aber die, dass dieselben beharrend, einfach, erhaben und fern vom Verderben sind.

20. Da möchte ich doch wissen, wenn ich von den Tönen einer Melodie, die einen in Disharmonie, die andern aber in Harmonie, die einen mehr einander entsprechend, (harmonisch) die andern mehr einander fliehend finde, was zwingt denn da zur Folgerung, dass nicht das Verweilen der Sterne in den Graden, die in der Zahl diesen Tönen entsprechen, ebenfalls sowohl im Glücks- als im

Unglücksort stattfinden könne. Dasselbe gilt, wenn auch allgemein angenommen wird, dass diese Grade und Sternburgen nur so gesetzt (angenommen) werden, nicht aber in der Natur so bestehen [**112**], und dort durchaus keine natürliche Aendrung oder Verschiedenheit vorliege.

21. Weisst du etwa nicht, dass die grade oder kreisförmige Bahn, das Ab- und Zunehmen, welches man von den Ascensionsorten der Sternbilder (Zodiakalzeichen) aussagt, nur in Beziehung auf die Örter selbst ausgesagt wird, nicht aber weil diesen Letzteren grade oder kreisförmige Bewegung, Ab- und Zunahme und alles übrige dergleichen zukäme. Wenn nun die Sache sich so verhält, was zwingt dann zu der Folgerung, dass die Hinweisungen derselben auf die irdischen Körper wie Tier und Pflanze, dem was von jenen ausgesagt wird, entsprechen müsse? Wenn dies nun für ihr Wesen richtig ist, so erheischt dies noch etwas andres, was bei den Einwirkungen, die unter den Begriff der Qualität fallen, eintritt.

22. Zum Sonderbarsten gehört, dass, wenn der Mond zwischen den Blicken der Menschen an einem der Örter so vorübergeht, dass er mit seinem Körper den Strahl der Sonne verhüllt — was man (Sonnen) Finsterniss nennt — dann deshalb einer der irdischen Könige sterben müsse. Wenn das richtig wäre und es sich so verhielte, müsste auch notwendig dann, wenn einem Menschen durch eine Wolke, oder irgend einen Körper das Sonnenlicht verhüllt wird, ein König sterben oder ein Unglück eintreten. Diese Behauptung aber möchte schon die Natur der Verrückten, um wieviel mehr die der Vernünftigen verneinen.

23. Nachdem die Gelehrten und die, welche das wahre Wesen (der Dinge) erkennen, darin übereingekommen sind, dass die Himmelskörper in ihrem Wesen weder eine Ein-

wirkung noch ein Werden annehmen; und dass in ihrer Natur keine Verschiedenheit herrsche, was treibt da die Astrologen zu der Behauptung, dass ein Teil derselben Unglück, ein andrer Teil aber Glück und dergleichen mehr bedeute, und zwar wegen ihrer Farbe, und ihrer langsameren oder schnelleren Bewegung. Dies ist kein correcter Schluss, da nicht alles, was in einem der Accidenzen einem andern ähnlich ist, notwendig auch in seiner Natur ihm ähnlich sein muss, und dass bei beiden das, was von dem einen hervorgeht, auch von dem andern hervorgehn muss.

24. Wenn notwendigerweise jeder Stern, dessen Farbe der des Bluts gleicht, wie z. B. der Mars, auf Morden und Blutvergiessen hindeutete, so müsste auch [113] jeder irdische rotfarbige Körper darauf hinweisen. Ja dies läge sogar noch näher und wäre noch entsprechender.

Wenn ferner die schnelle oder langsame Bewegung der Sterne Hinweise auf die Langsamkeit und die Schnelligkeit in den notwendigen Beschäftigungen wäre, so würde jeder langsame oder schnelle irdische Körper noch mehr darauf hinführen, denn dies läge näher, wäre ähnlicher und enger verbunden. Dasselbe gilt von dem Übrigen.

25. Wie blind ist doch der Blick derer, welche der Sache der Sternbilder ihre Betrachtung widmen! Wenn ein solcher findet, dass mit dem Widder die Zählung derselben beginnt, so urteilt er, dass derselbe auf den Kopf des Tieres und speciell des Menschen hindeute. Dann urteilt er vom Sternbild des Stiers deshalb, weil es jenem folgt, es deute auf den Hals und die Schultern, und so fort bis zum Fisch, von dem er behauptet, dieses Sternbild deute auf die Füsse hin. Dann aber muss er doch mit seinem blöden Auge und verblüfften Geist auf das Sternbild

des Fisches sehn, welches mit dem des Widder verbunden ist und dann wieder auf die Füsse, welche nicht mit dem Kopf verbunden sind. So muss er doch also einsehn, dass sein Urteil in dieser Beziehung ein nicht durchgehendes ist. Denn die Glieder des Körpers sind in gradliniger, die Sternbilder aber in kreisförmiger Reihenfolge. Zwischen dem Gradlinigen und dem Kreisförmigen herrscht aber keine Beziehung.

Es ist aber eins der grössten Übel, dass die notwendige Consequenz es verlangt dergleichen tadelnswerte Reden aufzustellen, bei denen man nicht weiss, ob der Tadel schwächer ist oder das Getadelte, man müsste denn ein Übel durch ein andres heilen wollen. Brauchte man sich doch mit dergleichen Reden und Widerreden, wodurch die Zeit unnütz verstreicht, da nichts sicheres überhaupt dabei herauskommt, nicht zu beschäftigen.

26. Wenn man behauptet, der Saturn sei der langsamste Stern im Lauf, der Mond aber der schnellste, so frage ich, warum kehrt man dies Urteil nicht um, und sagt der Saturn sei der schnellste, da seine Distance die grösste unter allen Planeten ist, der Mond aber sei der langsamste, da er die kürzeste Distance durchmisst.

27. Nimm einmal an, dass der Mond und die anderen Gestirne, so wie es die Astrologen beschreiben, die Dinge und Zustände anzeigten. Warum behaupten sie denn dann, dass die Dinge, von denen man will, dass sie verborgen und verhüllt seien, in der Zeit der Vereinigung beider betrieben werden müssten und zwar weil das Mondlicht dann hinschwindet. Wissen sie denn nicht, dass das Mondlicht in seinem Zustand verbleibt, es sich nicht verändert, und dass dem Mond wirklich weder Zu- noch Abnahme zustösst. Dies geschieht [114] ja nur in Beziehung auf uns, nicht anders.

Dasselbe gilt auch von ihrer Behauptung von dem voll und dem geringwerden desselben, so dass dies von unserem Blick abhängen muss und somit nicht für die ursprüngliche Lage der Dinge ein Hinweis sein kann.

28. Da, wie die Gelehrten übereinstimmend behaupten, die Gestirne und die Sonne ihrem Wesen nach weder heiss noch kalt, weder feucht noch trocken sind, was bedeutet dann das Verbrennen, was von den Sternen, die der Sonne nahekommen, behauptet wird?

Wie kann man die Sonne als einen Hinweis auf Könige und Sultane setzen? Warum kommt man dann nicht darin überein, dass die Sterne, welche auf eine Klasse von Menschen hindeuten, wie dies z. B. beim Mercur statthat, den man für einen Hinweis auf die Schriftsteller oder auf die hält, welche den Glücks- und Unglücksstern bestimmen, wenn sie der Sonne nah kommen, diesen Leuten eine Macht vom Sultan, eine Nähe bei demselben und Würde zusprechen? Sie aber setzen dies als ein Unglück für dieselben.

29. Glaubt jemand, dass durch Erfahrung die Hinweise und Zeugnisse dieser Sterne gefunden werden, so mag er zu allem hintreten, was als solches gesetzt wird, um es als etwas Bekanntes in Betreff der Nativitäten, Schicksalsfragen und Wechsel anzuwenden. Findet er dann, dass einiges davon richtig ist, andres aber sich nicht so verhält wie der angenommene Zustand erheischt, so soll er daraus entnehmen, dass alles dies nur Meinung, Schätzung, ein Fürguthalten und Willkür ist.

30. Man sieht nie, dass ein Mann von Ruf in Folge der astrologischen Urteile, seines Vertrauens zu denselben, und seiner Sicherheit darin, zu diesem hohen Ziel gelangte, ohne dass nicht noch ein andres ähnliches dahinter läge, noch dass er Etwas von dem, was ihm Sorge macht, nach

einem hierdurch bestimmten Urteil, entschiede. Wenn er sein Nativitäts Horoscop betrachtet, und alle darauf begründete Zeugnisse, worauf hin er einen Schluss macht, oder worauf er sich sonst verlässt, befragt; wenn er Geld ausgiebt, den Entschluss zu einem Kampf aufgiebt oder Kost zu einer Reise und dergleichen sich verschafft, so beschäftigt er sich, wenn die Sache in dieser Weise liegt, mit dieser Wissenschaft eben nur aus drei Gründen. Entweder tut er dies wegen eines Nachdenkens und einer Begierde, oder wegen eines Bruchs (mit Gott) wegen eines Verlangens oder um davon zu leben, oder endlich wegen eines maasslosen Strebens, oder wegen eines Tuns, von dem man sagen muss, dass man vor dergleichen Dingen sich hüten müsse.

IX.

ÜBER ALFĀRĀBĪ VON AL-ḲIFTĪ.

[115] Im Verzeichniss der Philosophen handelt Gamāl ed-Dīn Abul-Ḥasan Ali ibn Iūsuf Alḳiftī († 646 in Haleb —): Muḥammed ibn Muḥammed ibn Tarḫān Abū Naṣr al-Fārābī, der Philosoph, stammte aus Fārāb einer Stadt Turkistans in Mā werā ennahr, und ist er unbestritten der Philosoph der Muslim.

Derselbe kam nach Irak und nahm Wohnung in Bagdad, wo er die Weisheitslehre bei Iuḥana ibn Ḥajalān, der zur Zeit des Muḳtadir in der Stadt des Friedens (Bagdad) starb, studirte. Er lernte von ihm, zeichnete sich vor seinen Genossen aus, und übertraf sie an Gründlichkeit.

Er commentirte die Bücher der Logik, tat das darin Schwerverständliche kund, enthüllte das Geheimnissvolle derselben, und brachte das Annehmbare den Lesern nah. Das Notwendige davon stellte er in Büchern mit richtiger Ausdrucksweise und feinsinnigen Andeutungen zusammen. Dabei machte er denn aufmerksam auf das, was Al-Kindī und andre von der Kunst der Analysis und den Lehrgebieten ausgelassen hatten. Auch erklärte er die fünf Methoden der Logik (Īsagoge, Kategorien, Hermeneutika, Analytika I und Analytika II) er zeigte wie man sie benutzen müsse, und tat er die Weisen ihrer Anwendung kund, wie man nämlich dieForm des Schlusses bei jedem der Themata handhaben müsse. Seine Werke darüber sind denn auch höchst befriedigend, und zum trefflichen Endpunct gekommen.

Dann giebts von ihm ein vorzügliches Buch, die Aufzählung der Wissenschaften mit der Lehre von den Zielen derselben (d. i. seine nach den Stoffen geordnete Encyclopaedie). Darin ist er originell und ging keiner vor ihm diesen Weg, und können die Studirenden aller Wissenschaften nicht umhin sich von diesem Buch leiten zu lassen und dasselbe zunächst zu studiren.

Dann giebt es von ihm ein Buch über die Tendenzen (Ziele) Plato's und Aristoteles. Es (das Buch) bezeugt ihm (dem Alfārābī), seine vorzügliche Kenntniss im Fach der griechischen Philosophie, und dass er die Arten der Wissenschaften gründlich behandle.

Dies Buch dient besonders dazu um die Methode der Theorie und die Weise des Forschens klar zu erfassen und zu erkennen. Er hat darin sein Augenmerk auf die dunkeln Stellen in den Wissenschaften und auf deren Ergebnisse gerichtet; auch tut er darin kund, wie man von einer Wissenschaft zur andern aufsteigen müsse.

[116] Darauf beginnt er dann die Philosophie des Plato. Er stellt zuerst dar, welchen Zweck Plato mit seiner Philosophie verfolge, er nennt hier die Bücher desselben und lässt er dann die Philosophie des Aristoteles folgen.

Er schrieb hierzu eine herrliche Vorrede und zeigt er hier wie Aristoteles allmälig zur Philosophie aufstiege. Er giebt hier eine Beschreibung von seinen Tendenzen in seinen logischen und natur-philosophischen Büchern, Buch für Buch, bis er dann endlich zu dem Werk kommt, welches den Weg weist zu dem Anfang des göttlichen Erkennens und den Beweisen desselben mittelst der Naturerkenntniss; ich kenne kein Buch, welches für das Studium der Philosophie so nützlich wäre wie dies. Denn er hebt sowohl die allen Wissenschaften gemeinsamen als auch die jeder einzelnen Wissenschaft speciell zukommenden Begriffe hervor.

Um die Bedeutungen der Kategorieen zu verstehen, wie sie für alle Wissenschaften die Grundlagen sind, kann man nur aus diesem Buch verstehn.

Hiernach hat Alfārābī über die Theologie und Staatswissenschaft zwei Bücher geschrieben, die beide ihres gleichen nicht haben. Das eine ist betitelt: die Staatsverwaltung und das andre: der Musterwandel. Er stellt darin Hauptsätze aus der Lehre vom göttlichen Erkennen in der Weise des Aristoteles in Betreff der sechs geistigen Principien auf, und wie von ihnen aus die körperlichen Substanzen je nach ihrem (innerlichen) Gefüge und ihrer Verbindung mit der Weisheit Dasein gewinnen.

Er stellt in beiden Büchern die Stufen des Menschen so wie auch ihre seelischen Kräfte dar. Er unterscheidet hier Offenbarung und Philosophie, beschreibt die Arten der Muster- und Nichtmuster-Staaten, so wie dass jede Stadt eines königlichen Wandels, und prophethischer Grundgesetze bedürfe.

Abu Naṣr Alfārābī war Zeitgenoss von Abu Bischr Mata (Matthaeus) ibn Iūnus doch so, dass er an Jahren zwar unter ihm, in der Wissenschaft über ihm stand. Die Bücher des Mata ibn Iūnus über die Wissenschaft der Logik hatten grosses Vertrauen, und galten viel bei den Gelehrten in Bagdad sowohl als in anderen Städten der Muslime im Osten, weil sie leicht fasslich und vielfach erklärt waren. Der Tod des Abu Bischr fiel in das Chalifat des Rāḍī.

Darauf richtete Alfārābī seinen Schritt zu Seifuddaula Abu-l-Ḥasan Ali ibn Abu-l-Haiǵa Abdullah ibn Ḥamdān in Haleb. Er stand eine Zeitlang mit dem Gewande der Sufis bekleidet, unter dem Schutz desselben. Seifuddaulah aber bevorzugte ihn und ehrte ihn, da er seine Stelle und hohe Stufe in Wissenschaft und Erkenntniss wohl kannte. Alfārābī reiste in seiner Gesellschaft nach Damascus, hier erreichte ihn der Tod im Jahr 339.

[117] DIE TITEL VON DEN BÜCHERN ALFĀRĀBĪ'S.

1. Buch vom Beweis. 2. Buch vom Schluss, das kleine und mittlere Buch. 3. Buch vom Disputiren (Topik). 4. Das kleine Compendium. 5. Das grosse Compendium. 6. Buch von den Bedingungen des Beweises. 7. Buch von den Sternen. 8. Ueber die Seelenkräfte. 9. Buch von dem Einen und der Einheit. 10. Das Buch von den Ansichten der Leute in der Musterstadt (Ethik). 11. Über die notwendigen Voraussetzungen zur Philosophie. 12. Über das Schwerverständliche im Buch des Aristoteles über die Kategorieen. 13. Ueber die Tendenzen des Aristoteles. 14. Ueber den Teil (und das Unteilbare, Atom). 15. Ueber den Intellect und das Intelligible. 16. Ueber die aus dem Disputiren (Topik) herausgegriffenen Stellen. 17. Erklärung der Schwierigkeiten, die Glieder eines Schlusses an erster oder zweiter Stelle zu setzen. 18. Glossirung der Isagoge des Porphyrius. 19. Aufzählung der Wissenschaften (Encyclopädie). 20. Ueber die Metonymie. 21. Widerlegung des Grammatikers. 22. Gegen Galen. 23. Ueber die Regeln des

Disputirens. 24. Gegen ar-Rawandi. 25. Ueber das Vorhandensein des Glücks. 26. Einleitung zur Logik. 27. Ein kurzgefastes Buch: Ueber die verschiedenen Arten der Schlüsse. 28. Ein metonymisches Buch von dem Gelübde. 29. Erklärung des Almagist. 30. Erklärung zum aristotelischen Buch vom Beweis. 31. Erklärung vom aristotelischen Buch der Beredsamkeit (Rhetorik). 32. Erklärung vom aristotelischen Buch der Trugschlüsse. 33. Das grosse Buch.: Erklärung vom Schluss. 34. Erklärung der Kategorieen. 35. Ein Anhang zu seinem Commentar über die Hermenentica. 36. Eingang (Anfang) des Buchs der Beredsamkeit. 37. Commentar zu der physikalischen Vorlesung (d. h. die Physik ἡ φυσικὴ ἀκρόασις des Aristoteles). 38. Das Buch von den Prämissen des Vorhandenen und Notwendigen. 39. Commentar von der Abhandlung des Alexander (Afrodisias) über die Seele. 40. Commentar zum (aristotelischen) Buch Himmel und Erde. 41. Commentar zum (arist.) Buch der Ethik. 42. Commentar zur Meteorologie (des Aristoteles). 43. Anhang zu dem nach Buchstaben bezeichneten Buch d. i. Metaphysik des Aristoteles. 44. Buch von den Anfängen des Menschen. 45. Gegen ar Razi. 46. Ueber die Prämissen. 47. Ueber die Theologie. 48. Ueber den Namen und die Eigenschaft der Philosophie. 49. Ueber die (wissenschaftliche) Forschung. 50. Ueber die Harmonie in den Ansichten des Plato und des Aristoteles. 51. Buch über die Genien und den Zustand ihrer Existenz. 52. Ueber die Substanz. 53. Ueber die Philosophie und den Grund ihres Hervortretens. 54. Buch von den Einwirkungen aus der Höhe (Astrologie). 55. Ueber die mathematische Technik. 56. Buch von den Grundgesetzen. 57. Ein Buch, das sich auf die Logik bezieht. 58. Buch von der Staatsleitung (Republik). **[118]**

59. Eine Schrift, dass die Sphärenbewegung eine ewige ist. 60. Ein Traumbuch. 61. Aufzählung der Urteilsätze. 62. Ueber die in Anwendung kommenden Schlüsse. 63. Buch von der Musik. 64. Buch über die Philosophie des Plato und Aristoteles. 65. Commentar in Form von Glossirung zu der Deutung (der Träume d. h. zu dem Traumbuch des Aristoteles). 66. Buch von der Cadenz. 67. Die Stufen der Wissenschaften. 68. Ueber die Beredsamkeit der Trugschlüssemacher. 69. Sammlung logischer Werke. 70. Eine Abhandlung von ihm betitelt: das Erhaschen des Glücks. 71. Einzelne geschichtliche Abschnitte.

ANMERKUNGEN.

ANMERKUNGEN.

1, 2. Der Titel dieser Abh. ist hier al-ǵamʿu beina die Vereinigung zwischen; die gewöhnliche Bezeichnung dieser Schrift ist dagegen al-ittifāḳ beina Uebereinstimmung, Eintracht, welches der griechischen Bezeichnung συμφωνία entspricht. Als Ittifāḳ wird diese Schrift bei al-Ḳifṭī bezeichnet, vgl. Alfārābī's philos. Abhl. ed. Dieterici 117, 20, ebenso wird auch in der Abh. von den zehn Fragen von Ibn Sina, Handschrift Leiden 168 f. 82, v. diese Schrift genannt. Bei Ibn Abi Useibia ed. A. Müller II. 139 findet sich ein Ittifāḳ der Ansichten von Hippokrates und Plato angeführt und wird derselbe Titel bei Wenrich p. 254 vgl. Fihrist 29, 14 für ein Werk Galens angegeben. Wir halten dafür, dass dieser Wirrwarr durch unkundige Abschreiber herbeigeführt ist, da bei den arabischen Schriftzügen der meist in Arisṭu abgekürzte Name des Aristoteles und der des Bukrāṭ für Hippokrates wohl zusammen geworfen werden konnte. Was hat denn Hippokrates mit Plato wohl zu schaffen und welche Missverständnisse sind bei den arabischen Abschreibern, besonders bei griechischen Namen, nicht möglich?

Die Vereinigung, die Symphonie, zwischen Plato und Aristoteles, gilt den Neoplatonikern für eine Hauptfrage der Wissenschaft. Wie müht man sich doch in dieser Schule um die eine Wahrheit, d. i. die Philosophie, auch als eine Lehre darzustellen. Die arabischen Philosophen ererbten diese Frage von ihren Lehrern, den Neoplatonikern.

Nach Hierokles (I Hälfte des V sec.) soll schon Ammonius Saccas, der Begründer des Neoplatonismus, die Lehre des Plato und des Aristoteles in ihrer Reinheit wieder hergestellt, dem Streite der Schulen ein Ende gemacht und die Uebereinstimmung beider in allen wesentlichen Puncten gezeigt haben, cf. Zeller, Philosophie der Griechen III. 2, 453.

Suidas II. 2, p. 373 wird einer Schrift des Porphyrius gedacht περὶ τοῦ μίαν εἶναι τὴν Πλάτωνος καὶ Ἀριστοτέλους αἵρεσιν, vgl. Ueberweg's Geschichte der Philosophie ed. Heinze 1876, I. 296.

Nach Jamblichus ist es die ausgesprochene Ueberzeugung in der neoplatonischen Schule, dass eine durchgängige Uebereinstimmung zwischen Plato und Aristoteles herrsche.

Dem Syrian, Mitarbeiter des Plutarch und Lehrer des Proclus, gilt die aristotelische Philosophie nur für die Einleitung in die höhere Platonische, Zeller III. 2, p. 762 und Simplicius lehrt die Uebereinstimmung beider, Zeller III. 2, p. 845.

Dass dies Streben der Neoplatoniker berechtigt war, beweist Zeller II. 2, p. 161, der in der Hauptsache die Uebereinstimmung des Aristoteles mit Plato weit grösser als den Gegensatz findet und das System des Aristoteles nur für eine Um- und Fortbildung der platonischen Lehre erklärt.

Somit hatte Alfārābī für diese seine Abh., die offenbar nach griechischen Mustern gearbeitet ist, Vorbilder bei den Neoplatonikern genug, ob dies nun aber auch für den Teil seiner Abh. gilt, in dem er über den Urbestand und die zeitliche Entstehung der Welt handelt, und sich dabei für die Emanationslehre auf die Theologie des Aristoteles beruft, und diese für echt erklärt, ist denn doch zweifelhaft. Wie ich in meiner Uebersetzung dieses Pseudonyms aussprach, ist dasselbe plotinischen Charakters und führte Valentin Rose aus [1]), dass dasselbe ganz aus Excerpten der IV—VI Enneade des Plotin bestehe. Sollten, so fragen wir uns, die Neoplatoniker so ganz ihren geistigen Vater Plotin vergessen haben, dass man Hauptstücke, wie diese Stellen über den Nus und die Psyche, so ohne Weiteres dem Aristoteles unterschieben konnte?

Leichter löst sich diese Frage, wenn wir diese literarische Lüge von dieser Theologie des Aristoteles, bei der Uebertragung der griechischen Wissenschaft auf die Araber entstehn lassen.

Das Erblühen der griechischen Philosophie bei den Arabern fällt, wie allgemein anerkannt wird, in die Zeit des Chalifen Mamun † 835, welcher einer Reihe von Gelehrten den Auftrag gab, die Werke der Griechen, besonders

---

[1]) Deutsche Literaturzeitung 1883, N°. 24.

die des Aristoteles, in's arabische zu übertragen und so die griechische Wissenschaft im Osten zu verbreiten. Zu diesen Gelehrten gehörte auch der berühmte al-Kindi † 834, vgl. Munk Mélange 339—341. Mit welchem Eifer mögen damals die Gelehrten des Ostens nach Aristotelischen Werken gesucht haben, um sie den wissbegierigen Schülern zu übersetzen und wie leicht kann da ein schlauer Grieche eine Theologie, d. h. Lehre des Plotin, welche aus Excerpten der Enneaden, d. h. der kurzen Inhaltsangabe des ganzen Werks, besonders aber aus grösseren Abschnitten von Enneade IV—VI bestand, dem Araber in die Hand gespielt haben?

Mit welcher Verehrung dieses kleine Buch, welches hauptsächlich die Emanationslehre des Plotin: von Gott d. i., dem Ursprung des Seins, Intellect, Seele, Materie und die Dinge enthielt, von den Arabern aufgenommen und gläubig anerkannt wurde, das ersehn wir auch aus unserer Abh. in der Alfārābī seine ganze Autorität für die Echtheit desselben einsetzt (p. 44, z. 24). In der Vorrede dieses Pseudonyms heisst es nun dass dieses Buch von einem Christen Na'ima aus Emessa also einem Syrer übersetzt und von al-Kindī für den Achmed ibn al-Mu'tasim billah, den Sohn des Chalifen hergestellt (aṣlaḥa) sei.

Es giebt in der Literatur und Culturgeschichte viele Pseudonyma, welche von grosser Bedeutung sind, die pseudonyme theologische Literatur weist fromme Bücher von Adam, Abraham und Henoch auf, die von einiger Wichtigkeit sind. Aber ein Pseudonym giebt es in der christlichen Literatur, die pseudo-isidorischen Decretalen, die für den Ausbau des Pabsthums von einer unberechenbaren Bedeutung geworden sind, ja die Grundlage zur Macht des Pabstes legten, so dass auf ihm die katholische Kirche sich gründete, wenn auch alle protestantischen und selbst auch katholische Forscher ihre Unechtheit jetzt erkennen.

Von einer ähnlichen Bedeutung ist für die Entwickelung der scholastischen Philosophie des Mittelalters diese pseudonyme Theologie des Aristoteles, welche von den Arabern und dann durch die Vermittlung der Juden wie Ibn Esra dem scholastischen Abendlande bekannt gemacht wurde. Das hat einen inneren Grund. Soll die Philosophie eine Gesammtbildung des Menschen begründen, so genügt die realistische Philosophie des Aristoteles nicht. Da dieser Meister der Begriffsentwickelung nie Stoff und Form, nie

Welt und Geist von einander trennte und stets nur von da aus philosophirte, wo die Wahrnehmung einen sicheren Anhalt bot, konnte er zum Urprincip alles Seins, das doch nur ein rein-geistiges sein kann, nimmer gelangen.

Plato sein grosser Lehrer freilich war über diese sinnlich wahrnehmbare Welt mit seiner Hypostasirung der Form und Setzung eines Reichs der reinen stofflosen Formen, d. i. der Ideen, aus diesem Bann herausgetreten und hatte in poetischem Schwung in dem herrlichen Mythus des Phaedrus cp. 26 das Emporstreben der Götter und Seelen zur Anschauung der überhimmlischen Ideen geschildert. Aristoteles wollte aber davon nichts wissen und so bleibt in seinem System die unausgefüllte Lücke zwischen dem immer nur sich selbst denkenden Nus und der Welt, oder dem ewigen, selbst unbewegten Urbeweger und dieser Welt, vgl. G. Schneider „de causa finali Aristotelea".

Erst die Neoplatoniker wie besonders Plotin, der Vater der geistigen Emanationslehre, füllt diese Lücke aus. Welch ein Sieg ward scheinbar erfochten! Die beiden Hauptmethoden der griechischen Philosophie, die Construction von der Vielheit der Dinge hinauf zu der Einheit des Urprincips, und von der hinab zur Vielheit der Dinge; beide erscheinen vollkommen geeint und in vollkommener Harmonie wenn dieses Pseudonym echt ist. Fortan bleibt nur ein Heros, nur ein Name an der Spitze: Aristoteles. In Wahrheit aber waren es zwei: Aristoteles und Plotin — doch ist der Name des zweiten durch dieses Pseudonym in den Falten von der Toga des Ersten verschwunden.

Wir können es nicht leugnen, dass die pseudonyme Verschmelzung dieser beiden Philosophieen, der des Aristoteles und der des Plotin von der grössten Wichtigkeit für die Entwickelung des Geistes im Mittelalter war, und hat Alfārābī in sofern als er in unserer Abh. pag. 44, 45 mit aller Energie für die Echtheit eintritt, trotzdem dass dies falsch war, der geistig ringenden Menschheit einen grossen Dienst erwiesen. Denn dadurch war nun ein Ring geschlossen, welcher das ganze geistige und sinnliche Leben in sich umschloss. So geht vom Urprincip alles Seins die Kraftausströmung aus, die im Nus, in der Psyche und in der Physis, d. h. dem nur ideellen Stoff, ihre zunächst rein geistige Entwickelung fand und die deshalb bei den Arabern die immateriellen Potenzen al-Mufāriḳat genannt werden.

Der Stoff wird wirklich durch die Annahme von Länge

Breite Tiefe; er bildet sich zur schönsten Form in der Allwelt, zur Kugel, d. i. dem Himmel, seinen Sphären und der Erde, ihrem Mittelpunct aus. Erst unterhalb der Mondsphäre entwickelt sich die wirkliche Naturkraft im Schaffen der Dinge aus den Elementen und ist nun eine wunderbare Stufenreihe gebildet zwischen der höchsten Höhe über dem Weltkreis und der tiefsten Tiefe, dem Mittelpunct, in dem allein ruhenden Mittelpunct der Welt, d. i. der Erde. Wir haben bei den gleich auf Alfārābī folgenden lautern Brüdern somit die Reihe: 1. Gott, 2. Intellect, 3. Seele, 4. ideeller Urstoff, 5. wirklicher Stoff, 6. Welt, 7. Natur, 8. Elemente, 9. Producte (Stein, Pflanzen, Creatur). Der Ausströmung entspricht eine Rückströmung, ein Aufsteigen des Geistes in die Welt zu Gott durch: 1. Stein, 2. Pflanze, 3. Tier, 4. Mensch, 5. geistiger Mensch, wie Philosoph und Prophet, 6. Engel mit ihren Stufen hin bis zum Saum der Gottheit, bis zum höchsten Thron.

In diesen Ring ist die ganze Bildung, alle Wissenschaft des Geistes und Gemüthes beschlossen, jeder Zweig des Wissens hat hier seine Stelle, und alle Räthsel über Entstehung und Sein sind gelöst. Alles Wissen und Ahnen wird hier für der Gebildeten im 10. Jahrh. n. Chr. in der griechischen, jüdischen, christlichen und muhammedanischen Weisheit begründet. Der gebildete Mann des Ostens hatte somit eine Gesammtwissenschaft, die alles umfasste. Sein Forschen und Streben war somit nicht ein vereinzeltes sondern trat bei ihm jede Frage als ein Teil des organischen Ganzen vor die Seele.

Grund genug, dass die sogenannten lautern Brüder, die Ichwan es Safa, in allen Städten Schulen errichteten um diese Gesammtwissenschaft zu verbreiten und in ihr eine Waffe zu finden um gegen die alles sittliche und geistige Streben erdrückende Orthodoxie anzukämpfen und das Heiligste und Schönste der ihr zugekommenen griechischen Bildung vor dem Untergang zu erretten.

Diese Gesammtwissenschaft erhielt das scholastische Mittelalter vom Osten als ein erhabenes Erbe.

1, 13. Die Neuentstehung d. h. die in die Zeit fallende, zeitliche, Entstehung der Welt oder ihr Urbestand d. h. ihre Ewigkeit (Ḥudūtu-l-ʿālami wa Ḳidamuhu) ist die Hauptfrage aller Philosophen des Mittelalters, im Osten sowohl als im Westen, in Asien sowohl als in Europa und widmet Alfārābī dieser Frage in unserer Abhandl.

einen längeren Abschnitt, vgl. p. 35. Nach Zeller Akadem. Abhandl. Berlin 1878, pag. 97—109. Ueber die Lehre des Aristoteles von der Ewigkeit der Welt ist Aristoteles der Erste, welcher nicht bloss die endlose Fortdauer sondern auch die Anfangslosigkeit der Welt gelehrt hat. Als einen solchen bezeichnet sich Aristoteles selbst de coelo I. 10. und wie Zeller nachweist mit Recht. Nach Plato aber ist die Welt nicht ewig, sondern geworden, denn sie ist sinnlich wahrnehmbar und körperhaft. Die Zeit ward zugleich mit der Welt und ist die Welt das schönste von allem Entstandenen, Ueberweg § 42; bes. handelt Plato darüber im Timaues. Für Alfārābī ist es freilich leicht aus der Theologie des Aristoteles, die er für echt erklärt, d. h. aus der plotinischen Emanationslehre die zeitliche Entstehung der Welt als eine aristotelische Lehre zu beweisen und wird dies Thema dann von allen Philosophen des Mittelalters ähnlich variirt.

2, 11. Begriff eig. Begrenzung ὅρος ḥadd, also definirter Begriff und Wesen (māhijja) der Philosophie. Das hier Angeführte ist die platon.-aristotel. Definition vom Wesen der Philosophie, vgl. Plato Rep. 484. B. ἐπειδὴ φιλόσοφοι μὲν οἱ τοῦ ἀεὶ κατὰ ταὐτὰ ὡςαύτως ἔχοντος δυνάμενοι ἐφάπτεσθαι; Arist. Met. XI. c. III ἐπεὶ δ' ἐστὶν ἡ τοῦ φιλοσόφου ἐπιστήμη τοῦ ὄντος ᾗ ὄν.

2, 25. Nach näherer Ueberlegung lese ich hier al-muḫbaru ʿanhu als das Richtigere und übersetze, das wovon ausgesagt wird, während ich in den Text al-mugajjaru gesetzt habe, welches dem ἕτερόν τι nach Anal. c. 1 entsprechen würde. In den Handschriften ist diese Gruppe undeutlich.

3, 7. istiḳrā: das Durchgehn der einzelnen Teile entspricht der Induction ἐπαγωγή, die einzelne Teile alǧuz'ijjāt dem τὰ καθ' ἕκαστον, vgl. Analytica pr. B. c. 23. δεῖ δὲ νοεῖν τὸ ἐξ ἁπάντων τῶν καθ' ἕκαστον συγκείμενον. ἡ γὰρ ἐπαγωγὴ διὰ πάντων.

3, 17. Ḳisma = διαίρεσις divisio, Einteilung, Teilung, vermöge deren eine Gattung in ihre Arten zerlegt wird, vgl. Zeller II. 2. 517. Besonders handelt der patonische Sophist über dieselbe, vgl. Ibn Abi Usaibia I, 1. sufistīs fi-l-Ḳisma. Ḳijās συλλογισμός, Schluss; burhān ἀπόδειξις Beweis. — Aristoteles behandelt den Schluss in den Analyt. pr., den Beweis in den Analyt. post. Plato betrachtet neben der Bildung der Begriffe die Teilung derselben als Mittel des dialectischen Denkens, bei Aristoteles aber dient als das Mittel des Erkennens der Schluss, welcher auch die Form des Beweises ist, vgl. Zeller II. 2, p. 226. Alfārābī beurteilt den Unterschied zwischen dem platon. und aristotel. Verfahren zu nachsichtig und zu Gunsten Plato's. Denn Ar. Analyt. post. B. c. V polemisirt nachdrücklich gegen Plato's mangelhaftes Verfahren, seine Definitionen durch Einteilungen zu erhärten, vgl. Kirchmann zur Stelle.

3, 23. „dagegen gewesen sein", besser Anstand genommen haben, taṣaddī.

6, 21. Das Beispiel vom versinkenden Stein, vgl. Ar. de coelo IV. 6.

6, 30. Diese Stelle haben wir aus der Londoner Handschrift mit aufgenommen, einmal weil sie zur Vollständigkeit beiträgt dann weil auch der gleiche Schluss der Sätze die Auslassung wahrscheinlich macht. Das Manuscript hat al-ʿāschirāt, wir setzen al-muʿāscharāt: im Umgangsleben und würde dann die Stelle von der notwendigen Seelenruhe handeln, die der Mensch stets beobachten muss.

7, 18. Die ascetische Lebensweise des Plato ist von Alfārābī wohl aus Rep. ζ 517 c. geschöpft, wo Plato sagt, dass der, welcher der Betrachtung der oberen Dinge zugewandt ist, nicht Lust hat menschliche Dinge zu behandeln ὅτι οἱ ἐνταῦθα ἐλθόντες οὐκ ἐθέλουσι τὰ τῶν ἀνθρώπων πράττειν ἀλλ' ἄνω ἐπείγονται αὐτῶν αἱ ψυχαὶ διατρίβειν.

7, 23. Die Alten: mutakaddimīn ἀρχαῖοι. Plotin nennt die Alten auch wohl οἱ ἀρχαῖοι καὶ μακάριοι φιλόσοφοι Zeller III. 2. 424. Für die ältere Philosophie diente den Arabern Porphyrs φιλόσοφος ἱστορία als Quelle Fihr. 245.

7, 27. Die beiden Welten ad-dārān, das Diesseits und Jenseits, waren dem Muslim aus dem Koran bekannte Begriffe = ad-dunjā diese und al-āḫira jene andre spätere Welt. Ihren neoplatonisch geschulten Philosophen ist die eine die vergängliche Stoffwelt dāru-l-fanāʼi und jene bleibende unvergängliche Idealwelt, die Welt der stofflosen Formen dāru-l-baḳāʼi, in welche die durch Wissenschaft und Moral geläuterten Seelen hinaufstiegen. Obgleich diese beiden Welten, die geistige und sinnliche, einander gegenüberstehn, giebt es noch eine Art Vermittlung, die aus dem Sphärensystem des Ptolemaeus und dem Aberglauben von der Einwirkung der Gestirne, der Astrologie, hervorgeht. Die sieben Planeten nehmen in ihrem Lauf durch ihre Sphären, da sie sich dabei bald zur Oberabscisse und bald zur Unterabscisse in kreisenden Epicyceln, also etwa wie die Schwärmer im Feuerwerk, bewegen, von der oberen Abscisse eine Kraft, die sie dann in ihrer Unterabscisse dem nächsten Planeten zuführen und ist somit diese Sphärenwelt (aflak) wie ein Apparat, wodurch die Weltseele die sublunarische Welt beeinflusst. Somit tritt zwischen die ewig unvergängliche geistige Welt (rūḥanijjāt) diese sehr sehr lange währende Gestirnwelt als Vermittlung für die rasch schwindenden Dinge der Elementarwelt. Unterhalb des Mondkreises geht diese Kraft durch die drei Zonen, den Aether (atīr) die Eiskältezone (zamharīr) und die Windhauchzone (nasīm), den Producten d. i. Stein, Pflanze, Creatur zu. Denn die heisse Glut der Aetherzone wird durch die Eiskältezone gekühlt, dass sie als milde Luft der Atmosphäre, der Lebewelt zukomme. Dies ist die Lehre der iḫwan-eṣ-safā der lautern Brüder.

7, 31. Mit „urban" haben wir das arabische Wort madanijjun wiedergegeben, um damit die in den Städten waltende Ordnung, bei der die Einwohner sich gegenseitig unterstützen, zu bezeichnen, besser staatlich πολιτικός.

9, 30. Für „bei" besser „in den".

10, 9. Vgl. die Stelle in Arist. Top. VIII. c. 1, wo er es als ein Mittel der Disputirkunst angiebt, dass man die notwendigen Sätze, durch welche der Schluss erfolge, nicht gleich voran sondern zurückstelle τὰς μὲν οὖν ἀναγκαίας δι' ὧν ὁ συλλογισμὸς οὐκ εὐθὺς προτατέον ἀλλ' ἀποστατέον.

10, 11. Unter den von Val. Rose Aristot. pseudep. erwähnten vier Briefen ist der von Alfārābī citirte möglicherweise mit dem Rose p. 592 sub 5 (600) identisch, da es dort heisst οἷον διδάξαι βουλόμενος ὅτι ὁμοίως χρὴ εὐεργετεῖν τὰς μεγάλας πόλεις καὶ τὰς μικράς (almudunu-l-ġuz'ijja). Vielleicht ist aber mit diesem Brief bei Alfārābī jener des Aristoteles: Ἀλέξανδρος ἢ ὑπὲρ ἀποίκων gemeint. Dafür spricht, dass in der Aufschrift wie bei Alfārābī ausser der persönlichen Adresse noch ein besondrer Inhalt der Schrift angegeben ist, der dem hier erwähnten Inhalt ähnelt. Die bei Rose angeführten Fragmente 71. 72. bieten hierfür keinen weiteren Anhalt. Andrerseits wird auch sonst von den arabischen Autoren des Ἀλέξανδρος ἢ ὑπὲρ ἀποίκων nicht Erwähnung getan, vgl. Z. d. D. M. G. B. 41, p. 441.

10, 18. ṯawāb und ʿuḳūba, gr. κέρδος und ζημία, Vorteil, Gewinn — Nachteil, Strafe, vgl. Zeller II. 2, p. 640, sind die beiden Momente der Gerechtigkeit (ʿadl = δικαιοσύνη,

Gegensatz: ǵaur = ἀδικία). Die Aufgabe der Gerechtigkeit ist die richtige Verteilung von Belohnung und Bestrafung.

10, 25. Für „von" ist hier „aus" zu setzen.

10, 28. vgl. Analytica pr. A. c. 32: τούτων γὰρ τεθέντων ἀναγκαῖον μὲν τὸ οὐσίας μέρος εἶναι οὐσίαν — ǵauhar οὐσία, Substanz, ǵuz' μέρος Teil.

11, 13. Das bei Fabricius angeführte Register der pseudonymen 13 Briefe Plato's führt keinen an Aristoteles an. Fihrist 246, 20 giebt nur die kurze Notiz „Es giebt von ihm Sendschreiben". Offenbar liegt hier (ganz abgesehen von der sonst bei arabischen Autoren nicht vorkommenden Angabe, dass Arist. bereits zu Lebzeiten Plato's seine Werke edirt habe — vielmehr heisst es bei ihnen, dass sich Arist. der Schriftstellerei (taṣnîf) erst zuwandte, als Alexander seine Kriege begann, (vgl. Abulfaraǵ hist. Dynast., p. 72) ein Irrtum vor, indem ein Brief Plato's an Aristoteles mit einem solchen von Alexander d. gr. an Aristoteles verwechselt wurde. Denn von Pauly Reallexion I, 791 wird nach Gellius XX, 5 ein angeblicher Brief Alexanders an Arist. erwähnt, worin Ersterer sich über seinen Lehrer wegen der Bekanntmachung seiner Lehrvorträge beklagt und letzterer die Antwort giebt, die akroamatischen Bücher (Collegienhefte) seien wegen ihrer Schwierigkeit auch nach ihrer Herausgabe doch nur für seine Schüler verständlich. Die Fragmente beider Briefe teilt Val. Rose Arist. pseudepigr. p. 593 unter 8 (603) mit, und zwar heisst es dort in der Antwort des Arist. συνετοὶ γάρ εἰσι μόνοις τοῖς ἡμῶν ἀκούσασι. Alfārābī verwechselt also dem Brief von Alex. d. gr. an Aristoteles und die Antwort desselben mit einem Briefe des Plato an Aristoteles und der Antwort des Letzteren. Unter den bei Wenrich de auct. graec. p. 123 erwähnten Platonis monita ad Aristotelem discipulum suum dürfte sich schwerlich ein Brief des Plato an Aristoteles mit dem hier erwähnten Inhalt finden. Uebrigens geht aus den erwähnten Briefen hervor, dass auch zu den Arabern die Kunde von esoterischen Schriften des Plato und Arist. gedrungen war (aḫraǵa ἐκδιδόναι, edere, herausgeben).

12, 5. Der Dialog des Timaeus war den Arabern vor allen anderen bekannt, vergleiche: Dieterici die sogenannte Theologie des Aristoteles 11, 25. Iaḳūbi giebt daraus Auszüge, Z. d. D. M. G. 41, p. 420. Ausser dem platonischen Timaeus kannten sie auch Τιμαίῳ Λοκρῷ περὶ ψυχᾶς κόσμου abgedruckt bei Hermann IV, p. 407 ff., vgl. A. Müller, die griech. Philosophen in d. arab. Uebers., p. 43, und Ibn Abi Usaibia 33, 17. Der erstere Timaeus führt den Titel die physische Schrift des Timaeus (aṭṭabīʿī) und der andre die pneumatische Schrift des Timaeus (ar-ruḥānī). Die meisten Anklänge an die von Alfārābī citirte Stelle ist im platon. Timaeus 28 A. τὸ μὲν (sc. τὸ ὂν ἀεὶ) δὴ νοήσει μετὰ λόγου περιληπτόν... τὸ δ᾽ αὖ (sc. τὸ γιγνόμενον) δόξῃ μετ᾽ αἰσθήσεως (ʿakl λόγος Denken, ḥass αἴσθησις sinnl. Wahrnehmung).

12, 6. Die kleine Politica wohl im Gegensatz gegen die Νόμοι gesagt. Die arabischen Codices geben hier eine vollständig unverständliche Gruppe lutiʿa, an andrer Stelle iblitija.

12, 11. Kategorieen. Die Lesart maʿkūlāt τὰ νοούμενα das Intelligible ist ein häufiger Fehler für makūlāt die Kategorieen. Gemeint sind hier die Kategorieen, vgl. Zenker, Categorien d. Ar. 6, 7 οὐσία δέ ἐστιν ἡ κυριώτατα τε καὶ πρώτως καὶ μάλιστα — al-ǵawāhiru-l-uwalu = αἱ πρῶται οὐσίαι, die Dinge erster Ordnung. Dass die ersten Substanzen bei Aristoteles die Einzeldinge sind, vgl. Zenker, Categ. 10, 19—31, 8 šaḥṣ = ἄτομον individuum Einzelding. Die hier angeführten Beispiele sind die gangbaren Schulbeispiele Kat. c. 4 (muttakin = ἀνάκειται, ǵālisun = κάθηται).

12, 12. Aristoteles hat die hypothetischen Schlüsse nicht behandelt, auch bei den arab. Autoren findet sich sonst keine Notiz, dass Arist. eine besondere Schrift über diesen Gegenstand verfasst hätte. Erst durch Theophrast wurde die Syllogistik um die Lehre von den hypothetischen Schlüssen bereichert. Danach liegt hier ebenfalls ein Irrtum von Alfārābī vor. Die hier erwähnten Kategorien sind: ǵauhar οὐσία Substanz, kam Wieviel πόσον quantum, kaifa ποῖον, wie, quale, almuḍāf Relation πρός τι, alwaḍʿu κεῖσθαι Lage, situm esse.

13, 16. al-akāwīlu-l-ilāhijja dicta theologica θεολογούμενα sind wohl Aussprüche wie sie im Timaeus enthalten sind. An eine besondere Schrift von Plato möchte hier ebenso wenig zu denken sein wie an eine Metaphysik des Plato. Eine solche ist nur dem Arist. eigen. Die Araber übersetzten μετὰ τὰ φύσικα wörtlich mit:. mā baʿda-ṭ-ṭabīʿa, was nach der Natur kommt.

14, 1. Teilung Analyse kisma steht der Synthesis dem tarkīb gegenüber, vgl. Anal. post. II, 13. Nach Arist. dient als Mittel zu der Begriffsbestimmung die Einteilung d. h.

die Zerlegung der Gattung in Arten, das Herabsteigen vom Allgemeinen zum Besonderen sowie auch die Zusammenfassung, d. i. das Aufsteigen vom Besonderen zum Allgemeinen, die Unterordnung des Einzelnen unter das Allgemeine. Die Begriffsbestimmung ὅρος, definitio ḥadd ist die Angabe der Gattung und der unterscheidenden Merkmale διαφοραί des zu definirenden Gegenstandes Top. I. c. 8. Metaph. ζ 5. Anal. II. c. 13. Plato's dialectische Methode beruht aber auf der Teilung um sämmtliche Eigenschaften zu erwägen und zu vergleichen. An die Stelle der reflectionslosen Anwendung der Begriffe tritt hier die Dialektik. Zeller II, 515 f.

14, 2. Da hier die Ansicht der Leute angeführt wird lese man Zeile 2 für „meint" „meine" und Zeile 4 für „ist" „sei".

15, 1. vgl. Arist. Anal. I, 31. ὅτι δ'ἡ διὰ τῶν γενῶν διαίρεσις μικρόν τι μόριόν ἐστι τῆς εἰρημένης μεθόδου ῥᾴδιον ἰδεῖν: Dass die Einteilung nach Gattungen nur einen kleinen Teil des hier behandelten Verfahrens bildet, kann man leicht einsehn.

15, 14. Für „Somit" lies „Ferner". Verf. geht, nachdem er das Verfahren des Arist. in Auffindung des genus proximum geschildert hat, auf die die Definition vollendende differentia specifica als ein Neuhinzukommendes über. Die διαφορά arab. faṣl eigentl. Abschnitt, Trennung ist das unterscheidende Merkmal; es bildet dieser Begriff einen Ring in der Begriffskette des Porphyr. in seiner Isagoge, wo die 5 Worte γένος, εἶδος, διαφορά, ἴδιον und συμβεβηκός genus, species, differentia, proprium und accidens behandelt werden ar. ǵins, nauʿ, faṣl, ʿarḍ, ḥaṣṣa — so auch in der Logik von Alǵazzālī, vgl. G. Beer, in den maḳaṣid al-falasifa, p. 16, 20. Die iḫwan eṣ Safa, welche den X. Tractat der Isagoge widmen unterscheiden: a. Beschriebenes: 1. Individuum šaḫs. τίς 2. Art. 3. Gattung und b. Beschreibendes, 1. wesenhafte Eigenschaften, bei deren Schwinden auch das Ding schwindet, wie die Hitze am Feuer etc.; b. nur langsam schwindende aber das Sein des Dings nicht aufhebende Eigenschaften wie die Schwärze des Pech, die Weisse des Schnee's, und c. rasch schwindende, zufällige, wie sitzen, gehn. συμβεβηκός, vgl. Dieterici, Abhh. d. Ichwān eṣ Safa, arab. 349, 12.

16, 10. So wie hier ist auch im Fihrist 253 die historische Reihenfolge verkannt. Der hier erwähnte Ἀμμώνιος Ἑρμείου lebte Ende V sec. p. Chr. während Themistius um 360 lebte. Die Angaben über die spätere Philosophie beruhten bei den Arabern auf dürftigen Quellen, da sie ihre Kenntniss davon meist nur aus den Commentatoren zu Arist. schöpften, vgl. A. Müller, die griech. Philosophen bei d. Arabern 56, sub 41. Deshalb sind historische Irrtümer zu entschuldigen, besonders da eine Verwechslung dieses Ammonius mit dem berühmten Ammonius Saccas leicht war. Die Gruppe ist in *a* klar, *b* liest Amūsus. Das arab. Uskulā'ī möchte wohl dem σχόλαρχος Schulhaupt entsprechen.

16, 21. Für „positive" ist hier assertorische oder tatsächliche zu setzen (wuǵūdī), denn es handelt sich hier um die Unterschiede der Modalität und nicht um die der Qualität des Urteils.

17, 2. Meistenteils ʿalā-l-akṯari ἐπὶ τὸ πολύ d. h. der Regel nach. Bei den p. 16, 22 angeführten Sätzen haben wir die schwer verständliche Deduction treu widerzugeben gesucht.

17, 11. vgl. hierzu Prantl. Gesch. d. Logik I, 280. Anal. I, 1. 61. c. IX: συμβαίνει δέ ποτε καὶ τῆς ἑτέρας προτάσεως ἀναγκαίας οὔσης ἀναγκαῖον γίνεσθαι τὸν συλλογισμὸν πλὴν οὐχ ὁποτέρας ἔτυχεν ἀλλὰ τῆς πρὸς τὸ μεῖζον ἄκρον. Es kommt mitunter vor, dass wenn auch nur einer der Vordersätze in der I. Figur ein notwendiger ist, dennoch der Schlusssatz ein notwendiger ist, nur ist es nicht gleichgültig, welcher Vordersatz dies ist, es muss vielmehr der Vordersatz mit dem grösseren Aussenbegriff sein. Kirchmann, Phil. Bibl. B. 77. 20.

18, 10. Dieser Absatz ist schwer verständlich, da die Figur dazu fehlt.

18, 28. Alexander Aphrodisias al-afrādīsī lebte um 200 p. Chr., siehe pag. 61 über den Intellect.

19, 15. Arist. Analyt. I. 1, cp. IV: εἰ δὲ τὸ μὲν πρῶτον παντὶ τῷ μέσῳ ὑπάρχει τὸ δὲ μέσον μηδενὶ τῷ ἐσχάτῳ ὑπάρχει οὐκ ἔσται συλλογισμὸς τῶν ἄκρων. Wenn aber der Oberbegriff in dem ganzen mittleren, der Mittelbegriff aber in keinem der Unterbegriffe enthalten ist, so entsteht für die äusseren Begriffe kein Schluss, siehe Prantl. 273. Für die III. Figur vgl. Prantl. 275, Anm. 554.

19, 25. „schwankend positiv" oder bejahend (muǵib maʿdūl) bedeutet vielleicht disjunctiv. Darauf scheint das nachfolgende Beispiel aus Aristoteles zu führen. Man muss dabei freilich annehmen, dass in „weder noch" eine versteckte Bejahung liegt. Nach Arist. περὶ οὐρανοῦ I, 5 dreht sich das Himmelsgebäude im Kreise. Der im Kreise sich bewegende Körper kann abei unmöglich Schwere oder Leichtigkeit haben. I, 3. ed. Prantl. 27 oben.

20, 2. Die Stelle ist aus Arist. Hermenent. XIV: ὥστε μᾶλλον ἂν εἴη ψευδὴς τοῦ ἀγαθοῦ ἢ τῆς ἀποφάσεας ἢ ἡ τοῦ ἐναντίου δόξα. Deshalb wird die Vorstellung der Verneinung des Guten mehr falsch sein als die Vorstellung seines Gegenteils. Da die angeführte Stelle nicht im 5 Cap. der jetzigen Ausgabe der Hermeneutica sich findet, muss die Angabe von Alfārābī, falls sie nicht auf einem Irrtum beruht, von einer andern Capiteleinteilung herrühren.

20, 13. vgl. Plat. Politik II. 359, ed. Hermann p. 37: καὶ εἶναι δὴ ταύτην γένεσίν τε καὶ οὐσίαν δικαιοσύνης μεταξὺ οὖσαν τοῦ μὲν ἀρίστου ὄντος ἐὰν ἀδικῶν μὴ διδῷ δίκην τοῦ δὲ κακίστου ἐὰν ἀδικούμενος τιμωρεῖσθαι ἀδύνατος ᾖ τὸ δὲ δίκαιον ἐν μέσῳ ὂν τούτων ἀμφοτέρων. Also sei die Entstehung sowohl als auch das Wesen der Gerechtigkeit, welche in der Mitte liege zwischen dem Vortrefflichsten, wenn man Unrecht tut ohne Strafe zu leiden und dem Schlimmsten, wenn man Unrecht leiden muss ohne sich rächen zu können, das Gerechte aber mitten inne liegend zwischen diesen beiden.

20, 21. Ueber die Dinge, welche kein Gegenteil haben, vgl. Arist. Categ. V. Es sind vor allem die Dinge erster Ordnung d. h. οὐσίαι, ὑπάρχει δὲ ταῖς οὐσίαις καὶ τὸ μηδὲν αὐταῖς ἐναντίον εἶναι.

20, 24. Vgl. hierüber die Stelle Arist. de interpret. 14: ἔτι δὲ εἰ καὶ ἐπὶ τῶν ἄλλων ὁμοίως δεῖ ἔχειν καὶ ταύτῃ ἂν δόξειε καλῶς εἰρῆσθαι ἢ γὰρ πανταχοῦ τὸ τῆς ἀντιφάσεως ἢ οὐδαμοῦ ὅσοις δὲ μή ἐστιν ἐναντία περὶ τούτων ἔστι μὲν ψευδὴς ἡ τῷ ἀληθεῖ ἀντικειμένη οἷον ὁ τὸν ἄνθρωπον οὐκ ἄνθρωπον οἰόμενος διέψευσται, εἰ οὖν αὗται ἐναντίαι καὶ αἱ ἄλλαι αἱ τῆς ἀντιφάσεως. Wenn nun es sich auch in allen andern Fällen so verhalten muss, so wird die Richtigkeit dieser Annahme auch dadurch bestätigt werden, dass die Verneinung entweder überall die gegenteilige sein muss oder nirgends. Nun ist bei allen Dingen, wofür keine Gegenteile bestehn, die der wahren Vorstellung entgegengesetzte Vorstellung die falsche. So ist z. B. der im Irrtum, welcher einen Menschen für einen Nichtmenschen hält. Sind dies nun gegenteilige Vorstellungen, so sind es auch die andern verneinenden Vorstellungen. Hiernach muss in unseren arab. Text 12, Z. 20. nach „jakūnu" ein „lā" eingeschoben werden, damit dem πανταχοῦ ein οὐδαμοῦ entspreche.

21, 8. Der Titel ist auffällig, die Stelle auf die hier angespielt wird, ist vielleicht Eth. Nik. V, 9 zu Anfang.

21, 17. Für „Leuten" lies „Leute".

21, 26. Betreffs der platon. Ansicht über das Zustandekommen des Sehens, vgl. Zeller 2. 1, pag. 727 Anm. 3, für die aristotel. Ansicht Zeller 2. 2, pag. 533—36. Arist. handelt vom „Sehen" de anima II, c. V u. VII, Trendelenburg ed. II, pag. 51, cp. VII, 419a: πάσχοντος γὰρ τι τοῦ αἰσθητικοῦ γίνεται τὸ ὁρᾶν. Das Sehen geschieht dadurch, dass das Sinneswerkzeug etwas erleidet. Plato's Ansicht, vgl. Timaeus c. XVI, 45, ed. Herman 349: τοῦ πυρὸς ὅσον τὸ μὲν καίειν οὐκ ἔσχε... σῶμα ἐμηχανήσαντο γίγνεσθαι τὸ γὰρ ἐντός ἡμῶν ἀδελφὸν ὂν τοῦτο πῦρ εἰλικρινὲς ἐποίησαν διὰ τῶν ὀμμάτων ῥεῖν λεῖον ὅταν οὖν μεθημερινὸν ᾖ φῶς περὶ τῆς ὄψεως· ῥεῦμα τότ' ἐκπῖπτον ὅμοιον πρὸς ὅμοιον ξυμπαγὲς γενόμενον ἓν σῶμα οἰκειωθὲν συνέστη κατὰ τὴν τῶν ὀμμάτων εὐθυωρίαν ὅπῃπερ ἂν ἀντερείδῃ τὸ προσπῖπτον ἔνδοθεν πρὸς ὃ τῶν ἔξω συνέπεσεν. Ὁμοιπαθὲς δὴ δι' ὁμοιότητα πᾶν γενόμενον ὅτου τε ἂν αὐτόποτε ἐφάπτεται καὶ ὃ ἂν ἄλλο ἐκείνου τούτων τὰς κινήσεις διαδιδὸν εἰς ἅπαν τὸ σῶμα μέχρι τῆς ψυχῆς αἴσθησιν παρέσχετο ταύτην ᾗ δὴ ὁρᾶν φαμεν. Aus allem Feuer, was nicht brannte, verursachten sie dann, dass ein Körper würde. Denn das in uns befindliche mit diesem verwandte Feuer liessen sie durch die Augen fliessen. Ist nun das Tageslicht um den Strom des Gesichts herum, so verschmilzt er bei seinem Heraustreten mit dem ihm ähnlichen zu einem durch Verwandtschaft vereinten Körper nach der graden Richtung der Augen, wo der von innen kommenden Strom an ein äusseres, welches mit ihm zusammentrifft sich aufstützt. Was er nun so, der Aehnlichkeit wegen überall ähnliches erleidend, entweder selbst berührt, oder etwas was anders als jenes ist, davon teilt er die Bewegungen dem gesammten Leibe bis zur Seele mit und verursacht die Empfindung, welche wir sehen nennen, Uebers. v. Schneider, p. 40.

22, 10. Das Argument stammt aus Arist. περὶ αἰσθητ. ed. Becker 2, 438: εἴτε φῶς εἴτ' ἀήρ ἐστι τὸ μεταξὺ τοῦ ὁρωμένου καὶ τοῦ ὄμματος ἡ διὰ τούτου κίνησις ἐστιν ἡ ποιοῦσα τὸ ὁρᾶν.

23, 6. Nach Arist. περὶ οὐρανοῦ, I, 2: τότε γὰρ πῦρ ἐπ' εὐθείας ἄνω φέρεται. Das Feuer bewegt sich gradlinig nach oben.

23, 22. istiḥāle = μεταβολή Veränderung, taġajjur =

ἀλλοίωσις Verwandlung (qualitative Bewegung). Uebergang eines Stoffs in einen andern.

23, 26. wörtlich: in einem und demselben Augenblick = in unbegrenzter Weise (ins Endlose) sich verändern.

23, 23. wörtlich: in einer Zeit und von einem bestimmten Ding zu einem andern bestimmten Ding fortschreitend stattfände.

24, 18. Nach Arist. befindet sich die Farbe an dem an sich selbst Sichtbaren, de anima ed. Trendelenburg, p. 48, l. 2, c. 7, 418a, τοῦτο (sc. χρῶμα) δ' ἐστὶ τὸ ἐπὶ τοῦ καθ' αὐτὸ ὁρατοῦ (arab. al-muschaff bi-l-fi'l) τὸ κατ' ἐνέργειαν διαφανές das an sich wirklich Durchsichtige perspicuum.

vgl. dazu Arist. de anima, p. 50: ἀλλὰ τὸ μὲν χρῶμα κινεῖ τὸ διαφανές οἷον τὸν ἀέρα ὑπὸ τούτου δὲ συνεχοῦς ὄντος κινεῖται τὸ αἰσθητήριον und p. 49, 418. 6: πᾶν δὲ χρῶμα κινητικόν ἐστι τοῦ κατ' ἐνέργειαν διαφανοῦς.

Ueber die platonische Ansicht vom Sehen, vgl. Plato's περὶ πολιτ. VI. 507 ed. Herrmann ἐνούσης που ἐν ὄμμασιν ὄψεως καὶ ἐπιχειροῦντος τοῦ ἔχοντος χρῆσθαι αὐτῇ παρούσης δὲ χρόας ἐν αὐτοῖς ἐὰν μὴ παραγένηται γένος τρίτον ἰδίᾳ ἐπ' αὐτὸ τοῦτο πεφυκὸς οἶσθα, ὅτι ἥτε ὄψις οὐδὲν ὄψεται τά τε χρώματα ἔσται ἀόρατα. τίνος δὴ λέγεις ἔφη τούτου, ὃ δὴ σὺ καλεῖς ἣν δ' ἐγώ φῶς. Wenn auch in den Augen Gesicht ist und wer sie hat versucht es zu gebrauchen und wenn auch Farbe für sie da ist, so weisst du wohl, wenn nicht ein drittes Wesen hinzukommt, welches eigen's hierzu da ist, seiner Natur nach, dass dann das Gesicht doch nichts sehen wird und die Farben werden unsichtbar bleiben. Welches ist denn dieses, was du meinst? fragte er. Das du, sprach ich, das Licht nennst. Schleiermacher 226.

Da das Gesicht nach Plato π. πολιτ. 508 das sonnenähnlichste unter allen Organen der Wahrnehmung ist, so können von ihm selbst Strahlen ausgehn. Wenn aber die Augen sich nicht auf Dinge richten, auf deren Oberfläche das Tageslicht fällt, so können sie nichts sehen.

27, 5 ff. Die Tugend entsteht nach Arist. durch ἔθος Uebung, Gewohnheit Eth. II, 1. 1103. 17: ἡ δ' ἠθικὴ ἀρετὴ ἐξ ἔθους περιγίνεται, deshalb ist sie nicht angeboren. ἐξ οὗ καὶ δῆλον ὅτι οὐδεμία τῶν ἠθικῶν ἀρετῶν φύσει (bi-ṭ-ṭab'i) ἡμῖν ἐγγίνεται, vgl. Zeller 2, 2. 624—30. Die wesentlichste Eigenschaft des Willens ist nach Arist. die Freiheit vermöge deren sich der Mensch zwischen den sinnlichen und geistigen Antrieben entscheidet. Was aber zuerst Sache des freien Entschlusses war, wird dann zur unabänderlichen Bestimmtheit des Charakters, Zeller III. 1. 631. — Zur Tugend gehört das βεβαίως καὶ ἀμετακινήτως ἔχειν (ar. ġairu muntaḳilin). Die sittlichen Zustände hängen zwar anfangs von uns ab, sei man dagegen erst einmal gut oder schlecht, so habe man es so wenig in seiner Gewalt dies nicht zu sein als wenn man krank oder gesund sei. Zeller p. 589. Nic. Eth. III. c. VII, 1114 etc.

Bei Plato beruht die Erziehung auf dem Princip einer stufenweisen Heranbildung zur Erkenntniss der Ideen und entsprechenden Tüchtigkeit, so dass zu der entsprechenden Tüchtigkeit nur die Befähigtsten gelangen, vgl. Ueberweg-Heinze 1876, pag. 156. Die Anlage zur Tugend wird durch die Temperamente, das feurige und ruhige modificirt. Drei Stufen giebt es: *a.* die Selbstbeherrschung, *b.* die Tapferkeit, *c.* die philosoph. Begabung.

Unsere Stelle Z. 10 ff. enthält zwar Anklänge an Platonisches wie Rep. IV, 429, dass aber die Natur stärker sei wie die Gewöhnung sagt Plato nirgend und ist das Bild von den Bäumen und den Greisen gewiss nicht platonisch. Wahrscheinlich citirt hier Alfārābī den Plato nur aus zweiter Hand, so dass diese Stellen dem Commentator oder Bearbeiter angehören.

27, 30. Die von Zeller 3, 2, pag. 640, Anm. 3 erwähnte Paraphrase der nikomachischen Ethik von Porphyr. d. Tyrer, vgl. A. Müller, die griech. Philos. 21, ist auch von Alfārābī hier angeführt.

28, 6 u. 9. Für übertragen besser umwandeln als Synonym von verändern.

30, 25 ff. Vgl. zu dem hier Angeführten Arist. Anal. pr. II. 27 und Anal. post. c. 6: τὸ γὰρ καθ' αὑτὸ οὐ καθ' αὑτὸ ἐπιστήσεται οὐδὲ διότι. Denn das an sich Seiende wird man (bei Schlüssen aus Zeichen σημεῖον indicium ar. ʿalāma) nicht als ein An-sich erkennen, und auch nicht, warum es sich so verhält. Der Beweis aber erschliesst nach Arist. das An-sich und das Warum der Dinge. Ferner, vgl. Anal. post. 1, 1: πᾶσα διδασκαλία καὶ πᾶσα μάθησις διανοητικὴ ἐκ προϋπαρχούσης γίνεται γνώσεως. Aller Unterricht und alles Lernen geschieht, soweit beides auf dem Denken beruht, mittelst eines schon vorher bestimmten Wissens.

31, 17. vgl. Plato's Phaedon VIII. 72: E. ἡ μάθησις οὐκ ἄλλο τι ἢ ἀνάμνησις.

31, 18. im arab. Text ist p. 19, 16 für walmusāwāt almusāwāt zu lesen.

32, 15. Anal. post. 2: ἔστι δὲ γνωρίζειν τὰ μὲν πρότερον γνωρίζοντα, τῶν δὲ καὶ ἅμα λαμβάνοντα τὴν γνῶσιν οἷον ὅσα τυγχάνει ὄντα ὑπὸ τοῦ καθόλου. Manches lernt man kennen, won dem man schon vorher etwas wusste, manches auf einmal wie z. B. das was unter einem Allgemeinen steht.

33, 2 ff. Anal. post. I, c. 18: τῶν γὰρ καθ' ἕκαστον ἡ αἴσθησις. Denn der Sinn erfasst die einzelnen Dinge, ibid. 31: αἰσθάνεσθαι μὲν γὰρ ἀνάγκη καθ' ἕκαστον ἡ δ' ἐπιστήμη τῷ τὸ καθόλου γνωρίζειν ἐστίν. Denn das Wahrnehmen erfasst nur das Einzelne, das Wissen aber beruht auf der Kenntniss des Allgemeinen. Ferner de an. II, 5. 417b: αἴτιον δ' ὅτι τῶν καθ' ἕκαστον ἡ κατ' ἐνέργειαν αἴσθησις.

33, 17. Anal. post. I, c. 18: Φανερὸν δὲ καὶ ὅτι εἴ τις αἴσθησις ἐκλέλοιπεν ἀνάγκη καὶ ἐπιστήμην τινὰ ἐκλελοιπέναι. Es ist auch klar, dass wenn irgend ein Sinn jemandem fehlt, ihm auch ein Wissen fehlen muss. Ferner de an. III. 1. 424b: ἀνάγκη τ' εἴπερ ἐκλείπει τις αἴσθησις καὶ αἰσθητήριόν τι ἡμῖν ἐκλείπειν.

35, 26. vgl. hierzu Anm. zu 1, 13.

37, 5. Definition der Zeit, vgl. ἡ Φυσικὴ ἀκρόασις, IV, c. XI. ed. Prantl. 206: τοῦτο γάρ ἐστιν ὁ χρόνος ἀριθμὸς κινήσεως κατὰ τὸ πρότερον καὶ ὕστερον, dann περὶ οὐρανοῦ I. 9. χρόνος δὲ ἀριθμὸς κινήσεως: die Zeit = Zahl der Bewegungen.

37, 22. Ueber die sogenannte Theologie des Arist. als Pseudonym und Plagiat aus Plotin siehe oben.

37, 31. Arist. handelt hierüber bes. Φυσ. ἀκρ. II, c. 4, ed. Prantl. 72: ἡ τύχη καὶ τὸ αὐτόματον (arab. il-ittifāk wal-baḫt). Nach Arist. schliesst das Vorhandensein einer Zwecktätigkeit in der Natur das zufällige und grundlose Entstehn der Dinge aus.

38, 6. Alfārābī denkt hier wohl an die vier Ursachen des natürlichen Seins worüber Ar. Φυσ. ἀκρ. II, 3 handelt, vgl. Zeller 2, 2. 327. stoffliche, formale, die bewegende und Endursache. — αἴτιον ar. ʿilla. Das bewegende κινοῦν al-muḥarrik, das Bewegte τὸ κινούμενον, Φυσ. ἀκρ. VII, 1.

38, 11. vgl. Timaeus c. 5. ed. Hermann 332: πᾶν δὲ αὖ τὸ γιγνόμενον ὑπ' αἰτίου τινὸς ἐξ ἀνάγκης γίγνεσθαι. Alles Entstehende muss aber wiederum notwendig durch eine Ursache entstehn.

38, 15. Die hier angezogene Stelle stimmt im allgemeinen mit der Theologie des Aristoteles, p. 152 (Uebersetzung).

39, 17. vgl. Plato Republ. II. 379—86, VI. 517 c.

39, 19. Gemeint ist hier wohl Arist. Metaphysik XII. c. VI, VII. in denen Arist. von der Notwendigkeit eines ersten Bewegenden πρῶτον κινοῦν ausgeht, welches er mit der Gottheit identificiren zu müssen glaubt.

39, 30. Wir haben die Lesart Amunius, der von Abunius (vielleicht Apollonius) vorgezogen. Unter dem Amunius ist gewiss Ἀμμώνιος Ἑρμαίου zu verstehn, von welchem Zeller III. 2. 830. Anm. 1 eine Abhandlung über den Satz erwähnt: dass Gott nach Arist. nicht nur αἴτιον τελικόν Zweckursache sondern auch αἴτιον ποιητικόν der Welt sei. Die hier citirte Abh. möchte mit der erwähnten identisch sein. Durch die Erwähnung dieser Schrift des Ammonius an unserer Stelle möchte wohl das Bedenken, welches A. Müller, die griech. Philosophen, p. 25 und p. 57 nᵒ. 47 gegen die Lesart aṣ-ṣāniʿ im Fihrist hegt gehoben sein.

40, 18. Ueber die Anfänge περὶ ἀρχῶν, de principiis, vgl. Arist. de coelo 1. 6, p. 49. bei den ichwān eṣ Ṣafā: fīmabādī-l-maugūdāt p. 1. hier das synonyme mabda'āt.

40, 23. Die wunderlichsten Sagen über die Entstehung der Welt finden sich in allen Büchern über die Lehrweisen bei den Secten so im Schahristānī. Die hier Erwähnte hat Anklänge an die Rede des Maultiers in Mensch und Thier, vgl. Dieterici, Mensch und Thier vor dem König der Genien, pag. 6.

41, 8. vgl. Arist. Metaph. III. 4: ἅπαντα γαρ φθείρεται εἰς ταῦτ' ἐξ ὧν ἐστι.

41, 21. vgl. Koran 31. 15: O, mein Sohn, wäre Etwas auch nur so schwer wie ein Senfkorn und läge es auch verborgen in einem Felsen oder im Himmel oder auf der Erde, so würde Gott es an den Tag bringen, denn Gott durchschaut und kennt alles.

41, 27. Die Zusammenstellung dieser Schriften lässt vermuten, dass Alfārābī die Schriften Galens im Sinne hat, da beides Titel galenischer Bücher sind, von denen die Araber frühzeitig eine ausgebreitete Kenntniss besassen vgl. Z. f. M. G. XL, p. 618. 8. tašrīḥāt ἀνατομίαν und p. 623. 19. περὶ χρείας τῶν ἐν ἀνθρώπου σώματος μορίων. Möglicherweise denkt Alfārābī auch an die ἀνατομαί des Aristoteles, vgl. Zeller pag. 93, Anm. 1.

43, 17. Vorbilder miṯāl pl. muṯul Musterbild, Vorbild παράδειγμα, vgl. Arist. Metaph. 991 a. 21.

43, 24. Unvergänglich = Nie untergehend ἀγένητος unverderblich ἀνώλεθρος, vgl. Tim. 51 B ff. Dieses Allgemeine denkt sich Plato gesondert von der Erscheinungswelt, als für sich seiende Substanz.

43, 27. z. B. Metaph. I. 9, III. 2 und öfter.

44, 25. Diese Uṯūlūǧija des Arist. als ein Excerpt aus Plotins Enneaden IV—VI ist vollständig nachgewiesen durch Val. Rose, Deutsche Literaturzeitung 1883, Nº. 24. Wäre sie echt würde dies Buch freilich vielfach die Kluft zw. Arist. und Pl. überbrücken, offenbar aber erhoben sich schon zur Zeit von Alfārābī grosse Zweifel gegen die Echtheit dieses Pseudonyms, dennoch galt das Buch das ganze Mittelalter hindurch für echt und auch nachdem es in Rom 1519 von de Rosis übersetzt und 1572 von Carpentarius wieder herausgegeben war, wurde es bis in dies Jahrhundert für echt gehalten. Das Wesen dieses Buchs ist erst durch meine Herausgabe und Uebersetzung erkannt worden.

47, 2. vgl. ἐκτὸς τοῦ κόσμου τοῦδε, vgl. περὶ οὐρ. I, 8.

48, 5. Welt des Intellects etc., vgl. Zeller II. 1, p. 727. Jeder der drei Teile hat seinen Wohnort.

48, 30. Unvergänglich. Im Text 30. 13 ist ġairu vor ad-dāṯirati zu ergänzen, 30. 18 ergänze fī hinter dāmat, 31. 2 lies taʿrifu.

50, 12. Es kann nach dem Gesagten nicht Wunder nehmen, dass die Vision, welche in der Geschichte der Philosophie dem Plotin zugewiesen wird, hier dem Aristoteles zugeschrieben ist.

51, 1. Herakleit als Bruder bezeichnet. Als Brüder des Aristoteles werden Suidas I, pag. 731. Ἀρίμνηστος und Ἀριμνήστης erwähnt; es ist hier unter Bruder also wohl Amtsbruder zu verstehn.

52, 3. In dem aristotelischen Schriftenverzeichniss findet sich ein Brief Alexanders an die Olympias, Mutter d. Alexander, vgl. Rose Aristot. pseudepigr.

52, 29. Die Gruppe diǧūs oder dibūs suchte ich da sie ganz unverständlich ist aus δῖος gen. von Zeus abzuleiten, daher die Uebersetzung Tempel des Zeus. Nach Fihrist I, p. 246. 30 kommt fī haikāli buṭjūn vor, nämlich im Tempel des pythischen Apollo zu Delphi, vgl. Fihr. II, p. 112. Die unverständliche arabische Gruppe könnte davon ein Rest sein.

54, 1. Im Arabischen heisst die Metaphysik mā baʿda-ṭ-ṭabīʿa „was nach der Natur kommt" also eine genaue

Uebersetzung des griechischen μετὰ τὰ Φυσικά. Trotz der richtigen Uebersetzung des Titels haben aber die Araber eine sehr vage Vorstellung von diesem Buch, wie sie ja in demselben ihre Religionslehre, die Lehre vom tauḥīd dem einen Gott wiederzufinden wähnten. Selbst der grosse Ibn Sina (Avicenna) erzählt, dass er trotz des eifrigsten Studiums nicht zur Klarheit über dies Buch gekommen wäre, wenn ihm nicht zufällig diese Abh. von Alfārābī in die Hand gefallen wäre, vgl. Einleitung zum Text. Auch haben wir von Behmenjār ibn Marzubān eine Abh. über den Gegenstand der Metaphysik ed. Poper, Leipzig 1851, in 12 Abschnitten.

Die von Alfārābī angeführten Abhh. der Metaphysik entsprechen, soweit dies die oft recht vage Inhaltsangabe, p. 58 ff., erkennen lässt, den Büchern der aristot. Metaphysik. Bei Abh. I fehlt freilich jede Hindeutung auf den historischen Inhalt von A. dagegen scheint der Passus von der ersten Ursache fast auf c. 2 von A ἔλαττον (B. II), das in Wirklichkeit ein den Zusammenhang unterbrechendes Einschiebsel ist, hinzudeuten. Die Abhh. II—XI entsprechen den Büchern B—Λ (III—XII). Bei Abh. XII ist die Inhaltsangabe so vage, dass sie keinen Anhalt giebt, ob die Bücher XIII und XIV unserer Metaphysik vorgeschwebt haben, die entschieden ein dem Zusammenhang fremdes Einschiebsel bilden. Denn XIII. 1—3 handelt tatsächlich von der Mathematik; im späteren Verlauf kommt er auch auf die Zahlenlehre, dazwischen eine mit XIII. 4 beginnende Auseinandersetzung mit der ursprünglichen platonischen Ideenlehre. Von den Principien der Physik findet sich in beiden Büchern nichts, während hier pag. 60 dies als Inhalt von XII angegeben wird. Zur Composition der Arist. Metaph. zu vergl. die Commentare von Schwegler und Bonitz. Eine kurze Darlegung giebt Ueberweg-Heinze § 46, eine Inhaltsangabe nach Capiteln steht am Schluss der Kirchmannschen Uebersetzung, vgl. ferner Zeller II, 2. 303 ff. Von Bonitz ist eine Uebersetzung der Metaphysik nach seinem Tode herausgekommen, Berlin 1890, die jedoch auf die Gliederung nicht eingeht. (Döring).

Pag. **60—81** ff. Von den verschiedenen Bedeutungen des νοῦς ʿakl gehört die erste offenbar nicht Arist. an, sondern wohl dem religiös-sittlichen Standpunkt des Verfassers.

II. Die zweite Bedeutung wird vom Verf. ebenfalls nicht auf Arist. zurückgeführt tatsächlich entspricht sie dem, was Arist. zu Anfang der Topik als τὰ ἔνδοξα, das dem natürlichen Verstande Einleuchtende, bezeichnet. Den Ausdruck Nūs scheint aber Aristoteles wenigstens in diesem Sinne nicht zu gebrauchen.

Die III. Bedeutung beruht auf Analyt. post. II. c. 19. Der Nūs ist hier das Vermögen der Principien.

Die IV. Bedeutung ist sehr unklar bezeichnet. Hier wird einesteils von einem theoretischen Vermögen, das durch beharrliche Gewöhnung entsteht, anderenteils doch auch wieder von einem practischen Vermögen geredet. Es scheint fast als ob hier νοῦς und φρόνησις confundirt würden. Vom Ersteren handelt Eth. Nic. VI. 6. von der Letzteren cp. 5. das Allgemeine c. 3. Im wesentlichen schwebt hier die φρόνησις vor.

Die V. Bedeutung beruht auf de anima III, 4—8. Hauptsächlich tritt hier der νοῦς ποιητικός cp. 5. in den Vordergrund.

Die VI. Bedeutung ist offenbar der sich selbst denkende göttliche Nūs Met. XII. (Λ) 7—9. (Döring).

Die unter V, pag. 66 gegebene Abhandlung ist ein Zeugniss wie die arab. Philosophie den von Alexander Aphrodisias eingeführten νοῦς ἐπίκτητος weiter entwickelte. Nach Zeller III. 1. 796 fasst Alexander Aphr. zunächst den Verstand im Menschen a. als Anlage im νοῦς ὑλικὸς καὶ φυσικὸς also das potentielle Denken. Durch die Entwicklung dieser Anlage entsteht b. das wirkliche Denken als tätige Kraft νοῦς ἐπίκτητος oder νοῦς καθ᾽ ἕξιν, intellectus acquisitus bei den Scholastikern ʿaḵl mustafād bei den Arabern. Die Entwicklung des potentiellen Verstandes zur Wirklichkeit geschieht durch den νοῦς ποιητικός. Dieser ist nach Alexander kein Teil unserer Seele, sondern nur das auf sie einwirkende und in Folge dessen von ihr gedachte Wesen.

Dies ist nun das hier von Alfārābī weiter variirte Thema. Die Hebraeischen Gelehrten des Mittelalters vermittelten die arabischen Philosophen dem Abendland und übertrugen sie daher zunächst ins Hebraeische wie die von Dr. Rosenstein und Dr. Günsz bearbeiteten Schriften beweisen cf. meine Vorrede zum arab. Text XVII. In einem alten Werk 1501 genannt Achillini septisegment. Opus ist die Abh. Alex. Aphr. de intellectu 22 v. — 24 v. lateinisch gedruckt.

Die Reihe der Intellecte, welche Alfārābī unter N⁰. V, vgl. pag. 66 ff. anführt, besteht in vier, dem potentiellen, actuellen, dem hinzuerworbenen und schaffenden, während Alexander Aphr. deren nur drei hat.

Bei den arabischen Philosophen giebt es durchweg vier Stufen der Intellectuellen, d. h. der stofflosen Dinge al-mufārikāt. Schon Aristoteles kennt vier Nūs: den göttlichen, menschlichen, den tätigen und leidenden.

Plotin kennt ebenso vier Stufen der Entwickelung, Urwesen, Nūs, Psyche und Urmaterie, d. h. die blosse Form, die Kraft des Urstoffs, das wäre die ideelle Physis.

Bei den Ichwān eṣ Ṣafā Ende d. X. Jahrh. bald nach Alfārābī finden wir diese plotinischen Potenzen wieder um daran das stoffliche Sein als 5. die Materie mit Länge, Breite, Tiefe, 6.. die Welt rund als die schönste aller Gestaltungen, 7. die sublunarische Natur, 8. die Elemente, 9. die Producte Stein, Pflanze, Tier anzuschliessen, vgl. p. 199.

Auch kennt Behmenjar Schüler des Avicenna in seinen „Stufen der Dinge" merātib al-maugūdāt im XI. Jahrh. ebenfalls 4 Stufen: *a*. das ursachlose Seiende, *b*. die wirkenden Intelligenzen Nūs mit vielen Gattungen, *c*. die himmlischen Seelen mit vielen Arten, *d*. die menschlichen Seelen mit vielen Individuen.

Ueberall also vier Intelligibilia als Vor- und Hochstufen für das materielle Sein.

Instructiv für das Verhältniss dieser vier zu einander ist der arabische Ausdruck für N⁰. 3 den dazuerworbenen Nūs bei Alexander Aphr. und die Seele bei Plotin. derselbe heisst bei den Arabern ʿakl mustafād bespendet, Spende erhalten habend; und steht als solcher in Rapport mit N°. 2 dem Nūs als ʿakl mustafīd „um Spende bittend." D. h. der Nūs erbittet bei seinem Sichselbstdenken vom Urwesen die Urformen, d. h. die Ideale um sie seinem Wesen einzuprägen. Erst als ein solcher d. h. empfangender ist er dann schaffungsfähig. ποιητικός.

Das uralte Wesen der alten Mythologie des schaffenden erwärmenden Strahls der Sonne und der empfangenden und dann sprossenden Erde im Gewande der Philosophie! wie wenn der anima der ursprüngliche animus gegenüberstände.

Dies wird besonders klar wenn wir die Stufen des Seins bei den Iḫwān betrachten. Für das gewöhnliche aus dem Werden gewordene Sein gebrauchen sie das gewöhnliche Wort „kaun" für das wirkliche Sein aber haben sie die Ausdrücke wugūd vorhanden sein, baḳā bleibend, tamām vollendet und kamāl vollkommen sein.

Gott verleiht nun als Ursache dieser vier Sein als ersten

Erguss faiḍ das Vorhandensein, dann als zweiten das Bleibendsein etc. also den vier Grundzahlen entsprechend. Der Nūs (ʿaḳl) ist eine geistige Substanz, die vom Schöpfer emanirte als bleibend, vollendet, vollkommen; die Psyche (nafs) ist eine vom Intellect aus emanirte Substanz, dieselbe ist bleibend, vollendet aber nicht vollkommen; der Urstoff (al hajūlā-l-ūlā) ist eine geistige Substanz, die von der Seele emanirte; sie ist bleibend aber weder vollendet noch vollkommen.

Ursache vom Vorhandensein des Nūs ist das Vorhandensein und die Ueberfülle faḍl des Schöpfers, die von ihm aus emanirte und ist der Nūs bleibend, weil Gott seine Güte (gūd) und Ueberfülle ihm im Anfang zuwandte (imdād). Der Nūs ist vollendet, weil er diesen Erguss und diese Vorzüglichkeiten faḍāïlu annahm und weitere Zuwendung verlangte (istimdād). Derselbe ist vollkommen weil er den Erguss und die Ueberfülle, welche er vom Schöpfer erbat (istafāda), der Psyche zuwandte. Demnach ist das Bleibend sein des Nūs Ursache vom Vorhandensein der Psyche und das Vollendetsein desselben Ursache vom Bleibendsein derselben. Das Vollkommensein des Nūs aber ist Ursache vom Vollendetsein der Psyche. Ferner ist das Bleibendsein der Psyche Ursache für das Vorhandensein des Urstoffs, das Vollendetsein der Seele aber Ursache für das Bleibendsein desselben.

Ist einst die Seele vollkommen, so ist auch der Urstoff vollendet. Das Vollendetsein des Urstoffs ist aber das höchste Ziel bei der Verflechtung (ribāṭ) der Psyche mit dem Urstoff. Es findet der Umschwung des Himmels und die Entstehung alles Werdenden dazu statt, dass die Psyche zur vollkommenseienden werde und zwar dadurch, dass sie ihre Vorzüglichkeiten dem Stoff einprägt; der Stoff aber durch die Annahme ihres Ergusses der Form und sonstiger Vorzüglichkeit ein vollendet seiender werde. Sonst wäre der ganze Himmelsumschwung nur unnütz Wesen.

Für den Arabisten ist es interessant in sechs Worten das Sein des ganzen All des geistigen und sinnlichen sich zu construiren. Setzt man nun Gott als Besitzer der Ueberfülle seinem Wesen nach als fāḍil übervoll; den Nūs als kāmil vollkommen; die Psyche als tāmm vollendet, die Urhyle als bāḳī bleibend, bliebe für das Weltall das Vorhanden (bestehend) sein wuǵūd. Denn ist auch dies All vergänglich, nach den Einen in 36000 nach Andren in

50000 Jahren, so ist dies doch ein langer Zeitraum. Es bliebe dann für unsere aus den sich stets wandelnden Elementen entstehenden Dinge das Kaïna werdend.

Der Himmel ist aber in seinem Umschwung gleichsam ein Apparat um zwischen diesem fortwährenden Werden und dem wirklichen Sein zu vermitteln.

Vergl. hierüber Dieterici die Abh. d. Iḫwān eṣ-Ṣafa 1—3, sowie die Uebersetzung in: Lehre von der Weltseele 1 und ff.

Wir müssen hierbei besonders noch darauf aufmerksam machen, dass während Alfārābī sich in Betreff jener vier an den Peripatetiker Alexander Aphrodisias anschliesst die etwa um ein halbes Jahrhundert späteren Ichwān sich viel deutlicher als unbewusste Anhänger Plotins, bei dem die Seele die dritte Stelle einnimmt, darstellen. Ueberhaupt wird ein jeder, welcher Zellers mustergültige Schilderung des plotinischen Systems V, 473—629 liest, stets die Urbilder finden, nach denen diese Encyclopädisten, die zwar die pseudonyme Theologie des Aristoteles, (vgl. meine Edition der Ichwān 121, 5), aber nicht den Plotin kennen, ihre Lehre zusammenstellen.

Dabei versteht es sich aber von selbst, dass erst durch eine lange Reihe von Vermittlungen diese Lehren den Arabern zu kamen.

65, 4. Das arab. Wort ʿaḳl dient hiernach für $νοῦς$ $φρόνησις$ und $εὐβουλία$ und kann übertragen werden mit Intellect, Vernunft, Klugheit, Ueberlegungskraft, vgl. Eth. Nik. VI, 10. Das arabische mutaʿaḳḳil würde dem $φρόνιμος$ und $εὔβουλος$ wohl entsprechen und sowohl vernünftig als klug bedeuten ḏū-r-raji Z. 27. einsichtsvoll, weise wäre wohl dem $ἔμπειρος$, $σόφος$ analog Eth. Nik. VI, 9. während dahin 63. 1 dem $πανοῦργος$ schlau, listig entspricht.

82, 1. Die IV. Abh. über die notwendigen Vorstudien zur Philosophie ist von Schmölders in seinen Documenta philosophiae Arabum 1836 herausgegeben, lateinisch übersetzt und bearbeitet. Er giebt pag. 61—70 die betreffenden analogen Stellen aus Ammonius, Simplicius, David es und Philoponus. Wir verweisen hiermit auf die Arbeit Schmölders, dem das Verdienst gebürt die Aufmerksamkeit der Arabisten auf die Philosophie bei den Arabern gelenkt zu haben. Es ist diese Abh. von Alfārābī immerhin ein Versuch, wenn auch ein ziemlich naïver, die Geschichte der griechischen Philosophie darzustellen.

92, 1. Die Hauptfragen des Alfārābī ʿujūn-ul-masāïl sind ebenfalls von Schmölders in seinen Documenta herausgegeben, übersetzt p. 42—50 und bearbeitet p. 87—124.

Diese Abh. enthält das System Alfārābīs. Die Intellecte und die Himmel von denen einer aus dem andern entsteht bilden seine Emanations-, d. h. Abstufungslehre p. 97 ff.

108, 1. Abh. VI. Die Petschafte der Weisheitslehre. Dieser Titel gewährt manche Schwierigkeit. Den Handschriften folgend setzte ich in den Text alḥikami und wäre dies von Sprüchen philosophischen oder theologischen Inhalts wohl zu erklären. Doch enthält diese Abhandlung philosophische Deductionen und nicht Sprüche und heisst dieselbe richtig fuṣuṣu-l-ḥikmati (Weisheitslehre). Diese Ueberschrift würde genau bedeuten: Einfassungen philosophischer Edelsteine. Jeder Siegelring hat ein faṣṣ eine Kapsel oder Einfassung eines grösseren oder kleineren Edelsteins, darauf steht ein Name oder mehrere. Das Büchlein des Alfārābī enthält nun gleichsam eine Anzahl solcher eingefasster Ringsteine mit kurzen auf die eigentliche Philosophie bezüglichen Inschriften und soll somit der Titel anzeigen, dass dies Büchlein eine Anzahl wichtigster philosophischer Punkte behandle. Was Verfasser getan ist das „Einfassen" und tut er dies mit solchen Inschriften wie Wesenheit, notwendiges Sein, etc. Wir wählten der Kürze wegen „Petschafte der Philosophie". Somit hätte er ebenso gut fuṣūl Abschnitte für fuṣūṣ gebrauchen können, doch ist in der Literatur der Ausdruck kitābu-l-fuṣūl von Alfārābī der Titel der Abh., welche wir unter Nº. VIII folgen lassen und lehrt die Einleitung dazu wie diese Abh. zu diesem Namen kam.

Noch sei hier daran erinnert, dass Alfārābī neben der Philosophie auch dem Sufismus ergeben war und er daher in dieser Abh. öfter Koranstellen aus der Philosophie und zwar mystisch zu erklären sucht.

108, 4. Die Washeit māhijja und die Dasheit hūwijja würde den scholastischen Begriffen quidditas und haecceitas individuelle Natur des Duns Scotus (vgl. Ueberweg II, 225) entsprechen. Es scheint hier aber nach dem Zusammenhang dem begrifflichen Was ($τί$ $ἐστιν$), das Dass ($ὅτι$) als dasjenige, auf dem die Tatsächlichkeit der Existenz beruht, entgegengesetzt zu werden. Dies ist somit auch kein Accidenz ($ἴδιον$ oder $συμβεβηκός$), ebenso wenig wie ein Constituirendes (γένος, διαφορά) weil beide begrifflicher Natur sind und zum τί gehören (Döring).

147, 7. Bei dem undeutlichen und schwer verständlichen Passus N⁰. 15 scheint es zunächst sicher zu sein, dass die Frage nach der Gewinnung von Prämissen d. h. begründenden Vordersätzen, für jedes Problem d. i. für jede aufgestellte zu beweisende Behauptung identisch ist mit dem Thema der aristotelischen Topica. Denn gleich zu Anfang der Topik wird als Zweck derselben angegeben, eine Methode zu finden nach der man über jedes vorgelegte Problem aus wahrscheinlichen Sätzen Schlüsse bilden und in Behauptung der eignen Ansicht λόγον ὑπέχοντες Widersprüche vermeiden könne.

Ebenso wird I. c. 4. betont dass die Probleme in Syllogismen behandelt werden (περὶ ὧν δὲ οἱ συλλογισμοί, τὰ προβλήματά ἐστιν) und dass die Begründungen aus den Vordersätzen entspringen (γίνονται μὲν γὰρ οἱ λόγοι ἐκ τῶν προτάσεων). In beiden Stellen handelt es sich also um die Bildung resp. Auffindung begründender Sätze.

In der Behandlung dieses Themas geht aber Alfārābī erweiternd über die aristotelische Aufstellung hinaus.

Arist. gliedert den ganzen Stoff der Topik vierteilig. Die gesuchten begründenden Sätze geben in der Art der Prädicirung entweder ein γένος Gattung oder ein ἴδιον Besonderes oder eine Definition ὅρος oder ein Accidens συμβεβηκός I, 4. Er liefert I, 8. sogar den Beweis, dass diese vier Arten der begründenden Sätze vorkommen können.

Von dieser Vierzahl kommen hier γένος, συμβεβηκός und ὅρος Definition vor. Das Unterschiedliche und die Specialität könnten möglicherweise aus den Bestandteilen der Definition eruirt sein. Das Definirte (Subject der Definition) ist ja im Verhältniss zum γένος eine durch die διαφορά aus demselben herausgehobene Species, die διαφορά ist aber ein Bestandteil der Definition selbst. Auch könnte ja durch blosse Angabe der Species oder der διαφορά im Prädicat ein Satz gebildet werden.

Was nun aber die Umschreibung und die Washeit hier soll, ist unverständlich Letztere insbesondere wird nach Arist. durch die Definition ausgedrückt ἔστι δ' ὅρος μὲν λόγος ὁ τὸ τί ἦν εἶναι σημαίνων Top. I. 5. Ebenso findet sich von den offenbar durch Combination der sieben Satzarten mit einem andern Princip gewonnenen „Vermählungen" izdiwāġ bei Aristot. keine Spur (Döring).

147, 22. Offenbar liegt hier eine Beziehung der vier Schlussfiguren vor, durch deren Multiplication mit den sieben Arten der Prädicirung die Zahl 28 herauskommt. Die Stelle möchte also so zu erklären sein. Die Genitive „des Prädicats" und „des Subjects" beziehen sich jedesmal auf das Prädicatum conclusionis (P.) respective auf das Subjectum conclusionis (S.) während die entsprechenden im Nominativ stehenden Bezeichnungen (Prädicat, Subject) die entsprechenden Satzteile der Prämissen bezeichnen, die durch den Mittelbegriff M. ausgefüllt werden.

Dem gemäss bezeichnet die **erste** Formel die Schlussfigur $\begin{array}{c}P.M.\\S.M.\end{array}$

Die **zweite** Formel lautete ursprünglich: „das Prädicat des Subjects mit dem Prädicat des Prädicats" d. h. $\begin{array}{c}S.M.\\P.M.\end{array}$ Dies ist aber nur eine Variante der ersten Formel durch Umstellung von Ober- und Untersatz. Ich schlage daher die Emendation vor: das Subject des Prädicats mit dem Prädicat des Subjects, was die Figur $\begin{array}{c}M.P.\\S.M.\end{array}$ ergiebt und müsste der Text danach emendirt werden.

Die **dritte** Formel: das Prädicat des Prädicats mit dem Subject des Subjects bezeichnet die Figur $\begin{array}{c}P.M.\\S.M.\end{array}$

Die **vierte** mit Recht eingeklammerte Formel ist eine sinnlose Dittographie, die die unmögliche Figur $\begin{array}{c}M.P.\\M.P.\end{array}$ ergeben würde.

Die **fünfte** also in Wirklichkeit vierte Formel „das Subject des Prädicats mit dem Subject des Subjects" ergiebt die Figur $\begin{array}{c}M.P.\\M.S.\end{array}$

Dies sind aber die vier möglichen Schlussfiguren einschliesslich der galenischen.

Es wird durch diese Deutung zwar nicht alles Dunkle des ganzen Passus aufgehellt aber, wie ich glaube, die richtige Bahn der Deutung eingeschlagen (Döring).

151, 9. Offenbar wird hier im Sinne der platonischen fortgesetzten Dichotomie die von Aristot. bei verschiedenen Kategorieen angewandte Polytomie beanstandet. Die Gattung soll fortschreitend immer nur dichotomisch zerlegt werden bis man zur „Art der Arten" d. h. zur letzten

Unterart, der nur noch das Einzelne untergeordnet ist, gelangt. In diesem Sinne hält er bei der Kategorie der ποιότης die von Arist. Kateg. c. 8 gegebene Vierteilung in Zustände (ἕξεις und διαθέσεις), Vermögen (δύναμις und ἀδυναμία) Fähigkeit zu afficiren, Ursprung aus einer Affection (παθητικαὶ ποιότητες), endlich σχῆμα und μορφή Figur, Form für unzulänglich.

Ebenso beim ποσόν (Kategorien c. 6). Hier hat Arist. allerdings zunächst eine Zweiteilung nämlich διωρισμένον das Discrete und συνεχές das Continuirliche. Für das Discrete führt Arist. dann jedoch nur als Beispiele ἀριθμός und λόγος, Zahl und Wort, an; für das Continuirliche ebenso Linie, Fläche, Körper, Zeit, Raum.

Bei der hier vorkommenden Vierteilung in der Kategorie der Relation, des πρός τι, ist zunächst der Text lückenhaft und dadurch das Verständniss erschwert. Unter c. fehlt hinter „darauf" ein Verbum, etwa „sich ändert."

Die Vierteilung selbst anlangend, hat Arist. bei der Relation nicht, wie bei der Qualität und Quantität, eine ausdrückliche Einteilung (Kategorien c. 7).

Er unterscheidet jedoch wenigstens den Fall, wo beide Bezogene von Natur zugleich sind d. h. das Eine ohne das andre nicht als existirend gedacht werden kann (wie Doppeltes und Halbes, wie Herr und Sclave) und den anderen Fall, wo das Eine der beiden Bezogenen sehr wohl vor und unabhängig von der Relation existiren kann. So das Gewusste oder Wissbare (die Dinge) im Verhältniss zur Wissenschaft, so das Wahrnehmbare im Verhältniss zur Wahrnehmung (Kirchmann, p. 16).

Der erste dieser beiden Fälle dürfte dem Fall *b.* entsprechen, wo „der eine Teil" d. h. das Eine der beiden Bezogenen, genauer jedes von den Beiden auf den Andern zurückgeht d. h. ihn zur notwendigen Voraussetzung hat. Der zweite entspricht wohl dem Fall *a*, wo der eine Teil auf den andern **nicht** zurückgeht d. h. ihn nicht zur notwendigen Voraussetzung hat.

Die Fälle *c.* und *d.* kommen in der aristotelischen Erörterung nicht vor. Sie haben offenbar das Gemeinsame, dass eine Veränderung vorausgesetzt wird. Im Fall *c.* findet die Veränderung in dem in Beziehung stehendem statt, während die Beziehung die gleiche bleibt wie wenn z. B. das Halbe und das Doppelte mit derselben Zahl multiplicirt und dividirt werden. Im Fall *d.* bleiben umgekehrt die

Bezogenen unverändert, während die Beziehung sich ändert, wie wenn z. B. ein Herr einen Sclaven an einen andern Herrn verkauft.

Es liegt hier bei Alfārābī somit eine Erweiterung der aristotel. Betrachtung durch Anwendung des Begriffs der ἀλλοίωσις (Kateg. c. 14) auf das πρός τι vor (Döring).

165, 30. Mit „Unbestimmt" übersetzen wir muhmal uspr. vernachlässigt sein d. h. hier unbestimmt sein. Muhmalan giebt Dozy wieder mit: indetermineut. Es steht hier dem Individuellen und somit Bestimmten gegenüber.

166, 10. Das Wort mauḍūʿ gesetzt kann sowohl als Substrat als auch als Subject gefasst werden.

169, 8. Neubildung ḥudūṯ bedeutet wie oben angegeben eine in der Zeit stattfindende Bildung, Entstehung. Nach Plato ist ja die Welt ein ζῷον also ein zeitlich entstandenes und steht diese Anschauung dem ḳadīm dem aristotelischen uranfänglich, vorzeitlich gegenüber, also etwa das Ursein und das zeitliche Sein.

www.ingramcontent.com/pod-product-compliance
Lightning Source LLC
Chambersburg PA
CBHW050658170426
43200CB00008B/1340